인공지능 교육단체
OUTTA와 함께하는!

머신러닝 첫 단추 끼우기

Machine Learning with OUTTA

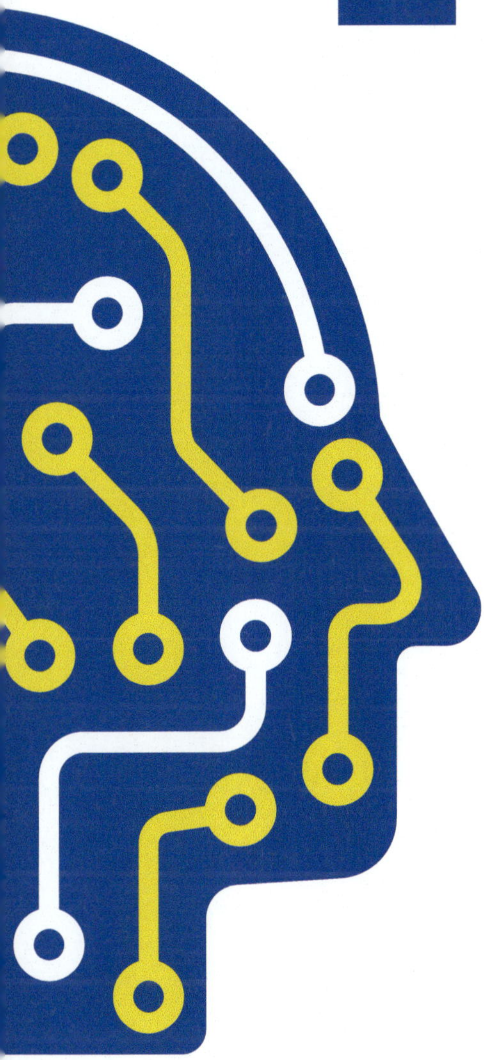

교육출판위원 OUTTA

권태희 · 양윤정 · 오이석 · 임주희
조민지 · 한창희 · 강하은

도서출판 홍릉

머신러닝
첫단추 끼우기

2022년 6월 30일 초판 1쇄 발행
2023년 7월 17일 초판 2쇄 발행

참여저자 : 권태희 · 양윤정 · 오이석 · 조민지 · 한창희 · 강하은
편집위원 : 김찬교 · 권태희 · 이예준 · 임주희 · 장형원 · 조민지
발행인 : 송 준
발행처 : 도서출판 홍릉
주 소 : 01093 서울시 강북구 인수봉로 50길 10
등 록 : 1976년 10월 21일 제5-66호

전 화 : 02-999-2274~5
팩 스 : 02-905-6729
e-mail : hongpub@hongpub.co.kr
http://www.hongpub.co.kr
ISBN : 979-11-5600-053-2(93000)

정 가 : 20,000원

Acknowledgement

This work was derived from the lectures, exercises, and projects of the Cog*Works course at the MIT Beaver Works Summer Institute, which was created by Ryan Soklaski, Petar Griggs, and other members of the Cog*Works team. The MIT Beaver Works Summer Institute trains high school students who are applying to a wide range of cutting-edge courses in robotics, artificial intelligence, medical data science, and other topics. The Cog*Works course uses project-based learning to immerse students in exciting applications of modern machine learning and data science. Its central ethos is that all of these projects and exercises can be completed without depending on any "mystery boxes" to do so.

작가의 말

오이석 서울대학교 자유전공학부(수리과학 전공, 컴퓨터공학 전공) (1장. 머신러닝을 위한 기초 수학)

"수학책을 쓰는 방법은 두 가지가 있습니다. 하나는 정의와 정리, 그리고 그 증명의 나열을 제시하는 것입니다. 이 방법의 장점은 무엇이 중요한지를 명시적으로 볼 수 있고, 추후 까먹은 내용이 있을 때 필요한 내용을 쉽게 찾아낼 수 있다는 점입니다. 그러나 이 방법은 독자 여러분의 흥미를 끌지 못할뿐더러, motivation을 제공하지 못합니다. 이 방법과 대비되는 방법은 마치 이야기책을 쓰듯, 정의의 등장 배경 등을 흐름에 맞게 제시하는 것입니다. 이는 독자들을 몰입시킬 수 있는 방법이나, 필요한 내용을 중간에 찾아 내용을 파악하기에는 적합하지 않습니다. 이 책은 기본적으로 후자의 방식을 따릅니다. 본문 가운데 정의와 정리의 등장에 강박적인 순서가 존재하지 않습니다. 다만, 최소한의 reference의 기능을 잃지 않고자 각 장 말미에 용어에 대한 정리를 애교 수준으로 넣었습니다. 부디 여러분의 학습에 도움이 되길 바랍니다."

권태희 서울대학교 전기정보공학부 (2장. 머신러닝의 기초)

"인공지능은 정말 가깝고도 멀게 느껴질 수 있는 단어 같습니다. 우리는 가까이에서 스마트폰에 있는 인공지능 비서를 자연스레 활용하고, 뉴스에서 인공지능이 할 수 있는 놀라운 일들을 접하곤 합니다. 하지만 "컴퓨터가 스스로 사고하고 판단하게 하는 프로그램을 작성해보자!"라고 말한다면, 인공지능이 한순간 멀게 느껴질지도 모릅니다. 인공지능이 신기하고 막연하다고만 느끼시는 여러분께서, 인공지능의 기초는 생각보다 쉽다는 생각을 하실 수 있기를 바라며 이 책을 작성해 보았습니다. 책의 제목처럼, 저희의 글이 여러분께 앞으로 해나가실 머신러닝 공부의 첫 단추를 끼우는 데 도움이 되기를 바랍니다!"

양윤정 서울대학교 전기정보공학부 (2장. 머신러닝의 기초)

“인공지능, 머신러닝, 딥러닝. 언젠가부터 굉장히 자주 들리는 단어가 되었지만, 정작 공부해보고자 하면 막막한 느낌이 드는 것 같습니다. 저는 머신러닝에 대해 공부하려 할 때면 항상 어디서부터 어떻게 시작해야 할지 몰라 어려움이 있었습니다. 이 책을 찾은 독자 여러분도 머신러닝에 대해 공부하고는 싶지만 저와 비슷한 고민 속에서 갈팡질팡하고 계셨을지도 모릅니다. 여러분이 어렵고 방대한 자료들 속에서 헤매지 않고, 머신러닝에 대한 기초를 잘 다지는 데 이 책이 크게 기여하기를 바랍니다. 물론 책이 어렵게 느껴질 수도 있겠지만, 각자의 속도에 맞게, 머신러닝에 흥미를 느끼며 즐겁게 읽으셨으면 좋겠습니다!”

서 문

머신러닝을 지나치게 어렵게 생각하는 독자들이 있을 수 있다. 또한 컴퓨터가 인간이 하는 것과 같이 스스로 사고하여 학습한다고 막연하게 생각하는 독자들도 있을 수 있다. 그러나 사실 머신러닝은 수학적인 원리에 기반한 논리적인 알고리즘에 불과하다. 머신러닝은 관찰한 데이터로부터 예측과 결정을 얻어내는 수학적 함수를 찾아내는 과정으로 볼 수 있다.

이 책을 통해 머신러닝의 원리를 명확히 이해하고 나면 인공지능과 머신러닝에 대한 막연한 두려움을 없앨 수 있을 것이다. 그리고 다양한 실습을 통해 머신러닝의 활용도 자유롭게 경험할 수 있을 것이다.

누구에게 도움이 되는 책인가?

1)
머신러닝의 기초에 대한 이론과 실습을 완벽하게 공부하기 위해서는, 대학 수학에 해당하는 다변수 미적분학과 선형대수학에 대한 기본적인 배경지식이 있어야 한다.

그러나 이 책은 대학 수학을 배우지 않았더라도, 고등학교 수학을 잘 배운 사람이라면 누구나 읽을 수 있도록 쓰였다. 이 책의 1장에서 대학 수학의 범위에 해당하는 다변수 미적분학과 선형대수학에 대한 기본적인 지식을 쌓을 수 있다.

따라서, 이 책은 2015년 개정 고등학교 수학 교육과정(미적분, 기하, 확률과 통계)에 해당하는 수학 지식을 가지고 있는 사람이 읽기 적당한 책이다. 기하, 확률과 통계 과목의 경우에는 배우지 않았더라도 큰 어려움은 없을 것이나, 미적분 과목은 이 책을 읽는 데 필수적이다.

2)
이 책의 모든 프로그래밍 실습은 Python을 기반으로 한다. 실습은 친절한 주석과 부연 설명으로 이루어져 있으므로, Python에 능숙하지 않더라도 천천히 자신의 속도에 맞게 따라가며 학습할 수 있다.

하지만 이 책은 Python을 한 번도 접해보지 않은 사람에게는 적합하지 않다. Python을 처음 배우는 사람이라면, 다른 책이나 인터넷 자료 등을 바탕으로 Python의 기초에 대해 먼저 학습하기를 바란다. 《인공지능 교육단체 OUTTA와 함께 하는! 인공지능 파이썬 기초 다지기》를 읽는 것도 큰 도움이 될 수 있다.

3)

이 책에서는 PyTorch, TensorFlow 등 유명한 산업용 라이브러리를 사용하지 않는다. 이 책은 머신러닝의 기초 원리를 이해하고, 직접 구현해보는 것을 목표로 하는 책이기 때문에, 모든 실습이 MIT Beaverworks에서 개발한 여러 교육용 라이브러리를 기반으로 진행된다.

따라서, 이 책은 처음부터 어렵게 시작하는 머신러닝 교육자료들에 겁먹고 포기했던 사람들, 각종 산업용 라이브러리를 이용한 실습을 따라하면서도 정작 원리가 잘 이해하지 못했던 사람들에게 도움이 될 것이다. 단, 산업용 라이브러리를 이용한 다양한 실습을 기대했다면 이 책은 적합하지 않을 수 있다.

책을 어떻게 읽어야 하는가?

이 책은 인공지능 입문자를 대상으로, 쉽게 쓰기 위해 노력한 책이다. 그럼에도 불구하고, 프로그래밍 실습을 하다보면 처음 보는 Python 문법이나 라이브러리가 등장하여 당황할 수 있다. 이렇게 실습 중에 어려운 부분이 나온다면, 주저하지 않고 구글링해보기를 바란다. 프로그래밍을 할 때, 구글링을 통해 막히는 부분을 스스로 해결하는 습관은 매우 중요하다. 이 책으로 공부하면서 이러한 습관을 함께 기른다면, 다른 프로그래밍 문제에 부딪혔을 때 슬기롭게 해결할 수 있게 될 것이다.

소개글

안녕하세요, 인공지능 교육단체 OUTTA입니다.

열성적인 대한민국의 청년들이 모여 만든 OUTTA는 'out of'라는 뜻으로, 교육에 관한 기존의 규범과 기대를 뛰어넘는 새로운 라이프스타일을 추구합니다. OUTTA는 다음의 세 단계를 통해 'Make a Difference'하는 라이프스타일을 추구합니다.

Step 1. Ideation – 내 가슴을 뛰게 하는 아이디어가 있다면 내가 먼저 적극적으로 리드 해보는 문화
Step 2. Collaboration – 내 아이디어에 동참할 팀원들을 직접 찾아나서는 문화
Step 3. Impact – 내 아이디어로 세상에 임팩트를 주는 문화

위 과정을 통해 누구나 새로운 변화를 만들 수 있다고 믿으며, 더 많은 사람들이 저희와 함께 이러한 라이프스타일을 갖추길 바랍니다.

저희는 모든 사람이 AI에 접근할 수 있고 누구나 AI를 활용하여 세상을 바꿀 문제를 해결해나가길 희망하는 마음에서, 이 책을 썼습니다. 이 책을 통해, 사람들이 자신의 배경이나 전문성에 관계없이 AI를 활용하는 데 필요한 기술과 지식을 개발하고 AI를 주체적으로 활용할 수 있기를 바랍니다. OUTTA가 추구하는 AI 교육은 단순히 알려진 AI 지식을 주입하는 것이 아닙니다. 틀에 박힌 사고에서 벗어나, 각자의 시각으로 세상에 존재하는 문제를 찾아내고, 자신만의 해결 방법으로 그 문제를 풀어나가는 힘을 갖출 수 있도록, 능동적이고 창조적인 프로그램을 제공하기 위해 노력합니다.

이 책을 단순히 암기하듯 공부하는 것이 아니라, 배운 내용을 어떻게 활용할 수 있을지, 이 책을 읽는 것이 자신에게 어떤 도움이 될지 생각하며 즐겁게 읽으시면 좋겠습니다. 그리고 여러분의 삶에서 make a difference 하기 위한 계기로 이어지면 더욱 좋겠습니다.

[Contact Info.]
Email: admin@outta.ai

Website: Linkedin:

OUTTA 회장단 일동 드림

들어가며

본격적으로 들어가기에 앞서, 머신러닝과 딥러닝에 대한 기본적인 개념을 이해하고 시작하자. 여기서 머릿속에 큰 그림을 잘 갖춘 상태에서 책을 읽으면 더욱 이해가 잘 될 것이다.

머신러닝(Machine Learning)은 무엇인가

머신러닝을 말 그대로 직역하면 기계 학습이다. 기계를 학습시킨다는 머신러닝의 아이디어는 기계에 인공적인 지능을 부여하는 문제에서 출발했다. 지능의 핵심적인 부분은 관찰한 결과로부터 예측이나 결정을 이끌어내는 능력이다. 과학자들은 인간과 다른 동물들이 가진 이 능력을 인공적으로 구현하려 하였다.

체스 게임을 예로 들어보자. 체스 게임을 진행하는 두 인간은 체스판의 상황에 대한 관찰을 바탕으로, 전략을 세우고 자신이 어떤 말을 어디로 옮겨야 할지 결정한다.

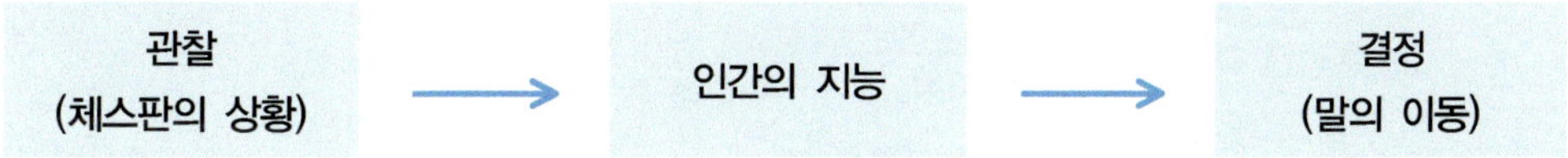

과학자들은 위와 같은 상황에서 인간의 지능을 대체할 인공지능 (Artificial Intelligence)을 구현하기 위해 크게 두 가지 방법을 생각해냈다.

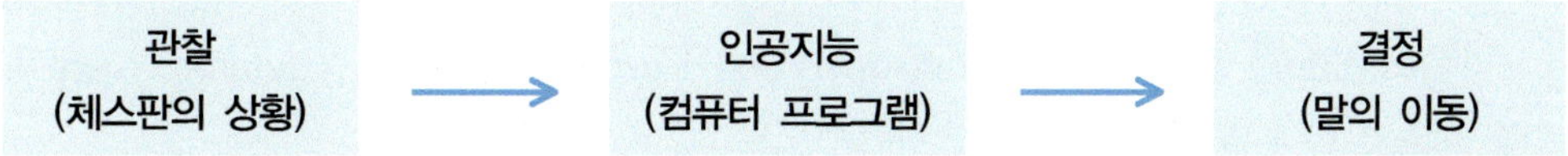

첫 번째는 고전적인 방법이다. 축적된 수많은 데이터로부터 인간이 규칙성을 직접 파악하여, 전략을 세운 후 이를 바탕으로 컴퓨터 프로그램을 프로그래밍한다. 체스 게임의 예를 생각해보면, 몇 십년에 걸쳐 쌓인 체스 전략들을 바탕으로 체스판의 상황에 따라 말을 어떻게 이동시킬지 결정하는 프로그램을 인간이 직접 작성할 수 있다.

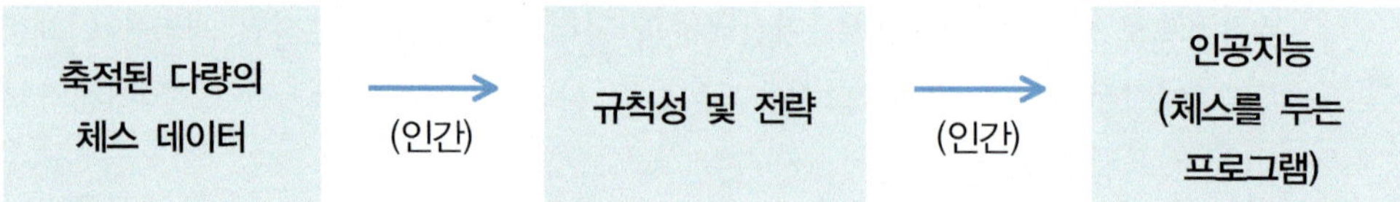

두 번째가 바로 머신러닝이라고 부르는 방법이다. 이 방법에서는 인간이 규칙성을 직접 파악하는 대신, 컴퓨터 스스로 수학적인 규칙성을 도출해낼 수 있는 머신러닝 프레임워크(Machine Learning Framework)를 만들어 사용한다. 머신러닝 프레임워크를 통해 축적된 다량의 데이터로부터 규칙성을 도출해내고 나면 다시 인간이 이를 바탕으로 컴퓨터 프로그램을 프로그래밍한다. 체스 게임의 경우, 머신러닝 알고리즘이 스스로 학습하여 체스 전략을 도출해낸다. 인간은 잘 작동하는 머신러닝 알고리즘을 만드는 작업과, 도출된 전략을 바탕으로 체스 게임을 진행하는 프로그램을 만드는 역할을 한다.

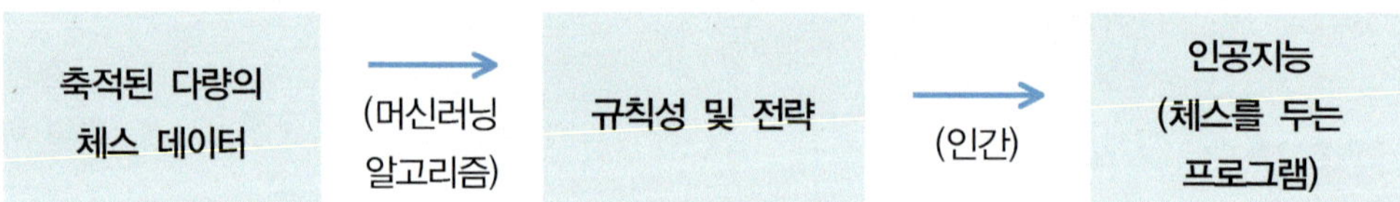

머신러닝 알고리즘의 분류*

머신러닝의 알고리즘은 크게 지도 학습(supervised learning), 비지도 학습(unsupervised learning), 준지도 학습(semi-supervised learning), 강화 학습(reinforcement learning)으로 구분된다.

지도 학습은 답을 알고 있는 감독관의 지도를 받는 것처럼 학습이 진행된다고 하여, 지도 학습이라고 부른다. 지도 학습에서 입력해주는 데이터셋은 학습에 사용할 데이터 x와 대응되는 정답 데이터 $y^{(true)}$로 이루어져 있으며, 컴퓨터가 예측한 값(prediction)인

* 오렐리앙 제롱, 《핸즈온 머신러닝(2판): 사이킷런, 케라스, 텐서플로 2를 활용한 머신러닝, 딥러닝 완벽 실무》, 한빛미디어, 2020. 38-43쪽

$\mathbf{y}^{(pred)}$이 $\mathbf{y}^{(true)}$에 가까워지도록 하는 방향으로 학습이 진행된다. 이 책에서 배우게 될 머신러닝 알고리즘은 지도 학습이다.

반면 비지도 학습은 그 누구의 도움도 없이 스스로 학습이 진행된다. 비지도 학습에서는 학습에 사용할 데이터 $\mathbf{x}$만으로 구성된 데이터셋이 입력되어, 컴퓨터 스스로 규칙성을 알아내어야 한다. 입력된 데이터들을 비슷한 유형끼리 군집화(clustering)하는 것, 입력된 데이터들 중에서 전반적인 경향과 다른 모습을 보이는 이상한 값(이상치, outlier)을 탐지(detection)하는 것 등을 비지도 학습으로 진행할 수 있다.

준지도 학습은 말 그대로 지도 학습과 비지도 학습의 특성들을 모두 가지고 있다. $\mathbf{x}$에 대응되는 정답 데이터 $\mathbf{y}^{(true)}$가 있으면 유리하지만, 이런 데이터셋을 구축하는 것은 시간과 비용이 많이 드는 작업이다. 그래서, 정답을 알고 있는 데이터 일부와 정답을 모르는 다수의 데이터에 대해 학습을 진행하는 준지도 학습이 등장했다. 준지도 학습 알고리즘은 일반적으로 비지도 학습을 진행한 후 지도 학습의 방식을 조합하여 진행하는 방식으로 이루어진다.

강화 학습은 앞선 다른 알고리즘들의 분류와는 완전히 다른 방식의 알고리즘이다. 강화 학습에서 가장 중요한 용어는 '보상(reward)'과 '벌점(penalty)'이다. 강화 학습에서는 어떤 상황에서 어떤 행동을 수행해야 하는지 정의한 것을 정책(policy)이라고 부르는데, 컴퓨터가 현재의 정책에 따라 행동하면 그에 따른 보상 혹은 벌점이 주어진다. 따라서 컴퓨터는 보상이 커지고 벌점이 줄어드는 방향으로 정책을 수립해나간다. 특히 게임의 경우 승패가 확실하여 보상과 벌점이 확실하게 주어지기 때문에, 게임하는 인공지능을 만들 때 강화 학습을 사용하는 경우가 많다.

머신러닝과 딥러닝(Deep Learning)

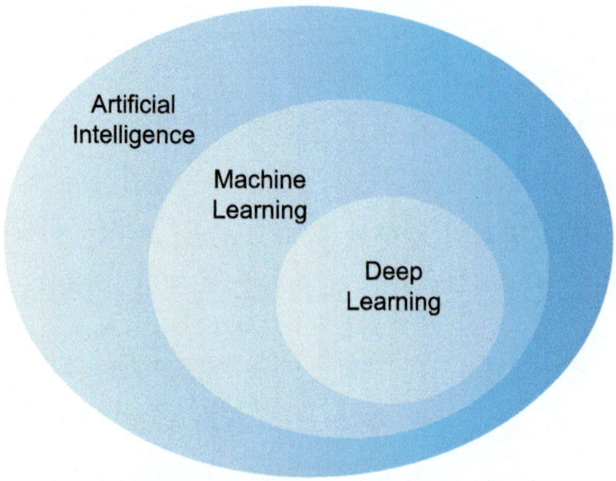

그림 0.0-1 딥러닝 ⊂ 머신러닝 ⊂ 인공지능*

머신러닝이란, 입력된 데이터로부터 Rule을 스스로 발견하여 학습할 수 있는 능력이다. 이때 Rule을 생성시키는 과정을 '학습(training)'이라고 하며, 머신러닝의 핵심은 프로그래밍 과정이라기보다 학습의 과정이라 할 수 있다. 딥러닝은 머신러닝의 하위개념으로, 머신러닝 알고리즘 중 '인공 신경망(artificial neural network)'을 활용하는 알고리즘을 통칭한다. 인공 신경망이란 기존의 머신러닝 알고리즘 내에 연속되고 계층화된 레이어를 삽입한 것을 말하며, 이러한 레이어를 통해 점차 정답에 가까워지게 하는 것이다.

* Ryan Soklaski, 《cogworks》, 〈https://rsokl.github.io/CogWeb/Language/NLP.html#Introduction-to-AI〉, 2022.01.10.

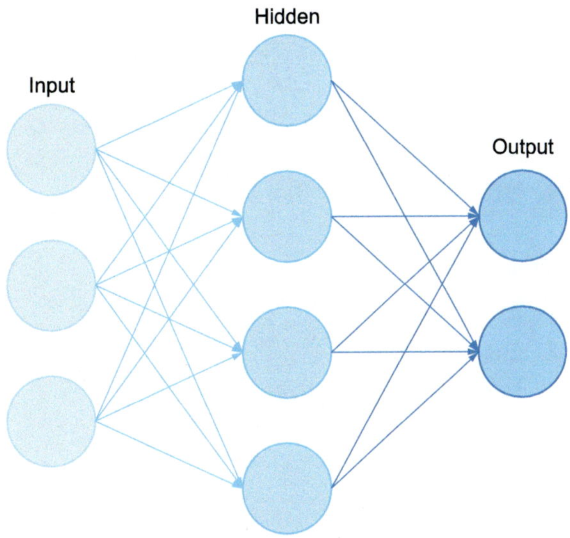

그림 0.0-2 간단한 인공 신경망 도식*

머신러닝	딥러닝
• 딥러닝의 상위 개념 • 인공신경망이 부재한 머신러닝 알고리즘은 학습데이터를 수동으로 입력해야 한다. 대표 라이브러리: Scikit-learn	• 머신러닝의 하위개념, 2010년대 초에 출현 • 인공신경망 有 → 거대한 데이터를 다룰 수 있으며 데이터 속 의미있는 특징(feature)을 스스로 찾아낼 수 있어 분류에 사용할 데이터를 직접 판별할 수 있다. → 머신러닝 알고리즘으로는 한계가 있었던 음성, 이미지, 텍스트 데이터에도 훌륭한 성능을 발휘한다. 대표 라이브러리: PyTorch, TensorFlow

* Glosser.ca, 〈인공 신경망, Colored neural network〉, 《위키백과》, 〈https://ko.wikipedia.org/wiki/%EC%9D%B8%EA%B3%B5_%EC%8B%A0%EA%B2%BD%EB%A7%9D〉, 2022.02.24.

차 례

1장 머신러닝을 위한 기초 수학

2장 머신러닝의 기초

1장

머신러닝을 위한 기초 수학

1 $\mathbb{R}^n$ 공간과 함수

이 절에서는 논의의 무대가 될 $\mathbb{R}^n$ 공간을 소개하고, 그 위에서 정의된 함수를 소개한다.[1)] 독자들은 다변수함수가 고등학교 때 배운 일변수함수에서 정의역과 공역만이 변한 것임을 배울 것이다.

1.1 $\mathbb{R}^n$ 공간과 벡터

이 책에서 실수 전체의 집합은 $\mathbb{R}$라 쓴다.

두 집합 X와 Y가 있을 때 그 곱집합 $X\times Y$를 다음과 같이 정의한다.

$$X\times Y = (\mathrm{x},\ \mathrm{y}) : \mathrm{x}\in \mathrm{X},\ \mathrm{y}\in \mathrm{Y}$$

즉, 두 집합의 원소를 순서쌍으로 연결한 셈이다. 집합이 여러 개 주어져 있을 때도 곱집합의 표기를 사용할 수 있으며 $\times$ 기호를 연달아 사용하면 된다. 따라서 실수 순서쌍 전체의 집합, 혹은 실수 3중쌍 전체의 집합은 다음과 같이 나타낼 수 있다.

$$\mathbb{R}\times\mathbb{R},\ \ \mathbb{R}\times\mathbb{R}\times\mathbb{R}$$

이때, 위와 같이 같은 집합에 대해 곱집합을 취할 때는, 곱하기와 지수의 연관성을 생각하여 $\mathbb{R}^2$, $\mathbb{R}^3$와 같이 표현하기도 한다.[2)] 따라서 자연수 n에 대해 $\mathbb{R}^n$은 실수로 구성된

1) 보통 $\mathbb{R}^n$을 n-차원 유클리드 공간이라 부르는데, 이 책에서는 짧게 $\mathbb{R}^n$ 공간이라 부른다.

2) 이 책에서 표기법에 대한 심오한 논의는 피한다. 혹자는 $\underbrace{\mathbb{R}\times\mathbb{R}\times\cdots\times\mathbb{R}}_{n\text{개}}$를 n-튜플의 집합으로, $\mathbb{R}^n$은 $n\times 1$ 크기의 열벡터들의 집합으로 설명하기도 한다. 이 책에서는 이 둘을 identify 하여 혼용하도록 한다.

n-중쌍, 혹은 n-튜플 전체의 집합을 의미한다.

$$\mathbb{R}^n = (\mathrm{x}_1, \mathrm{x}_2, \ldots, \mathrm{x}_\mathrm{n}) : \mathrm{x}_1, \mathrm{x}_2, \ldots, \mathrm{x}_\mathrm{n} \in \mathbb{R}$$

이때, $\mathbb{R}^n$의 원소를 구성하는 x_1, x_2, ..., x_n 등을 그 원소의 성분이라 한다. 모든 성분이 0인 $\mathbb{R}^n$의 원소를 영벡터라 부르고 $\mathbf{0}$라 쓴다.

$\mathbb{R}^n$의 원소들에 대해 다양한 연산을 정의할 수 있는데, 그 중 핵심적인 것이 바로 덧셈과 스칼라 곱이다. $\mathbf{x}=(x_1,x_2,\cdots,x_n)$, $\mathbf{y}=(y_1,y_2,\cdots,y_n)\in\mathbb{R}^n$, $c\in\mathbb{R}$에 대해

$$\mathbf{x}+\mathbf{y}=(x_1+y_1,x_2+y_2,\cdots,x_n+y_n)$$
$$c\mathbf{x}=(cx_1,cx_2,\cdots,cx_n)$$

라 정의한다. 이들 간의 '뺄셈' $\mathbf{x}-\mathbf{y}$는 $\mathbf{x}+(-1)\mathbf{y}$를 의미한다.

이렇듯 임의의 고정된 자연수 n에 대해 $\mathbb{R}^n$은 덧셈과 스칼라 곱이 '잘 정의되어' 특별히 '벡터공간(vector space)'을 이룬다.[3] 이에 따라 $\mathbb{R}^n$을 $\mathbb{R}^n$ 공간, $\mathbb{R}^n$의 원소를 (n-차원) 벡터라 부르기도 한다. $\mathbb{R}^n$의 원소 역시 특별한 것 없는 한 집합의 원소이나, 다양한 집합의 원소가 등장하는 경우, 어느 원소가 어느 집합의 것인지 헷갈릴 수 있다. 이에 따라 이 책에서는 $\mathbb{R}^n$의 원소의 경우 $\mathbf{a}$, $\mathbf{b}$, $\mathbf{x}$, $\mathbf{y}$와 같이 볼드체로 표현한다. 예를 들어, $\mathbb{R}^3$의 원소를 기호로 표기할 때, 다음과 같이 나타낼 수 있다.

$$\mathbf{a}=(1,\ 2,\ 3)$$

볼드체 이외에도 기호 위에 화살표를 사용하여 $\vec{a}$와 같이 표기하거나, 대문자를 사용하여 A와 같이 표기하기도 한다. 때에 따라 실수와 벡터의 표기를 혼용하여 사용하는 경우도 있는데, 이 책에서는 이 둘을 분리해 표기하도록 한다.

두 벡터가 나란함은, 둘 가운데 한 벡터에 적절한 스칼라 곱을 하여 나머지 벡터를 만들 수 있음을 의미한다. 즉, 두 벡터 $\mathbf{x}$와 $\mathbf{y}$가 나란하면, 적절한 실수 $s, t\in\mathbb{R}$가 존재하여

$$s\mathbf{x}=t\mathbf{y}$$

가 성립한다.

3) 연습문제 1 참조.

$\mathbb{R}^n$ 공간은 이 외에도 내적(inner product)이란 연산이 정의되어 있는데, 고등학교에서 배운 내적과 동일하다. 두 벡터 $\mathbf{x}=(x_1, x_2, \ldots, x_n)$, $\mathbf{y}=(y_1, y_2, \ldots, y_n)\in\mathbb{R}^n$ 에 대해

$$\mathbf{x}\cdot\mathbf{y}=x_1y_1+x_2y_2+\cdots+x_ny_n$$

로 정의한다. 내적의 기호로 $\mathbf{x}\cdot\mathbf{y}$ 외에 $<\mathbf{x},\boldsymbol{y}>$를 쓰기도 한다. 또한 $\mathbb{R}^n$의 원소의 크기를 의미하는 노름(norm)을 다음과 같이 정의한다.

$$\|\mathbf{x}\| = \sqrt{\mathbf{x}\cdot\mathbf{x}}=\sqrt{x_1^2+x_2^2+\cdots+x_n^2}$$

실수 전체의 집합 $\mathbb{R}$에서는 노름이 곧 절댓값과 일치한다.

문제 1.1.1

임의의 $\mathbf{x}$, $\mathbf{y}$, $\mathbf{z}\in\mathbb{R}^n$, $c\in\mathbb{R}$에 대해 다음이 성립함을 보여라.

(가) $\mathbf{x}\cdot\mathbf{y}=\mathbf{y}\cdot\mathbf{x}$

(나) $(\mathbf{x}+\mathbf{y})\cdot\mathbf{z}=\mathbf{x}\cdot\mathbf{z}+\mathbf{y}\cdot\mathbf{z}$

(다) $(c\mathbf{x})\cdot\mathbf{y}=c(\mathbf{x}\cdot\mathbf{y})$

(라) $\mathbf{x}\cdot\mathbf{x}\geq 0$

(마) $\mathbf{x}=0\Leftrightarrow\mathbf{x}\cdot\mathbf{x}=0$

한편, 노름의 정의를 따라가면

$$\|\mathbf{x}+\mathbf{y}\|^2=(\mathbf{x}+\mathbf{y})\cdot(\mathbf{x}+\mathbf{y})=\mathbf{x}\cdot\mathbf{x}+\mathbf{x}\cdot\mathbf{y}+\mathbf{y}\cdot\mathbf{x}+\mathbf{y}\cdot\mathbf{y}$$

이므로 다음이 성립함을 알 수 있다.

$$\|\mathbf{x}+\mathbf{y}\|^2 = \|\mathbf{x}\|^2+2(\mathbf{x}\cdot\mathbf{y})+\|\mathbf{y}\|^2$$

문제 1.1.2

임의의 $\mathbf{x}$, $\mathbf{y}\in\mathbb{R}^n$, $c\in\mathbb{R}$에 대해 다음이 성립함을 보여라.

(가) $\|\mathbf{x}\|\geq 0$

(나) $\mathbf{x}=0\Leftrightarrow\|\mathbf{x}\|=0$

(다) $\| c\mathbf{x} \| = |c| \| \mathbf{x} \|$

(라) $\| \mathbf{x}+\mathbf{y} \| \leq \| \mathbf{x} \| + \| \mathbf{y} \|$

내적과 노름 사이에는 특별한 상관관계가 있는데, 바로 코시-슈바르츠 부등식이다.

정리 1 코시-슈바르츠 부등식

임의의 $\mathbf{x}$, $\mathbf{y} \in \mathbb{R}^n$에 대해 다음이 성립한다.

$$(\mathbf{x} \cdot \mathbf{y})^2 \leq \| \mathbf{x} \|^2 \| \mathbf{y} \|^2$$

등호는 $\mathbf{x}$와 $\mathbf{y}$가 나란할 때 성립한다.

증명

$\mathbf{y}$가 영벡터 $\mathbf{0}=(0, 0, \ldots, 0)$일 때에는 임의의 $\mathbf{x}$와 나란하고, 등호가 성립한다. $\mathbf{y}$가 영벡터가 아니라 가정하자. 그러면 임의의 실수 $t \in \mathbb{R}$에 대해 $\| \mathbf{x}+t\mathbf{y} \|^2 \geq 0$가 성립하므로, 다음 이차식

$$\| \mathbf{x}+t\mathbf{y} \|^2 = \| \mathbf{y} \|^2 t^2 + 2(\mathbf{x} \cdot \mathbf{y})t + \| \mathbf{x} \|^2$$

의 판별식은 0 이하이다. 즉,

$$D/4 = (\mathbf{x} \cdot \mathbf{y})^2 - \| \mathbf{x} \|^2 \| \mathbf{y} \|^2 \leq 0$$

이 성립한다. 이때, 등호가 성립하기 위해서는 이차식의 값이 0이 되어야 한다. 노름의 성질에 의하여

$$\| \mathbf{x}+t\mathbf{y} \|^2 = 0 \Leftrightarrow \mathbf{x}+t\mathbf{y}=\mathbf{0}$$

가 성립하여야 한다. $\mathbf{y}$가 영벡터가 아니고, $\mathbf{x}$와 $\mathbf{y}$가 나란하면 위의 식을 만족시키는 t가 유일하게 존재하므로 등호가 성립한다. ■

고등학교 수학에서는 $\mathbb{R}^2$ 그리고 $\mathbb{R}^3$에서는 두 벡터 $\mathbf{x}$, $\mathbf{y}$와 그 사이의 각 θ에 대해 다음이 성립함을 배웠다.

$$\mathbf{x} \cdot \mathbf{y} = \|\mathbf{x}\| \|\mathbf{y}\| \cos\theta$$

$\mathbb{R}^n$ 공간에서는 두 벡터 $\mathbf{x}$, $\mathbf{y}$ 사이의 각 θ을 위 식이 성립하는 $\theta \in [0, \pi]$로 정의한다. 이러한 θ의 존재성은 코시-슈바르츠 부등식에서 나온다.

1.2 다변수함수와 다변수 벡터함수

함수란, 두 집합 사이의 대응 관계를 나타낸 것이다.

일반적으로, 함수 f가 집합 X의 원소를 집합 Y의 원소로 대응시킬 때, 다음과 같이 쓴다.

$$f : X \to Y$$

이때, 집합 X를 함수 f의 정의역(domain), 집합 Y를 함수 f의 공역(codomain)이라 한다. 함수는 정의역의 각 원소에 대해 유일하게 대응되는 Y의 원소를 가지고 있어야 하는데, 이때 Y의 원소 가운데 함수 f에 의해 X에서 대응되는 원소들의 집합을 함수 f의 치역(range)라 부르며, $f(X)$라 쓴다.

함수의 정의에서 볼 수 있듯, 함수는 그 정의역과 공역이 어떠한 집합인지에 따라 그 특성이 결정된다고 볼 수 있다. 예를 들어, 고등학교에서 배운 수열은 자연수 전체의 집합을 정의역으로 갖는 함수이다.

보기 1.2.1

1, 4, 7, $\cdots$와 같이 초항이 1이고 공차가 3인 등차수열은, 다음과 같이 자연수 전체의 집합 $\mathbb{N}$에서 정의된 함수로 볼 수 있다.

$$f : \mathbb{N} \to \mathbb{R}, \ f(n) = 3n - 2$$

한편, $f : X \to Y$는 집합 X의 모든 원소를 빠짐없이 집합 Y의 원소로 대응시켜주어야 한다.

보기 1.2.2

f의 공역이 $\mathbb{R}$일 때, $f(x) = \frac{1}{x}$는 $x = 0$에서 정의될 수 없다. 그렇기에 $f : \mathbb{R} \to \mathbb{R}$라 쓰

면 이는 오류이다. $f:\{x\in\mathbb{R}:x>0\}\to\mathbb{R}$, 또는 $f:(\mathbb{R}-\{0\})\to\mathbb{R}$와 같이 쓸 수 있다.

그렇다면, $\mathbb{R}^n$ 역시 집합이기에 $\mathbb{R}^n$ 공간, 또는 그 부분집합을 정의역, 혹은 공역으로 갖는 함수를 생각할 수 있다. $\mathbb{R}^n$ 공간의 부분집합 $U\subseteq\mathbb{R}^n$에서 정의된 함수

$$f:U\to\mathbb{R}$$

를 n-변수함수라 하고, n이 2 이상일 경우 다변수함수라고도 한다. 이때, U의 한 원소 $\mathbf{x}=(x_1, x_2, ..., x_n)$가 f에 의해 대응되는 원소를 $f(\mathbf{x})$ 또는 $f(x_1, x_2, ..., x_n)$라 쓴다. 뒤의 표기의 일관성 있는 표기법은 $f((x_1, x_2, ..., x_n))$이나, 수학자들의 절약 정신에 따라 앞과 같이 쓴다.

보기 1.2.3

이변수함수 $f:\mathbb{R}^2\to\mathbb{R}$, $f(x, y)=x+y$와 삼변수함수 $g:\mathbb{R}^3\to\mathbb{R}$, $g(x, y, z)=xyz$에 대해

$$f(1, 2)=1+2=3,\ g(1, 2, 3)=1\cdot 2\cdot 3=6$$

이다. $\mathbb{R}^2$의 부분집합 $U=\{(x, y)\subseteq\mathbb{R}^2:y\neq 0\}$에 대해 이변수함수 $h:U\to\mathbb{R}$가 $h(x, y)=\dfrac{x}{y}$일 때,

$$h(4, 2)=\frac{4}{2}=2$$

이다.

앞으로의 논의에서는 $\mathbb{R}^n$ 위에서의 함수를 바탕으로 주로 진행하나, 그 부분집합 위에서 정의된 함수에서도 대부분의 논의가 성립한다.

독자들은 앞선 1.1.에서 정의한 노름 역시 $\mathbb{R}^n$에서 정의된 다변수함수임을 눈치채길 바란다.

문제 1.2.1

$\mathbb{R}^n$ 공간의 내적은 (실수 성분의 개수 측면에서) 몇 변수함수인가?

함수의 정의역 외에도 공역 역시 $\mathbb{R}^n$ 공간일 수 있는데, 이 경우 함숫값이 벡터임에 착안하여 벡터함수라 부르기도 한다. 특별히, 정의역 역시 $\mathbb{R}^m$ 공간인 경우, 다변수 벡터함수라 부르기도 한다. 이때, n과 m은 다를 수 있음에 유의하도록 한다.[4)]

보기 1.2.5

함수 $f:\mathbb{R}^3 \to \mathbb{R}^2$, $f(x, y, z) = (x+e^z, ye^z)$에 대해

$$f(1, 2, 3) = (1+e^3, 2e^3)$$

이다.

1절 정리

◆ $\mathbb{R}^n$ 공간의 정의

$\mathbb{R}^n$ 공간의 정의는

$$\mathbb{R}^n = \{(x_1, x_2, \ldots, x_n) : x_1, x_2, \ldots, x_n \in \mathbb{R}\}$$

와 같으며, 그 원소를 (n-차원) 벡터라고도 부른다.

◆ $\mathbb{R}^n$ 공간의 내적과 노름

$\mathbb{R}^n$ 공간의 두 벡터 $\mathbf{x} = (x_1, x_2, \ldots, x_n)$, $\mathbf{y} = (y_1, y_2, \ldots, y_n) \in \mathbb{R}^n$에 대해 그 내적은

$$\mathbf{x} \cdot \mathbf{y} = x_1 y_1 + x_2 y_2 + \cdots + x_n y_n$$

와 같이 정의하고, 한 벡터 $\mathbf{x} = (x_1, x_2, \ldots, x_n) \in \mathbb{R}^n$의 노름(norm)을 다음과 같이 정의한다.

$$\| \mathbf{x} \| = \sqrt{\mathbf{x} \cdot \mathbf{x}} = \sqrt{x_1^2 + x_2^2 + \cdots + x_n^2}$$

4) 다변수함수와 다변수 벡터함수와 같은 용어의 등장에 겁먹지 말자. 우리는 이들을 특별 취급하지 않을 것이다!

◆ 코시-슈바르츠 부등식

임의의 $\mathbf{x}$, $\mathbf{y} \in \mathbb{R}^n$에 대해 다음이 성립한다.

$$(\mathbf{x} \cdot \mathbf{y})^2 \leq \|\mathbf{x}\|^2 \|\mathbf{y}\|^2$$

등호는 $\mathbf{x}$와 $\mathbf{y}$가 나란할 때 성립한다.

|||||| 1절 연습문제

1 벡터공간의 정의 임의의 $\mathbf{x}$, $\mathbf{y}$, $\mathbf{z} \in \mathbb{R}^n$, a, $b \in \mathbb{R}$에 대해, 다음이 성립함을 보여라.

(가) $(\mathbf{x}+\mathbf{y})+\mathbf{z}=\mathbf{x}+(\mathbf{y}+\mathbf{z})$

(나) $\mathbf{x}+\mathbf{0}=\mathbf{0}+\mathbf{x}=\mathbf{x}$

(다) $-\mathbf{x}=(-1)\mathbf{x}$라 정의하면, $\mathbf{x}+(-\mathbf{x})=(-\mathbf{x})+\mathbf{x}=\mathbf{0}$

(라) $\mathbf{x}+\mathbf{y}=\mathbf{y}+\mathbf{x}$

(마) $a(b\mathbf{x})=(ab)\mathbf{x}=b(a\mathbf{x})$

(바) $a(\mathbf{x}+\mathbf{y})=a\mathbf{x}+a\mathbf{y}$, $(a+b)\mathbf{x}=a\mathbf{x}+b\mathbf{x}$

(사) $1\mathbf{x}=\mathbf{x}$

2 Induced norm 내적의 정의 $\mathbf{x} \cdot \mathbf{y}=x_1y_1+x_2y_2+\cdots+x_ny_n$ 없이 문제 1.1.1.이 성립한다고 가정하고 노름 $\|\mathbf{x}\|=\sqrt{\mathbf{x} \cdot \mathbf{x}}$에 대해 문제 1.1.2.가 성립함을 증명하라.

3 $\mathbf{x} \in \mathbb{R}^n$에 대해 $\|\mathbf{x}\|_1=|x_1|+|x_2|+\cdots+|x_n|$라 정의하면 $\|\cdot\|_1$에 대해서도 연습문제 1.1.2.가 성립함을 증명하라.

4 거리 함수 $\mathbf{x}$, $\mathbf{y} \in \mathbb{R}^n$에 대해 $d(\mathbf{x},\mathbf{y})=\|\mathbf{x}-\mathbf{y}\|$라 정의할 때, 임의의 $\mathbf{x}$, $\mathbf{y}$, $\mathbf{z} \in \mathbb{R}^n$에 대해 다음이 성립함을 보여라.

(가) $d(\mathbf{x},\mathbf{y}) \geq 0$

(나) $d(\mathbf{x},\mathbf{y})=0 \Leftrightarrow \mathbf{x}=\mathbf{y}$

(나) $d(\mathbf{x},\mathbf{y})=d(\mathbf{y},\mathbf{x})$

(다) $d(\mathbf{x},\mathbf{z}) \leq d(\mathbf{x},\mathbf{y})+d(\mathbf{y},\mathbf{z})$

5 평행사변형 법칙 임의의 $\mathbf{x}$, $\mathbf{y} \in \mathbb{R}^n$에 대해 다음이 성립함을 증명하라.

$$\mathbf{x} \cdot \mathbf{y}=\frac{\|\mathbf{x}+\mathbf{y}\|^2-\|\mathbf{x}-\mathbf{y}\|^2}{4}$$

Comment.

연습문제 1번을 만족시키는 집합을 (실)벡터공간이라 부르고, 그 원소를 벡터라 한다. 일반적인 벡터공간에서 문제 1.1.1.을 만족시키는 이항 연산을 내적으로, 또 문제 1.1.2.을 만족시키는 단항 연산을 노름으로 정의하는데, 모든 벡터공간에 내적 또는 노름이 정의되지는 않는다. 내적이 정의된 벡터공간을 내적 공간(inner product space), 노름이 정의된 벡터공간을 노름 공간(normed vector space)이라 부른다. 연습문제 2번은 내적 공간은 노름 공간이 됨을 의미한다. 한편, 어떤 벡터공간은 여러 가지 종류의 노름을 가질 수 있는데, $\mathbb{R}^n$ 공간의 경우, 본문에서 다룬 노름 외에도 연습문제 3번의 연산 역시 노름이 된다. 한편 노름 공간에서는 자연스러운 거리 함수(metric)를 정의할 수 있는데, 이는 연습문제 4번의 내용이다. $\mathbb{R}^n$ 공간에 거리 함수가 존재함은, 3절에서 진행할 미분의 이론적 토대가 된다.

2 행렬과 선형사상

이 절에서는 다변수함수와 다변수 벡터함수에서의 일차함수를 알아보고, 이에 대응하며 행렬을 소개한다. 독자들은 행렬은 곧 선형사상을 의미함을 깨닫고, 이에 유의하며 행렬의 연산에 대해 배운다. 또한, 이를 바탕으로, 벡터의 여러 연산 역시 행렬의 연산으로 통합해감을 이해한다.

2.1 일차함수

일차함수는 우리의 마음의 고향이다. 중학교 때 가장 먼저 배웠던 함수이기도 하며, 가장 분석이 쉬운 함수이다. 우리가 그동안 다뤄온 일차함수는 실수 전체의 집합 $\mathbb{R}$ 위에서의 일차함수였다. 즉, a, $b \in \mathbb{R}$, $a \neq 0$에 대해

$$f : \mathbb{R} \to \mathbb{R},\ f(x) = ax + b$$

를 만족하는 함수 f를 일차함수라 불렀다. 일차함수가 그리 쉬웠던 이유는 두 수인 a와 b가 그 함수의 모든 정보를 다 갖고 있었기 때문이다. 특히, a를 일차함수의 기울기, b를 y절편이라 부르는데, 평행이동을 고려하면, 일차함수의 핵심은 그 기울기인 a에 있음을 알 수 있다. 한 가지 짚고 넘어가자면, $a = 0$인 경우에는 특별히 상수함수라 부르고, 일차함수가 아니라 배웠지만, 본질적으로 일차함수의 해석이 적용됨을 알 수 있다. 이에 앞으로 '일차함수'라 함은 상수함수도 포함한다.

문제 2.1.1

고정된 실수 $a \neq 0$에 대하여 $y = ax + b$와 $y = ax$는 x축에 대한 평행이동을 통해 겹쳐짐을 보여라.

어느 집합에서 정의된 함수이건, 우리는 일차함수부터 배운다. 고등학교에서 수열을 배울 때 가장 먼저 배웠던 수열은 무엇인가? 바로 등차수열이다. 그리고 등차수열의 일반항의 모습에서 알 수 있다시피, 등차수열은 일차함수이다. 이제 우리는 이러한 일차함수가 다변수함수, 그리고 다변수 벡터함수에서는 어떠한 모습을 갖게 되는지를 공부하려 한다. 이는 다시금, 일차함수가 우리의 마음의 고향이 되는 가장 쉬운 함수이기 때문이다.

$\mathbb{R}^n$ 공간 위에서 정의된 일차함수는 다음과 같다.

$$f : \mathbb{R}^n \to \mathbb{R},\ f(x_1,\ x_2,\ \cdots,\ x_n) = a_1x_1 + a_2x_2 + \cdots + a_nx_n + b$$

즉, $(n+1)$개의 수가 일차함수를 결정한다고 볼 수 있다. 그러나 이는 우리의 사고방식이 아니다. 우리는 다변수함수를 특별 취급할 생각이 없다. 다변수함수에서도 평행이동을 고려하면, 일반성을 잃지 않고 상수항 b를 제외하고 생각할 수 있다.[5] 그러면 나머지 $a_1,\ a_2,\ \cdots,\ a_n$가 일차함수 f의 특성을 결정짓는 것인데, 일변수함수에서는 '기울기'란 이름으로 하나의 실수가 이를 담당한 것처럼, 다변수함수에서도 기울기를 다음과 같이 하나의 '벡터'로 표현할 수 있다.

$$\mathbf{a} = (a_1,\ a_2,\ \cdots,\ a_n)$$

때에 따라 이 벡터를 일차함수 f의 기울기 벡터라 부르기도 한다. 그리고 나면 함수 f는 벡터의 내적을 이용해 다음과 같이 표현할 수 있음을 안다.

$$f(\mathbf{x}) = \mathbf{a} \cdot \mathbf{x} + b$$

이 식은 일변수함수에서의 일차함수와 매우 유사한 것을 알 수 있다. 다시금, b를 지우고 보면, 일차함수는 다음과 같은 꼴

$$f(\mathbf{x}) = \mathbf{a} \cdot \mathbf{x}$$

를 기본으로 하는데, 이는 즉, 일차함수는 하나의 벡터로 표현됨을 알 수 있다.[6]

5) 물론 상수함수, 즉, $a_1 = a_2 = \cdots = a_n = 0$일 때에는 이야기가 다르다.

6) 이렇듯 수(점)와 함수 사이의 묘한 관계에 대해 더 알아보고 싶으면 쌍대성(duality)의 개념을 찾아보자.

문제 2.1.2

고정된 벡터 $\mathbf{a}\in\mathbb{R}^n$, $\mathbf{a}\neq 0$에 대하여 $y=\mathbf{a}\cdot\mathbf{x}+b$와 $y=\mathbf{a}\cdot\mathbf{x}$는 평행이동을 통해 겹쳐짐을 보여라.[7)]

보기 2.1.3

$\mathbf{a}=(1, 2, 3)$에 대해 일차함수 $f(\mathbf{x})=\mathbf{a}\cdot\mathbf{x}+4$는 $\mathbf{x}=(x_1, x_2, x_3)$의 각 성분 x_1, x_2, x_3에 대해 일차함수이다. 예를 들어, x_2와 x_3를 상수로 보면,

$$f(x_1)=x_1+(2x_2+3x_3+4)$$

위와 같이 f는 기울기가 1이고 y절편이 $(2x_2+3x_3+4)$인 (일변수) 일차함수이다. 따라서 기울기 1을 x_1-방향 기울기라 부르기도 한다.

문제 2.1.4

보기 2.1.3.의 일차함수의 x_2–방향 기울기와 x_3–방향 기울기를 구하라. 이를 바탕으로 기울기 벡터는 각 성분 방향의 기울기들의 모임임을 설명하라.

문제 2.1.5

두 함수 $f:\mathbb{R}^n\to\mathbb{R}$과 $g:\mathbb{R}^n\to\mathbb{R}$의 덧셈과 스칼라 곱은 다음과 같이 정의한다.

$$(f+g)(x)=f(x)+g(x),\ (cf)(x)=c\cdot f(x)\ (\text{단, } c\text{는 실수})$$

이때, f와 g가 상수항이 없는 일차함수, 즉, 고정된 $\mathbf{a}$, $\mathbf{b}\in\mathbb{R}^n$, $c\in\mathbb{R}$에 대해 $f(\mathbf{x})=\boldsymbol{a}\cdot\boldsymbol{x}$, $g(\mathbf{x})=\mathbf{b}\cdot\mathbf{x}$일 때, 이들의 덧셈 $f+g$과 스칼라 곱 cf이 벡터들의 덧셈과 스칼라 곱으로 표현됨을 보여라.

2.2 선형사상과 행렬

이처럼 일차함수의 핵심은 그 성질을 나타내는 '기울기'였다. 그리고 그 기울기는 함수의 정의역과 공역에 따라 형태를 달리했다. 자연스럽게 그 다음에 등장할 차례는 다변수 벡

7) 여기서 평행이동(translation)이란 $\mathbf{x}$ 대신에 어떤 $\mathbf{c}\in\mathbb{R}^n$에 대해 $\mathbf{x}-\mathbf{c}$를 대입하는 것으로 이해한다.

터함수에서의 '기울기'는 무엇인지이다.

그러나 더 다가가기에 앞서, 일차함수, 더 정확히는 '상수항이 없는' 일차함수에 대한 추상적인 고찰을 조금 진행하려 한다.

지난 1절에서 살펴본 것처럼, $\mathbb{R}^n$ 공간에는 덧셈과 스칼라 곱이 정의되어 있다. 그렇다면 '상수항이 없는' 일차함수는 $\mathbb{R}^n$ 공간의 덧셈과 스칼라 곱에 대해 어떠한 성질을 만족시키는가? 구체적으로, $\mathbf{x}$, $\mathbf{y} \in \mathbb{R}^n$, $c \in \mathbb{R}$와 일차함수 $L : \mathbb{R}^n \to \mathbb{R}$이 주어지면 $L(\mathbf{x}+\mathbf{y})$나 $L(c\mathbf{x})$에 대해 어떠한 등식이 성립하는가?

앞서 살펴보았듯이, $L : \mathbb{R}^n \to \mathbb{R}$는

$$L(\mathbf{x}) = \mathbf{a} \cdot \mathbf{x}$$

의 꼴을 가지므로,

$$L(\mathbf{x}+\mathbf{y}) = \mathbf{a} \cdot (\mathbf{x}+\mathbf{y}) = \mathbf{a} \cdot \mathbf{x} + \mathbf{a} \cdot \mathbf{y} = L(\mathbf{x}) + L(\mathbf{y})$$
$$L(c\mathbf{x}) = \mathbf{a} \cdot (c\mathbf{x}) = c(\mathbf{a} \cdot \mathbf{x}) = cL(\mathbf{x})$$

를 만족시킴을 알 수 있다. 일반적으로, 어떤 함수 $L : \mathbb{R}^n \to \mathbb{R}^m$가 임의의 $\mathbf{x}$, $\mathbf{y} \in \mathbb{R}^n$, $c \in \mathbb{R}$에 대해 다음 조건

$$L(\mathbf{x}+\mathbf{y}) = L(\mathbf{x}) + L(\mathbf{y}),\ L(c\mathbf{x}) = cL(\mathbf{x})$$

를 만족시킬 때 L을 선형사상(linear map)이라 한다.[8] 즉, $\mathbb{R}^n$ 공간에서의 상수항이 없는 일차함수는 선형사상이다. 역으로 모든 선형사상은 상수항이 없는 일차함수의 꼴인데, 이는 다음 문제 2.1.5.에 나와 있다.

문제 2.2.1

$\mathbb{R}^n$ 공간에서 i번째 성분만이 1이고 나머지 성분은 0인 벡터를 i-번째 표준단위벡터 $\mathbf{e}_i$라 하자($1 \le i \le n$).

8) $\mathbb{R}^n$ 공간에 국한될 것 없이, 벡터공간 V, W 위에서 정의된 함수 $L : V \to W$에 대해서도 같은 조건을 만족시킬 때, 이를 선형사상이라 한다.

(가) 임의의 고정된 $\mathbf{x}\in\mathbb{R}^n$는 다음 등식

$$\mathbf{x}=x_1\mathbf{e}_1+x_2\mathbf{e}_2+\cdots+x_n\mathbf{e}_n$$

을 만족시키는 유일한 $x_1,\ x_2,\ \cdots,\ x_n$을 가짐을 보여라.

(나) $L(\mathbf{e}_i)=a_i,\ i=1,\ 2,\ \cdots,\ n$라 두자. 다음이 성립함을 보여라.

$$L(\mathbf{x})=a_1x_1+a_2x_2+\cdots+a_nx_n$$

즉, $\mathbb{R}^n$ 공간에서의 상수항이 없는 일차함수는 선형사상과 같은 말인 것이다. 그리고 $\mathbb{R}^n$에서 $\mathbb{R}$로 가는 함수, 즉, 다변수함수일 때에는 선형사상이 $\mathbb{R}^n$ 공간의 벡터로 표현된다는 것이다.

이제 준비가 끝났다. 다변수 벡터함수에 대해서 일차함수를 논하자. 이는 다시금 $L:\mathbb{R}^n\to\mathbb{R}^m$인 선형사상 L에 대해 알아보자는 의미다. 위 문제 2.2.1.의 논의를 자세히 살펴보면, (나)에서 다음과 같은 변화가 발생하는 것 외에는 다른 것이 없음을 알 수 있다.

$$L(\mathbf{e}_i)=\mathbf{a}_i\in\mathbb{R}^m,\ i=1,\ 2,\ \cdots,\ n$$

따라서, 다변수 벡터함수의 선형사상은 다음 꼴로 표현된다.

$$L(\mathbf{x})=\mathbf{a}_1x_1+\mathbf{a}_2x_2+\cdots+\mathbf{a}_nx_n$$

즉, n개의 $\mathbb{R}^m$ 공간의 벡터로 표현된다는 것이다. 실수의 개수로 치면 $(m\times n)$개의 수인 것이다. 여기서 다시, 우리는 다변수 벡터함수라고 특별 취급하지 않을 것이다! 즉, 우리는 통일된 표기를 원한다. 일변수함수에서 선형사상이 $L(x)=ax$로, 다변수함수에서 선형사상이 $L(\mathbf{x})=\mathbf{a}\cdot\mathbf{x}$로 나타난 것처럼, 위 다변수 벡터함수 역시 '기울기'에 대응되는 무언가에 $\mathbf{x}$가 '곱해진' 꼴로 표현하고 싶은 것이다! 그리고 그 방법 역시 우리는 알고 있다. 다변수함수에서는 n개의 실수를 하나로 모아 벡터로 만든 것처럼, 다변수 벡터함수에서는 n개의 벡터를 모아 우리의 기울기를 만들 것이다. 이것이 행렬(matrix)이다.

위의 각 벡터 $\mathbf{a}_i\in\mathbb{R}^m$가 다음과 같은 성분을 갖는다고 하자.

$$\mathbf{a}_i=(a_{1i},\ a_{2i},\ \ldots,\ a_{mi}),\ i=1,\ 2,\ \cdots,\ n$$

이제 $(m\times n)$개의 수를 직사각형 모양으로 배열할 것이다. 각 $\mathbf{a}_i\in\mathbb{R}^m$를 i번째 열로, 즉, 세로로 다음과 같이 배치할 것이다.

$$A=\begin{bmatrix} a_{11} & a_{12} & \cdots & a_{1n} \\ a_{21} & a_{22} & \cdots & a_{2n} \\ \vdots & \vdots & \ddots & \vdots \\ a_{m1} & a_{m2} & \cdots & a_{mn} \end{bmatrix}=\begin{bmatrix} | & | & & | \\ \mathbf{a}_1 & \mathbf{a}_2 & \cdots & \mathbf{a}_n \\ | & | & & | \end{bmatrix}$$

위와 같은 꼴로 수를 직사각형으로 배치한 것을 행렬이라 한다. 이때, 각 가로줄을 행(row), 세로줄을 열(column)이라 하며, i-행 j-열에 위치한 수를 $(i,\ j)$-성분(component)이라 한다. 또, 행렬 A의 i-번째 행을 $[A]_i$로, j-번째 열을 $[A]^j$로 표기한다. 즉, 위와 같은 경우에서 $[A]^j=\mathbf{a}_j$가 성립하는 것이다. 그리고 우선 이 둘을 벡터로 보자. 즉, $[A]_i\in\mathbb{R}^m$, $[A]^j\in\mathbb{R}^n$으로 보자는 것이다. 한편, 위와 같이 $(i,\ j)$-성분이 a_{ij}인 행렬을 다음과 같이 표기하기도 한다.

$$A=[a_{ij}]=[a_{ij}]_{m\times n}$$

이러한 행렬을 크기가 $(m\times n)$인 행렬, 또는 간단히 $(m\times n)$-행렬이라 부른다. 각 성분이 실수인 $(m\times n)$-행렬 전체의 집합을 $\mathbb{R}^{m\times n}$, $\mathscr{M}_{m,n}(\mathbb{R})$ 등과 같이 다양하게 나타내는데, 이 책에서는 $\mathbb{R}^{m\times n}$로 쓴다.

한편, 우리의 목표에 따라 다변수 벡터함수를 특별 취급하지 않기 위해서는 다음과 같은 표기가 사용되어야 할 것이다.

$$L(\mathbf{x})=A\mathbf{x}$$

이에 따라, 우리는 위 표현이 선형사상을 나타내기 위해, 행렬과 벡터의 연산을 다음과 같이 정의한다.

$$A\mathbf{x}=\mathbf{a}_1x_1+\mathbf{a}_2x_2+\cdots+\mathbf{a}_nx_n$$

즉, 행렬 A의 각 i-열인 벡터에 벡터 $\mathbf{x}$의 i-성분을 스칼라 곱하여 생긴 n개의 벡터를 전부 더한 것이다.

한편, 문제 2.1.5.를 생각하면, 자연스레 행렬 역시 다음과 같이 덧셈과 스칼라 곱을 정의할 수 있다. $(m\times n)$행렬 $A=[a_{ij}]_{m\times n}$, $B=[b_{ij}]_{m\times n}$, $c\in\mathbb{R}$에 대해

$$A+B=[a_{ij}+b_{ij}]_{m\times n},\ cA=[ca_{ij}]_{m\times n}$$

로 정의한다. 당연하게도, 두 행렬의 합은 두 행렬의 '크기'가 같을 때만 정의한다.

보기 2.2.2

$A=\begin{bmatrix}1&2&3\\4&5&6\end{bmatrix}$, $B=\begin{bmatrix}6&5&4\\3&2&1\end{bmatrix}$에 대해

$$A+B=\begin{bmatrix}7&7&7\\7&7&7\end{bmatrix}=7\begin{bmatrix}1&1&1\\1&1&1\end{bmatrix}$$

가 성립한다.

문제 2.2.3

위와 같이 정의한 행렬의 합과 스칼라 곱에 대해 문제 2.1.5.가 행렬에 대해 성립함을 보여라.

2.3 함수의 합성과 행렬의 곱

실수 전체의 집합 $\mathbb{R}$에는 우리에게 익숙한 곱셈이, $\mathbb{R}^n$ 공간에는 내적이 정의되어 있다. 그렇다면 행렬 간의 곱셈은 어떻게 정의할까? 이 역시 선형사상에 그 비밀이 있다. 우선 $\mathbb{R}$에서의 곱셈과 선형사상이 어떠한 연관성을 갖는지 살펴보자.

두 실수 $a, b\in\mathbb{R}$에 대해 그 곱 ab는 역시 하나의 실수이다. 이때, 하나의 실수가 하나의 선형사상을 나타냄을 기억해보자. 그러면 두 선형사상 $f(x)=ax$, $g(x)=bx$에 어떠한 연산을 취해야 ab에 대응되는 선형사상 $h(x)=(ab)x$가 나올까? 여기에서 기묘하게 사용되는 것이 바로 결합법칙이다. 단순히 괄호의 위치를 다음과 같이 바꾸어보자.

$$h(x)=(ab)x=a(bx)$$

그러면 h과 f, g의 연관성이 다음과 같이 나타난다.

$$h(x)=a(bx)=ag(x)=f(g(x))=(f\circ g)(x)$$

즉, 두 실수의 곱은, 선형사상의 측면에서 보았을 때, 두 함수의 합성으로 나타나는 것이다!

여기에 착안하여, 우리는 행렬의 곱을 두 선형사상의 합성을 이용해 정의하려 한다. 우선, 어떤 함수 $f: X \to Y$, $g: W \to Z$가 $g \circ f$로 합성이 가능하기 위해서는 $Y \subseteq W$가 성립해야 함을 안다. 따라서 두 선형사상 $L_1: \mathbb{R}^l \to \mathbb{R}^r$, $L_2: \mathbb{R}^n \to \mathbb{R}^m$가 $L_1 \circ L_2$로 합성이 가능하기 위해서는 $\mathbb{R}^m \subseteq \mathbb{R}^l$이 성립해야 하므로, $m = l$이어야 한다. 따라서, 우리는 선형사상 L_1에 대응되는 $(r \times m)$-행렬 A와, 선형사상 L_2에 대응되는 $(m \times n)$-행렬 B의 곱 AB가 다음을 만족하게끔 정의된다.

$$(BA)\mathbf{x} = (L_2 \circ L_1)(\mathbf{x}), \quad \forall \mathbf{x} \in \mathbb{R}^n$$

그렇다면 구체적으로 행렬의 곱을 계산하는 방법은 어떻게 될까? 행렬 AB의 (i, j)-성분은 AB의 j-열의 i-번째 성분이므로 우선 j-열을 얻어내야 할 것이다. 이는 다음과 같이 표준단위벡터를 사용하여 얻어낼 수 있다.[9)]

$$[AB]^j = AB\mathbf{e}_j = (\mathrm{L}_1 \circ \mathrm{L}_2)(\mathbf{e}_j) = \mathrm{L}_1(\mathrm{L}_2(\mathbf{e}_j)) = \mathrm{L}_1(\mathrm{B}\,\mathbf{e}_j) = \mathrm{L}_1([\mathrm{B}]^{\mathrm{j}}) = \mathrm{A}\,[\mathrm{B}]^{\mathrm{j}}$$

이제 행렬 A의 (i, j)-성분을 a_{ij}, 행렬 B의 (i, j)-성분을 b_{ij}라 하자. 그러면 $[B]^j = (b_{1j}, b_{2j}, \ldots, b_{mj})$가 성립하므로, 행렬 AB의 j-번째 열은 다음과 같다.

$$[AB]^j = [A]^1 b_{1j} + [A]^2 b_{2j} + \cdots + [A]^m b_{mj}$$

따라서 행렬 AB의 (i, j)-성분은 양변의 벡터들에서 i-번째 성분을 취하면 다음과 같음을 알 수 있다.

$$[AB]_{ij} = a_{i1}b_{1j} + a_{i2}b_{2j} + \cdots + a_{im}b_{mj} = [A]_i \cdot [B]^j$$

즉, 두 행렬 A, B의 곱 AB의 (i, j)-성분은, 앞 행렬 A의 i-행과 뒤 행렬 B의 j-열의 내적으로 구해진다는 것이다.

한편, 독자들은 일반적으로 두 함수 f, g에 대해 $g \circ f$가 정의되어도 $f \circ g$는 정의되지 않을 수 있음에서 두 행렬의 곱에 교환법칙이 성립하지 않음을 확인할 수 있다. 또,

9) 표준단위벡터에 대한 설명은 문제 2.2.1. 참조.

설령 두 행렬 A, B에 대해 그 곱 AB와 BA가 모두 잘 정의되어도, 그 둘이 일치할 필요는 없음을 알 수 있다.

문제 2.3.1

두 행렬

$$A = \begin{bmatrix} 1 & 2 & 3 \\ 4 & 5 & 6 \end{bmatrix}, \quad B = \begin{bmatrix} 1 & 2 \\ 3 & 4 \\ 5 & 6 \end{bmatrix}$$

에 대해 AB와 BA를 계산하라.

이제 우리는 이 행렬의 연산을 중심으로 $\mathbb{R}^n$ 공간의 벡터에서의 여러 연산을 통합하려 한다. 가장 먼저 행렬과 벡터의 연산을 살펴보자. 행렬 $A \in \mathbb{R}^{m \times n}$과 벡터 $\mathbf{x} = (x_1, x_2, \ldots, x_n) \in \mathbb{R}^n$에 대하여, 그 둘의 곱은 다음과 같이 정의했었다.

$$A\mathbf{x} = \mathbf{a}_1 x_1 + \mathbf{a}_2 x_2 + \cdots + \mathbf{a}_n x_n \quad (\text{단, } [A]^j = \mathbf{a}_j.)$$

이 곱을 행렬의 곱으로 볼 수는 없을까? 그러기 위해서는 우선 두 행렬의 곱이 잘 정의되어야 하므로 $(m \times n)$-행렬인 A에 곱해진 벡터 $\mathbf{x}$는 $(n \times \boxed{?})$-행렬로 보아야 할 것이다. 그런데 $\mathbf{x}$는 실수 성분 n개를 가지므로 벡터 $\mathbf{x}$를 $(n \times 1)$-행렬로 보는 것이 타당할 것이다. 즉, 우리는 벡터 $\mathbf{x} = (x_1, x_2, \ldots, x_n) \in \mathbb{R}^n$를 다음과 같은 $(n \times 1)$-행렬로 보려고 하는 것이다.

$$\mathbf{x} = \begin{bmatrix} x_1 \\ x_2 \\ \vdots \\ x_n \end{bmatrix} \in \mathbb{R}^{n \times 1}$$

이처럼 성분이 하나의 열에 나열되어 $(n \times 1)$-행렬의 모양새를 하는 벡터를 열벡터(column vector)라 부른다.[10] 그리고 $\mathbb{R}^{n \times 1}$를 $\mathbb{R}^n$와 같은 것으로 취급할 것이다.

10) 비슷하게, $\mathbf{x} = [x_1 \, x_2 \cdots x_n] \in \mathbb{R}^{1 \times n}$로 쓸 경우, 이를 행벡터(row vector)라 하기도 한다. 행벡터의 경우, 그 표기법이 n-중쌍 $(x_1, x_2, \ldots, x_n)$과 비슷하기에 n-중쌍의 표기법을 혼용하기도 한다. 이 책에서도 앞으로 $(x_1, x_2, \ldots, x_n)$라 씀은 행벡터를 의미한다.

문제 2.3.2

기존에 정의한 행렬과 벡터의 곱으로서의 $A\mathbf{x}$와 행렬 간의 곱으로서의 $A\mathbf{x}$의 결과가 일치함을 보여라.

이에 우리는 앞으로 $\mathbb{R}^n$ 공간의 벡터를 항상 위와 같은 $(n\times 1)$-행렬, 혹은 열벡터로 볼 것이다. 독자들은 지금까지의 내용에서 벡터 $\mathbf{x}=(x_1, x_2, \ldots, x_n)\in\mathbb{R}^n$를 모두

$$\mathbf{x}=\begin{bmatrix} x_1 \\ x_2 \\ \vdots \\ x_n \end{bmatrix}\in\mathbb{R}^n$$

로 바꾸어 다시 읽어보기를 바란다.

마지막으로 이렇게 $\mathbb{R}^n$ 공간의 벡터를 모두 열벡터로 보고 행렬의 연산을 도입할 때, 벡터 간의 내적을 어떻게 볼 것인지를 설명하려 한다.

일반적으로, $(m\times n)$-행렬 $A=[a_{ij}]_{m\times n}$가 주어졌을 때, 그 전치행렬(transpose matrix) A^T를 다음과 같은 $(n\times m)$-행렬로 정의한다.

$$A^T=(a_{ji})_{n\times m}$$

보기 2.3.3

행렬

$$A=\begin{bmatrix} 1\ 2\ 3 \\ 4\ 5\ 6 \end{bmatrix}$$

의 전치행렬은

$$A^T=\begin{bmatrix} 1\ 4 \\ 2\ 5 \\ 3\ 6 \end{bmatrix}$$

이고, 열벡터의 전치행렬은 행벡터이다.

이에 착안하여, 열벡터는 책에서 공간을 많이 차지하기에 다음과 같이 쓰기도 한다.

$$\mathbf{x} = (x_1, x_2, \ldots, x_n)^T$$

또, 전치행렬이 스스로와 같은 행렬을 대칭행렬(symmetric matrix)라 한다.

보기 2.3.4

행렬 $\begin{bmatrix} 1 & 2 & 3 \\ 2 & 4 & 5 \\ 3 & 5 & 6 \end{bmatrix}$ 는 대칭행렬이다.

그러면 두 벡터의 내적은 행렬의 연산으로 어떻게 설명할까? 두 벡터 $\mathbf{x} = (x_1, x_2, \ldots, x_n)^T$, $\mathbf{y} = (y_1, y_2, \ldots, y_n)^T$에 대해 그 내적 $\mathbf{x} \cdot \mathbf{y}$는 다음 식을 만족함을 알 수 있다.

$$\mathbf{x} \cdot \mathbf{y} = x_1 y_1 + x_2 y_2 + \cdots + x_n y_n = [x_1\, x_2 \cdots x_n] \begin{bmatrix} y_1 \\ y_2 \\ \vdots \\ y_n \end{bmatrix}$$

따라서, 간단하게 $\mathbf{x} \cdot \mathbf{y} = \mathbf{x}^T \mathbf{y}$ 가 성립함을 알 수 있다. 이에 따라, 다변수함수에서의 선형사상인 $\mathbf{a} \cdot \mathbf{x}$ 역시 행렬을 이용하여 $\mathbf{a}^T \mathbf{x}$로 표현됨을 알 수 있다. 결국 선형사상은 곧 행렬이다!

지금까지 우리는 다변수 벡터함수에서의 선형사상을 공부하며 행렬을 도입했다. 또, 선형사상의 합성에 유의하며 행렬의 곱을 정의했고, 이를 바탕으로 행렬과 벡터의 곱, 그리고 벡터의 내적을 행렬의 연산으로 통합했다.

2절 정리

◆ **선형사상의 정의**

어떤 함수 $L : \mathbb{R}^n \to \mathbb{R}^m$ 가 임의의 $\mathbf{x}$, $\mathbf{y} \in \mathbb{R}^n$, $c \in \mathbb{R}$에 대해 다음 조건

$$L(\mathbf{x} + \mathbf{y}) = L(\mathbf{x}) + L(\mathbf{y}), \quad L(c\mathbf{x}) = cL(\mathbf{x})$$

를 만족시킬 때 L을 선형사상(linear map)이라 한다.

◆ 행렬의 정의

$(m \times n)$-행렬 $A=[a_{ij}]_{m\times n}$는 다음과 같이 수를 직사각형으로 배치한 것을 말한다.

$$A=\begin{bmatrix} a_{11} & a_{12} & \cdots & a_{1n} \\ a_{21} & a_{22} & \cdots & a_{2n} \\ \vdots & \vdots & \ddots & \vdots \\ a_{m1} & a_{m2} & \cdots & a_{mn} \end{bmatrix}$$

◆ 행렬의 연산

두 $(m \times n)$-행렬 $A=[a_{ij}]_{m\times n}$, $B=[b_{ij}]_{m\times n}$의 합은 다음과 같이 정의한다.

$$A+B=[a_{ij}+b_{ij}]=\begin{bmatrix} a_{11}+b_{11} & a_{12}+b_{12} & \cdots & a_{1n}+b_{1n} \\ a_{21}+b_{21} & a_{22}+b_{22} & \cdots & a_{2n}+b_{2n} \\ \vdots & \vdots & \ddots & \vdots \\ a_{m1}+b_{m1} & a_{m2}+b_{m2} & \cdots & a_{mn}+b_{mn} \end{bmatrix}$$

$(m \times n)$-행렬 $A=[a_{ij}]_{m\times n}$과 스칼라 $c\in\mathbb{R}$에 대해 그 스칼라 곱은 다음과 같이 정의한다.

$$cA=[ca_{ij}]=\begin{bmatrix} ca_{11} & ca_{12} & \cdots & ca_{1n} \\ ca_{21} & ca_{22} & \cdots & ca_{2n} \\ \vdots & \vdots & \ddots & \vdots \\ ca_{m1} & ca_{m2} & \cdots & ca_{mn} \end{bmatrix}$$

$(m \times n)$-행렬 $A=[a_{ij}]_{m\times n}$의 전치행렬은 다음과 같이 정의한다.

$$A^T=[a_{ji}]_{n\times m}=\begin{bmatrix} a_{11} & a_{21} & \cdots & a_{n1} \\ a_{12} & a_{22} & \cdots & a_{n2} \\ \vdots & \vdots & \ddots & \vdots \\ a_{1m} & a_{2m} & \cdots & a_{nm} \end{bmatrix}$$

$(m \times n)$-행렬 $A=[a_{ij}]_{m\times n}$과 $(n \times r)$-행렬 $B=[b_{ij}]_{n\times r}$의 곱 $AB=[c_{ij}]_{m\times r}$는 다음과 같이 정의한다.

$$AB=\begin{bmatrix} c_{11} & c_{12} & \cdots & c_{1r} \\ c_{21} & c_{22} & \cdots & c_{2r} \\ \vdots & \vdots & \ddots & \vdots \\ c_{m1} & c_{m2} & \cdots & c_{mr} \end{bmatrix},\quad c_{ij}=a_{i1}b_{1j}+a_{i2}b_{2j}+\cdots+a_{in}b_{nj}$$

◆ 대칭행렬

$(n \times n)$-행렬 A가 다음을 만족하면 대칭행렬이라 한다.

$$A = A^T$$

◆ 열벡터와 내적

$\mathbb{R}^n$ 공간의 벡터 $\mathbf{x}=(x_1, x_2, \ldots, x_n) \in \mathbb{R}^n$ 를 다음과 같이 쓰고, $(n \times 1)$-행렬처럼 다룬다.

$$\mathbf{x}=\begin{bmatrix} x_1 \\ x_2 \\ \vdots \\ x_n \end{bmatrix}, \text{ 또는 } \mathbf{x}=(x_1, x_2, \ldots, x_n)^T$$

이를 바탕으로 두 벡터 $\mathbf{x}=(x_1, x_2, \ldots, x_n)^T$, $\mathbf{y}=(y_1, y_2, \ldots, y_n)^T$ 의 내적 $\mathbf{x} \cdot \mathbf{y}$은 다음과 같이 표현된다.

$$\mathbf{x} \cdot \mathbf{y} = \mathbf{x}^T \mathbf{y}$$

||||| 2절 연습문제

1 $(m\times n)$–행렬 전체의 집합 $\mathbb{R}^{m\times n}$에 대해 1절 연습문제 1번이 성립함을 보여라. 즉, $\mathbb{R}^{m\times n}$는 벡터공간임을 보여라. (단, 0는 각 성분이 0인 행렬, 즉, 영행렬로 본다.)

2 회전변환 좌표평면 $\mathbb{R}^2$의 점을 원점을 기준으로 반시계 방향으로 θ만큼 회전시키는 변환을 $R_\theta:\mathbb{R}^2\to\mathbb{R}^2$라 하자. 예를 들어, $R_{\frac{\pi}{2}}((1,\,1)^T)=(-1,\,1)^T$이다.

(가) 고정된 각 θ에 대해 R_θ가 선형사상임을 보여라.

(나) R_θ에 대응되는 (2×2)-행렬 A가 다음과 같음을 보여라.

$$A=\begin{bmatrix}\cos\theta & -\sin\theta\\ \sin\theta & \cos\theta\end{bmatrix}$$

(다) 두 회전변환 R_θ, R_φ에 대해 대응되는 행렬을 이용하여 다음이 성립함을 보여라.

$$R_\varphi\circ R_\theta=R_{\varphi+\theta}=R_\theta\circ R_\varphi$$

3 대칭변환 좌표평면 $\mathbb{R}^2$의 점을 직선 $y=(\tan\theta)x$를 기준으로 대칭시키는 변환을 $T_\theta:\mathbb{R}^2\to\mathbb{R}^2$라 하자. 예를 들어, $T_{\frac{\pi}{4}}((1,\,2)^T)=(2,\,1)^T$이다.

(가) 고정된 각 θ에 대해 T_θ가 선형사상임을 보여라.

(나) T_θ에 대응되는 (2×2)-행렬 A가 다음과 같음을 보여라.

$$A=\begin{bmatrix}\cos 2\theta & \sin 2\theta\\ \sin 2\theta & -\cos 2\theta\end{bmatrix}$$

(다) 두 대칭변환 T_θ, T_φ에 대해 다음이 성립함을 보여라.

$$T_\varphi\circ T_\theta=R_{2(\varphi-\theta)}$$

Comment.

(유한차원) 벡터공간에서는 그 차원이 가장 중요하다고 해도 과언이 아니다. 연습문제 1번은 $\mathbb{R}^{m \times n}$ 역시 벡터공간이므로 $(m \times n)$-행렬 역시 벡터로 볼 수 있음을 말해준다. 이때, $\mathbb{R}^{mn}$ 공간의 벡터로 생각할 수도 있을 것이다. 연습문제 2번의 (다)는 회전변환을 나타내는 행렬 간의 곱에서는 교환법칙이 성립한다는 의미로 받아들일 수도 있다. 또한, (다)가 성립함을 받아들이면, 역으로 이를 바탕으로 삼각함수의 덧셈정리를 증명할 수도 있다. 연습문제 3번의 (다)는 회전변환과 대칭변환의 관계를 말해준다. 대수학에서는 일반적인 벡터공간에 대해서도 '회전'과 '대칭'을 논하게 되는데, 이는 군론(group theory)의 주제이다.

3 미분

이 절에서는 다변수함수와 다변수 벡터함수에서의 미분을 다룬다. 미분이란 어떤 점에서 원래 함수와 가장 '비슷한' 일차함수를 찾는 과정임을 이해하고, 이에 미분계수의 개념이 그래디언트 벡터, 야코비 행렬로 나아감을 이해한다. 또한 그래디언트 벡터가 '가장 가파른 상승 방향'을 나타냄을 이해하고, 이를 바탕으로 추후에 다룰 경사하강법의 정성적인 이해를 다진다.

3.1 미분과 선형사상

고등학교 교과서에서 일변수함수 $f:\mathbb{R}\to\mathbb{R}$가 $x=x_0$에서 미분가능(differentiable)하다는 것을 다음 극한값이 존재하는 것으로 정의한다.

$$\lim_{x\to x_0}\frac{f(x)-f(x_0)}{x-x_0}$$

이때, 그 극한값이 존재하면 이를 $f'(x_0)$라 쓰고, 함수 f의 $x=x_0$에서의 미분계수라 한다. 정의역의 모든 점에서 미분가능한 함수를 미분가능함수라 하고, 그 도함수 df/dx 혹은 f'를 다음과 같이 정의한다.

$$\frac{df}{dx}(x)=f'(x)=\lim_{h\to 0}\frac{f(x+h)-f(x)}{h}$$

또, 미분계수의 기하학적 의미로, 함수 f는 $x=x_0$에서 접선을 그을 수 있고, 그 접선의 기울기가 바로 미분계수 $f'(x_0)$라는 것이다.[11] 그 접선의 방정식은 다음과 같다.

$$y=f'(x_0)(x-x_0)+f(x_0)$$

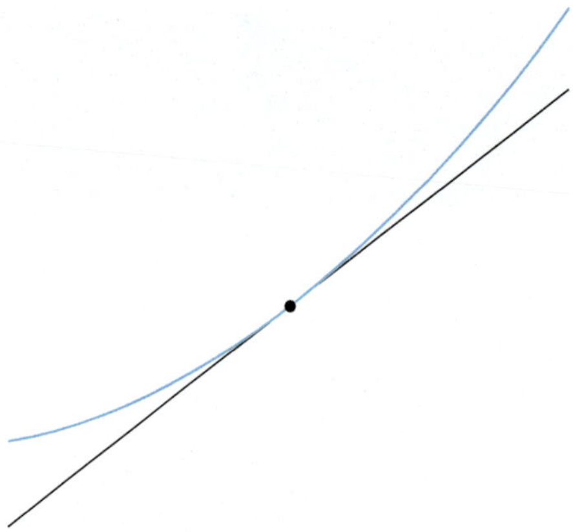

그림 1.3-1 접선

그림에서도 확인할 수 있다시피, 접선은 그 접점에서 함수와 가장 가까운 직선, 즉, (기울기가 ∞가 아니라면) 일차함수를 의미하는데, 이러한 "가까움"은 수학적으로 다음을 만족시키는 직선 $y = ax + b$를 의미한다.

$$\lim_{x \to x_0} \frac{f(x) - (ax + b)}{x - x_0} = 0$$

이러한 성질을 만족시키는 직선이 바로 미분계수를 통해 구한 접선이라는 것이다. 실제로 다음과 같이 확인할 수 있다.

$$\begin{aligned}\lim_{x \to x_0} \frac{f(x) - [f'(x_0)(x - x_0) + f(x_0)]}{x - x_0} &= \lim_{x \to x_0}\left(\frac{f(x) - f(x_0)}{x - x_0} - f'(x_0)\right) \\ &= f'(x_0) - f'(x_0) = 0\end{aligned}$$

문제 3.1.1

"가까운" 일차함수는 존재한다면 미분계수를 통해 구한 접선으로 유일함을 보여라.

즉, 미분은 한 점에서 그 함수와 가장 가까운 일차함수를 찾게 해주는 도구인 것이다. 이를 생각하면 다변수함수, 그리고 다변수 벡터함수에서의 미분 역시 그 함수와 가까운 일

11) 접선의 방정식이 $x = x_0$인 경우는 제외한다.

차함수, 또는 선형사상을 찾아주는 도구의 역할을 하여야 할 것이다.

특히 일변수함수 f의 미분계수 $f'(x_0)$는 가까운 일차함수의 '기울기'에 대응되었던 것처럼, 다변수함수의 미분계수는 벡터가, 다변수 벡터함수의 미분계수는 행렬이 되어야 함은 당연하다. 이를 수식적으로 표현해보자.

이때 맞닥뜨리는 문제가 하나 있는데, 다변수함수 f에 대해 다음과 같은 식

$$\frac{f(\mathbf{x})-(\mathbf{a}^T\mathbf{x}+\mathbf{b})}{\mathbf{x}-\mathbf{x}_0}$$

을 이해하기 위한 '벡터 몫'을 정의한 바가 없다는 것이다. 이를 피해 가기 위해 우리는 다른 전략을 사용한다. $\lim_{x\to x_0} f(x)=0$과 $\lim_{x\to x_0}|f(x)|=0$는 동치인데, 따라서 일변수함수 f와 일차함수 $ax+b$가 가깝다는 것은 다음과 같이도 쓸 수 있다.

$$\lim_{x\to x_0}\frac{|f(x)-(ax+b)|}{|x-x_0|}=0$$

벡터에 역시 이러한 '절댓값'에 대응되는 노름이 있기에, 우리는 노름을 이용하여 다변수함수 f가 일차함수 $\mathbf{a}^T\mathbf{x}+\mathbf{b}$와 가깝다는 것을 다음과 같이 표현한다.

$$\lim_{\mathbf{x}\to\mathbf{x}_0}\frac{|f(\mathbf{x})-(\mathbf{a}^T\mathbf{x}+\mathbf{b})|}{\|\mathbf{x}-\mathbf{x}_0\|}=0$$ [12)]

위의 식이 성립하도록 하는 벡터 $\mathbf{a}^T$를 함수 f의 $\mathbf{x}=\mathbf{x}_0$에서의 미분계수라 부르고 $f'(\mathbf{x}_0)$ 혹은 $Df(\mathbf{x}_0)$라 쓴다.[13)] 이러한 벡터 $\mathbf{a}$, $\mathbf{b}$가 존재하면 함수 f는 점 $\mathbf{x}_0$에서 미분가능하다고 한다. 마찬가지로, 다변수 벡터함수 f에 대해 다음 식

$$\lim_{\mathbf{x}\to\mathbf{x}_0}\frac{\|f(\mathbf{x})-(A\mathbf{x}+\mathbf{b})\|}{\|\mathbf{x}-\mathbf{x}_0\|}=0$$

---

12) 여기서 $\lim_{\mathbf{x}\to\mathbf{x}_0} f(\mathbf{x})=\alpha$라 함은 $\mathbf{x}_0$로 수렴하는 임의의 점열 $(\mathbf{x}_n)_{n=1}^{\infty}$에 대해 $\lim_{n\to\infty} f(\mathbf{x}_n)=\alpha$가 성립함을 의미한다.

13) 열벡터인 $\mathbf{a}$를 미분계수라 부를 때도 있다. 이 책에서는 다변수 벡터함수에서의 논의와 통일하기 위해 행벡터를 미분계수라 한다.

를 만족시키는 행렬 A를 함수 f의 $\mathbf{x}=\mathbf{x}_0$에서의 미분계수라 부르고 $f'(\mathbf{x}_0)$ 혹은 $Df(\mathbf{x}_0)$라 쓴다. 그리고 이러한 행렬 A와 벡터 $\mathbf{b}$가 존재하면 함수 f는 점 $\mathbf{x}_0$에서 미분가능하다고 한다.

문제 3.1.2

다변수함수(다변수 벡터함수도 마찬가지)는, 일변수함수와 동일하게 다음 식

$$\lim_{\mathbf{x}\to\mathbf{x}_0} f(\mathbf{x}) = f(\mathbf{x}_0)$$

를 만족시키면 점 $\mathbf{x}_0$에서 연속이라 한다. 정의역 내 모든 점에서 연속인 함수를 연속함수라 한다. 미분가능하면 연속임을 보여라.

보기 3.1.3

일차함수는 모든 점에서 미분가능하고, 따라서 모든 점에서 연속이다. 또, 임의의 점에서의 미분계수는 일차함수의 '기울기'와 같다.

3.2 다변수함수의 미분

다변수함수와 다변수 벡터함수의 미분을 정의하였으나, 더는 이전처럼 "평균변화율의 극한"을 계산해서 그 미분계수를 계산할 수 없다. 그렇다면 어떻게 이들 미분계수를 구할 수 있을까?

우리의 전략은 구할 수 있는 '일변수함수의 미분'을 이용해 다변수함수의 미분계수를 구하는 것이다. 그러기 위해서는 다변수함수를 마치 일변수함수처럼 보고 미분을 하는 과정이 포함될 수밖에 없는데, 이것이 바로 편미분(partial derivative)이다.

다변수함수 $f:\mathbb{R}^n \to \mathbb{R}$에 대해, 점 $\mathbf{x}_0 = (x_1, x_2, \ldots, x_n)^T$에서의 i-번째 편미분계수를 다음과 같이 정의한다.

$$\frac{\partial f}{\partial x_i}(\mathbf{x}_0) = \lim_{x\to x_i} \frac{f(x_1, \ldots, x, \ldots, x_n) - f(x_1, \ldots, x_i, \ldots, x_n)}{x - x_i} = \lim_{h\to 0} \frac{f(\mathbf{x}_0 + h\mathbf{e}_i) - f(\mathbf{x}_0)}{h}$$

비슷하게, 다변수함수 $f:\mathbb{R}^n \to \mathbb{R}$에 대해, 그 i-번째 편도함수를 다음과 같이 정의한다.

$$\frac{\partial f}{\partial x_i}(x_1, \ldots, x_n) = \lim_{h \to 0} \frac{f(x_1, \ldots, x_i + h, \ldots, x_n) - f(x_1, \ldots, x_i, \ldots, x_n)}{h}$$

편도함수를 나타내는 기호로는 $\partial f / \partial x_i$ 외에도 $D_i f$, f_i 등이 있다.

보기 3.2.1

이변수함수

$$f(x, y) = x^2 + 2y^2 + 3xy + 4x + 5y + 6$$

에 대해

$$\frac{\partial f}{\partial x}(x, y) = 2x + 3y + 4, \quad \frac{\partial f}{\partial y}(x, y) = 3x + 4y + 5$$

이다.

n-변수함수 $f : \mathbb{R}^n \to \mathbb{R}$는 총 n-개의 편도함수 $\partial f / \partial x_1$, ..., $\partial f / \partial x_n$를 갖는다. 따라서 이 n-개 편도함수들의 함숫값을 모아놓은 $\mathbb{R}^n$ 공간의 벡터를 생각할 수 있다. 이를 함수 f의 그래디언트 벡터(gradient vector)라 하고, 점 $\mathbf{x}$에서의 그래디언트 벡터를 $\nabla f(\mathbf{x})$라 쓴다.

$$\nabla f(\mathbf{x}) = \left(\frac{\partial f}{\partial x_1}(\mathbf{x}), \frac{\partial f}{\partial x_2}(\mathbf{x}), \ldots, \frac{\partial f}{\partial x_n}(\mathbf{x}) \right)^T$$

우리의 주장은 이 그래디언트 벡터가 미분가능한 다변수함수 f의 미분계수가 된다는 것이다.

정리 2

다변수함수 $f : \mathbb{R}^n \to \mathbb{R}$가 점 $\mathbf{x}_0$에서 미분가능하다면 그래디언트 벡터 $\nabla f(\mathbf{x}_0)$가 존재하고, 미분계수 $f'(\mathbf{x}_0)$는 그래디언트 벡터 $\nabla f(\mathbf{x}_0)^T$로 주어진다. 즉,

$$f'(\mathbf{x}_0) = \nabla f(\mathbf{x}_0)^T$$

이다.

증명

함수 f가 점 $\mathbf{x}_0 = (x^{0_1}, x_2^0, \ldots, x^{0_n})^T$에서 미분가능하므로 적절한 벡터 $\mathbf{a}$, $\mathbf{b}$에 대해

$$\lim_{\mathbf{x}\to\mathbf{x}_0} \frac{|f(\mathbf{x}) - (\mathbf{a}^T\mathbf{x} + \mathbf{b})|}{\| \mathbf{x} - \mathbf{x}_0 \|} = 0$$

가 성립한다. 한편 f는 점 $\mathbf{x}_0$에서 연속이므로(문제 3.1.2.) $f(\mathbf{x}_0) = \mathbf{a}^T\mathbf{x}_0 + b$이고, 따라서 위 식은 다음과 같이 다시 쓸 수 있다.

$$\lim_{\mathbf{x}\to\mathbf{x}_0} \frac{|f(\mathbf{x}) - f(\mathbf{x}_0) - \mathbf{a}^T(\mathbf{x} - \mathbf{x}_0)|}{\| \mathbf{x} - \mathbf{x}_0 \|} = 0$$

이때 $\mathbf{x}\to\mathbf{x}_0$를 i-번째 성분의 변화만으로 접근시키면,

$$\begin{aligned}
&\lim_{x_i\to x_i^0} \frac{|\ f(\mathbf{x}) - f(\mathbf{x}_0) - \mathbf{a}^T(\mathbf{x} - \mathbf{x}_0)\ |}{\| \mathbf{x} - \mathbf{x}_0 \|} \\
&= \lim_{x_i\to x_i^0} \frac{|\ f(x_1^0, \ldots, x_i, \ldots, x_n^0) - f(x_1^0, \ldots, x_i^0, \ldots, x_n^0) - a_i(x_i - x_i^0)\ |}{|\ x_i - x_i^0\ |} \\
&= 0
\end{aligned}$$

가 성립하고, $\lim_{x\to x_0} f(x) = 0$과 $\lim_{x\to x_0} |f(x)| = 0$가 동치이므로, 다음을 얻는다.

$$\frac{\partial f}{\partial x_i}(\mathbf{x}_0) = \lim_{x_i\to x_i^0} \frac{f(x_1^0, \ldots, x_i, \ldots, x_n^0) - f(x_1^0, \ldots, x_i^0, \ldots, x_n^0)}{x_i - x_i^0} = a_i$$

따라서 $\nabla f(\mathbf{x}_0)$는 존재하고, 나아가

$$\nabla f(\mathbf{x}_0) = \mathbf{a}$$

이다. ■

다만 그 역은 성립하지 않는데, 즉, 그래디언트 벡터가 존재한다고 해서 어떤 함수가 미분가능한 것은 아니다. 그렇다면 어떤 조건을 추가하면 그래디언트 벡터가 곧 미분계수가 될까?

답은 일급함수일 때이다. 함수 f에 대해 각 편도함수 $\partial f/\partial x_1$, …, $\partial f/\partial x_n$가 존재하고 나아가 연속함수일 때, 함수 f를 일급함수, 또는 C^1-함수라 한다.

정리 3

일급함수 $f:\mathbb{R}^n \to \mathbb{R}$는 미분가능하고,

$$f'(\mathbf{x}) = \nabla f(\mathbf{x})^T$$

가 성립한다.

증명은 연습문제로 남긴다.

보기 3.2.2

$(n\times n)$-대칭행렬 A에 대해 n-변수함수 $f:\mathbb{R}^n \to \mathbb{R}$를 다음과 같이 정의하자.

$$f(\mathbf{x}) = \frac{1}{2}(\mathbf{x}^T \mathrm{A}\, \mathbf{x})$$

그러면 계산을 해보면 $\nabla f(\mathbf{x}) = A\mathbf{x}$임을 알 수 있다. 따라서 f는 일급함수이고 따라서 f는 미분가능하고 다음이 성립한다.

$$f'(\mathbf{x}) = A\mathbf{x}$$

문제 3.2.3

보기 3.2.2.에서 정의한 f에 대해 $\nabla f(\mathbf{x}) = A\mathbf{x}$임을 보여라.

비슷한 논의를 다변수 벡터함수에 대해서도 해보자. n-변수함수에서 n-개의 편미분계수로 그래디언트 벡터를 구성했듯이, 다변수 벡터함수 $f:\mathbb{R}^n \to \mathbb{R}^m$에 대해서도 $(m\times n)$-개의 미분계수로 어떤 행렬을 구성하려 한다.

다변수 벡터함수 f는 함숫값의 성분이 m-개 있으므로, 각각의 성분을 하나의 n-변수함수로 볼 수 있다.[14)]

14) 이를 사영사상 π_i와의 합성으로 볼 수도 있다.

$$f(\mathbf{x}) = (f_1(\mathbf{x}), f_2(\mathbf{x}), \ldots, f_m(\mathbf{x}))^T, \ f_i : \mathbb{R}^n \to \mathbb{R}, \ i = 1, 2, \ldots, m$$

이때, 각 성분함수 f_i에 대해 그래디언트 벡터를 생각해보자. 이 벡터를 (행벡터로 해석하여) i-번째 행으로 갖는 행렬을 다변수 벡터함수 f의 야코비 행렬(Jacobian matrix)라 한다.

$$J_f(\mathbf{x}) = \begin{bmatrix} - \nabla f_1(\mathbf{x})^T - \\ - \nabla f_2(\mathbf{x})^T - \\ \vdots \\ - \nabla f_m(\mathbf{x})^T - \end{bmatrix} = \left[\frac{\partial \mathrm{f_i}}{\partial \mathrm{x_j}} \right]_{\mathrm{m \times n}}$$

그러면 다음 정리 4.는 위 정리 2.에서 바로 나온다.

정리 4

다변수 벡터함수 $f : \mathbb{R}^n \to \mathbb{R}^m$가 점 $\mathbf{x}_0$에서 미분가능하다면 야코비 행렬 $J_f(\mathbf{x}_0)$가 존재하고, 미분계수 $f'(\mathbf{x}_0)$는 야코비 행렬 $J_f(\mathbf{x}_0)$로 주어진다. 즉,

$$f'(\mathbf{x}_0) = J_f(\mathbf{x}_0)$$

이다.

문제 3.2.4

정리 4.를 증명하라.

3.3 연쇄법칙

딥러닝의 이름 속 '깊다(deep)'는 것은, 함수들이 많이 합성된 것을 의미한다. 이에 컴퓨터가 '깊은' 함수를 미분하고자 하면, 그 자체를 통째로 미분하려 하면 너무나도 많은 시간이 소요된다. 이를 해결하기 위해 컴퓨터는 복잡한 함수를 여러 간단한 함수의 합성으로 보고 각각에 대해 미분을 수행한 후, 이들의 연산을 통해 복잡한 함수의 미분을 수행한다. 이 과정의 이론적 토대를 제공하는 것이 바로 합성함수의 미분법, 혹은 연쇄법칙(chain rule)이다.

고등학교 때 배운 합성함수의 미분법은 미분가능한 함수 f, g에 대해 다음이 성립함을 말했다.

$$(f \circ g)'(x) = f'(g(x))g'(x)$$

이를 일반화한 것이 연쇄법칙이다.

정리 5 연쇄법칙

함수 $f:\mathbb{R}^n \to \mathbb{R}^m$가 $\mathbf{x}_0$에서 미분가능하고, 함수 $g:\mathbb{R}^m \to \mathbb{R}^r$가 $f(\mathbf{x}_0)$에서 미분가능할 때, 그 합성 $g \circ f$는 $\mathbf{x}_0$에서 미분가능하고 다음이 성립한다.

$$(g \circ f)'(\mathbf{x}_0) = g'(f(\mathbf{x}_0))f'(\mathbf{x}_0) = J_g(f(\mathbf{x}_0))\,J_f(\mathbf{x}_0)$$

증명

두 번째 등호는 정리 4.에 의해 당연하다. 첫 번째 등호를 증명하기 위해 $\mathbf{y}_0 = f(\mathbf{x}_0)$로 두자. 이때, 두 함수 $o_1:\mathbb{R}^n \to \mathbb{R}^m$, $o_2:\mathbb{R}^m \to \mathbb{R}^r$를

$$f(\mathbf{x}) - f(\mathbf{x}_0) - f'(\mathbf{x}_0)(\boldsymbol{x} - \boldsymbol{x}_0) = o_1(\mathbf{x} - \mathbf{x}_0)$$
$$g(\mathbf{y}) - g(\mathbf{y}_0) - g'(\mathbf{y}_0)(\boldsymbol{y} - \boldsymbol{y}_0) = o_2(\mathbf{y} - \mathbf{y}_0)$$

로 정의하자. 그러면 f와 g의 미분가능성으로부터

$$\lim_{\mathbf{x}\to 0}\frac{\| o_1(\mathbf{x}) \|}{\| \mathbf{x} \|} = 0,\ \lim_{\mathbf{y}\to 0}\frac{\| o_2(\mathbf{y}) \|}{\| \mathbf{y} \|} = 0$$

가 성립한다. 그러면 $\mathbf{y} = f(\mathbf{x})$로 두고 $o_3:\mathbb{R}^n \to \mathbb{R}^r$를 다음과 같이 정의하면,

$$\begin{aligned}
o_3(\mathbf{x} - \mathbf{x}_0) &= (g \circ f)(\mathbf{x}) - (g \circ f)(\mathbf{x}_0) - g'(f(\mathbf{x}_0))f'(\mathbf{x}_0) \\
&= g(\mathbf{y}) - g(\mathbf{y}_0) - g'(f(\mathbf{x}_0))f'(\mathbf{x}_0) \\
&= g'(\mathbf{y}_0)(\boldsymbol{y} - \boldsymbol{y}_0) + o_2(\mathbf{y} - \mathbf{y}_0) - g'(\mathbf{y}_0)f'(\mathbf{x}_0) \\
&= g'(\mathbf{y}_0)[f(\mathbf{x}) - f(\mathbf{x}_0) - f'(\mathbf{x}_0)] + o_2(\mathbf{y} - \mathbf{y}_0) \\
&= g'(\mathbf{y}_0)o_1(\mathbf{x} - \mathbf{x}_0) + o_2(\mathbf{y} - \mathbf{y}_0)
\end{aligned}$$

이므로

$$\frac{\| o_3(\mathbf{x}) \|}{\| \mathbf{x} \|} = \frac{\| g'(\mathbf{y}_0)o_1(\mathbf{x}) + o_2(f(\mathbf{x}+\mathbf{x}_0) - \mathbf{y}_0) \|}{\| \mathbf{x} \|}$$
$$\leq \frac{\| g'(\mathbf{y}_0)o_1(\mathbf{x}) \|}{\| \mathbf{x} \|} + \frac{\| o_2(f(\mathbf{x}+\mathbf{x}_0) - f(\mathbf{x}_0)) \|}{\| f(\mathbf{x}+\mathbf{x}_0) - f(\mathbf{x}_0) \|} \cdot \frac{\| f(\mathbf{x}+\mathbf{x}_0) - f(\mathbf{x}_0) \|}{\| \mathbf{x} \|}$$

가 성립한다. 이때, f는 $\mathbf{x}_0$에서 연속이므로 $f(\mathbf{x}+\mathbf{x}_0) - f(\mathbf{x}_0) \to 0$이고, 따라서

$$0 \leq \lim_{\mathbf{x} \to 0} \frac{\| o_3(\mathbf{x}) \|}{\| \mathbf{x} \|} \leq 0 + 0 = 0$$

를 얻는다. ■

일례로, 두 미분가능한 함수 $f : \mathbb{R} \to \mathbb{R}^n$, $f(x) = (f_1(x), f_2(x), \ldots, f_n(x))^T$, $g : \mathbb{R}^n \to \mathbb{R}$, $g(x_1, x_2, \ldots, x_n)$의 합성 $g \circ f$는 일변수함수인데, 그 미분계수는 다음과 같이 표현된다.

$$\frac{d(g \circ f)}{dx} = \frac{\partial g}{\partial x_1}\frac{df_1}{dx} + \frac{\partial g}{\partial x_2}\frac{df_2}{dx} + \cdots + \frac{\partial g}{\partial x_n}\frac{df_n}{dx}$$

보기 3.3.1

세 함수 $A : \mathbb{R}^2 \to \mathbb{R}$, $x : \mathbb{R}^2 \to \mathbb{R}$, $y : \mathbb{R}^2 \to \mathbb{R}$가 다음과 같이 정의되어 있다.

$$A(x, y) = xy, \ \ x(r, \theta) = r\cos\theta, \ \ y(r, \theta) = r\sin\theta$$

그러면 함수 $A_P(r, \theta) = A(x(r, \theta), y(r, \theta))$에 대해

$$\frac{\partial A_P}{\partial r} = \frac{\partial A}{\partial x}\frac{\partial x}{\partial r} + \frac{\partial A}{\partial y}\frac{\partial y}{\partial r} = y\cos\theta + x\sin\theta = 2r\cos\theta\sin\theta = r\sin 2\theta$$
$$\frac{\partial A_P}{\partial \theta} = \frac{\partial A}{\partial x}\frac{\partial x}{\partial \theta} + \frac{\partial A}{\partial y}\frac{\partial y}{\partial \theta} = -yr\sin\theta + xr\cos\theta = r^2(\cos^2\theta - \sin^2\theta) = r^2\cos 2\theta$$

이다. 따라서, $\nabla A_P(r, \theta) = (r\sin 2\theta, r^2\cos 2\theta)^T$가 성립한다.

3.4 다변수함수의 최적화

이 책의 뒤쪽에서 다루겠지만, 학습(learning)이 잘 되었다는 것은, 손실함수(loss function)의 값이 작다는 것을 의미한다. 즉, 딥러닝의 목표는 손실함수를 최소화하는 것이다. 이렇듯 함수의 값을 최소화 혹은 최대화하는 작업을 최적화라 한다.

일변수함수에서 마찬가지로, 함수가 어떤 점 근방에서 그 함숫값이 최대이면 그 점을 극대점, 그 함숫값을 극댓값이라 하고, 어떤 점 근방에서 최소이면 그 점을 극소점, 그 함숫값을 극솟값이라 한다. 이를 수식을 이용해 표현하면, 다변수함수 $f:\mathbb{R}^n \to \mathbb{R}$가 점 $\mathbf{x}_0$에서 극댓값을 가진다고 함은, 적당한 양수 ϵ이 존재하여 다음

$$\| \mathbf{x} - \mathbf{x}_0 \| < \epsilon \Rightarrow f(\mathbf{x}_0) \geq f(\mathbf{x})$$

가 성립함을 의미한다. 극소의 경우 부등호의 방향만 바꾸면 된다.

정의에 의해 최솟값은 극솟값이고 최소점은 극소점이다. 다만 그 역은 성립하지 않는다. 따라서 우리는 일반적으로 최솟값을 구하기 위해 극솟값들을 모두 구한 후 그 가운데 가장 작은 것을 취한다. 따라서 우리는 가장 먼저 극값들을 찾아야 한다. 그 이론적 토대 및 방법을 제공하는 것이 다음 임계점 정리이다.

정리 6 임계점 정리

미분가능한 함수 $f:\mathbb{R}^n \to \mathbb{R}$에 대해 점 $\mathbf{x}_0$에서 극값을 가지면 $\nabla f(\mathbf{x}_0) = 0$가 성립한다.

문제 3.4.1

정리 6을 증명하라.

위 정리의 역은 성립하지 않는다. 미분가능한 함수에 대해서 그 미분계수가 영인 점에서 극값을 갖지 않을 수도 있는데, 이를 안장점(saddle point)이라 한다.

문제 3.4.2

미분가능한 이변수함수 $f(x, y) = xy$는 원점에서 미분계수가 영이나 극댓값이나 극솟값을 갖지 않음을 설명하라.

일반적인 경우, 어느 점에서 미분계수가 영이라고 해서 그 점이 극소점이 되지 않고, 극소점이라해서 최소점이 되지 않는다.[15] 그러나 미분계수가 영인 점은 굉장히 적을 것이므로, 이 점들을 찾는 과정은 최소점들의 후보를 제공해주는 셈인 것이고, 극단적으로는 계산의 효율성을 생각했을 때에는 어느 점에서 미분계수가 영이면 그냥 충분히 작은 값을 가질 것이라 예단할 수도 있을 것이다. 이것이 후에 다룰 경사하강법(gradient descent)의 전략 가운데 하나이다.[16]

만약 어떤 일변수함수 f에 대해 주어진 정보가 $f'(x_0) > 0$임뿐이라면, f의 최소점의 후보로 x_0, $x_0 + \epsilon$, $x_0 - \epsilon$(단, ϵ는 작은 양수) 가운데 어느 것이 합리적인가? x_0에서의 미분계수가 영임은 이 함수가 x_0 근방에서 증가하고 있음을 말하기에 증가하는 방향의 반대인 음의 방향으로 간 $x_0 - \epsilon$이 합리적인 답이 아닐까 싶다.

이처럼, 다변수함수에서도 우리에게 주어진 정보가 한 점에서의 정보, 즉, 한 점에서의 미분계수뿐이라면 우리는 어느 방향으로 점을 움직여야 원래보다 더 작은 함숫값을 가질 수 있을까? 일변수함수에서 미분계수가 그 역할을 해준 것처럼, 다변수함수에서도 미분계수가 그 열쇠가 된다.

이를 설명하기 이전에 방향에 따른 함수의 변화율을 정의하자. 다변수함수 $f : \mathbb{R}^n \to \mathbb{R}$가 단위벡터 $\mathbf{v} \in \mathbb{R}^n$에 대해 점 $\mathbf{x}_0$에서의 $\mathbf{v}$-방향 변화율 $D_{\mathbf{v}} f(\mathbf{x}_0)$는 다음 극한이 수렴할 때, 그 극한값로 정의한다.[17]

$$D_{\mathbf{v}} f(\mathbf{x}_0) = \lim_{h \to 0} \frac{f(\mathbf{x}_0 + h\mathbf{v}) - f(\mathbf{x}_0)}{h}$$

점 $\mathbf{x}_0$에 대해 $D_{\mathbf{v}} f(\mathbf{x}_0)$가 가장 클 때 $\mathbf{v}$를 가장 가파른 증가 방향이라 하고, 반대로 가장 작을 때 $\mathbf{v}$를 가장 가파른 감소 방향이라 한다.

15) 다양한 조건을 주면 참인 명제가 될 수 있다. 보다 자세한 내용을 공부하고 싶으면 볼록 최적화(convex optimization)를 공부해볼 것.

16) 경사하강법 또한 볼록성과 같은 특정 조건이 주어지면 최솟값으로 수렴함을 알 수 있다. 다만, 딥러닝의 경우 대부분 이에 부합하지 않는다.

17) 단위벡터란, 노름이 1인 벡터를 의미한다.

보기 3.4.3

다음

$$D_{-\mathbf{v}}f(\mathbf{x}_0)=\lim_{h\to 0}\frac{f(\mathbf{x}_0+h(-\mathbf{v}))-f(\mathbf{x}_0)}{h}=\lim_{h\to 0}-\frac{f(\mathbf{x}_0-h\mathbf{v})-f(\mathbf{x}_0)}{-h}=-D_{\mathbf{v}}f(\mathbf{x}_0)$$

이 성립하기에, $\mathbf{v}$가 가장 가파른 증가 방향이면 $-\mathbf{v}$는 가장 가파른 감소 방향이다.

다음 정리는 미분가능한 함수의 $\mathbf{v}$-방향 변화율과 미분계수 사이의 관계를 나타낸다.

정리 7

미분가능한 다변수함수 $f:\mathbb{R}^n\to\mathbb{R}$와 임의의 단위벡터 $\mathbf{v}\in\mathbb{R}^n$에 대해 $\mathbf{v}$-방향의 변화율이 존재하고, 다음과 같이 주어진다.

$$D_{\mathbf{v}}f(\mathbf{x}_0)=\nabla f(\mathbf{x}_0)^T\mathbf{v}$$

증명

함수 f는 미분가능하므로 정리 2.에 의해 다음이 성립한다.

$$\begin{aligned}0&=\lim_{\|h\mathbf{v}\|\to 0}\frac{\left|f(\mathbf{x}_0+h\mathbf{v})-f(\mathbf{x}_0)-\nabla f(\mathbf{x}_0)^T(h\mathbf{v})\right|}{\|h\mathbf{v}\|}\\&=\left(\lim_{h\to 0}\frac{f(\mathbf{x}_0+h\mathbf{v})-f(\mathbf{x}_0)}{h}\right)-\nabla f(\mathbf{x}_0)^T\mathbf{v}\end{aligned}$$

따라서 증명이 끝난다. ■

이제 정리 1. (코시-슈바르츠 부등식)에 의해

$$|D_{\mathbf{v}}f(\mathbf{x}_0)|=\left|\nabla f(\mathbf{x}_0)^T\mathbf{v}\right|\le\|\nabla f(\mathbf{x}_0)\|$$

가 성립하고, 부등호의 등호는 둘이 나란할 때 성립한다. 특히, $\mathbf{v}=\nabla f(\mathbf{x}_0)/\|\nabla f(\mathbf{x}_0)\|$일 때 가장 가파른 증가 방향, $\mathbf{v}=-\nabla f(\mathbf{x}_0)/\|\nabla f(\mathbf{x}_0)\|$일 때 가장 가파른 감소 방향이다. 즉, 그래디언트 벡터의 방향이 가장 가파른 방향이다. 이는 이후 다룰 경사하강법의 핵심이 되는 성질이다.

3절 정리

◆ 다변수함수의 미분가능성

다변수함수 $f:\mathbb{R}^n \to \mathbb{R}$에 대해

$$\lim_{\mathbf{x}\to\mathbf{x}_0}\frac{|f(\mathbf{x})-f(\mathbf{x}_0)-\mathbf{a}^T(\mathbf{x}-\mathbf{x}_0)|}{\|\mathbf{x}-\mathbf{x}_0\|}=0$$

가 성립하는 벡터 $\mathbf{a}^T$가 존재하면 함수 f는 $\mathbf{x}=\mathbf{x}_0$에서 미분가능하며, $f'(\mathbf{x}_0)=\mathbf{a}^T$이다.

다변수 벡터함수 f에 대해

$$\lim_{\mathbf{x}\to\mathbf{x}_0}\frac{\|f(\mathbf{x})-(A\mathbf{x}+\mathbf{b})\|}{\|\mathbf{x}-\mathbf{x}_0\|}=0$$

가 성립하는 행렬 A가 존재하면 함수 f는 $\mathbf{x}=\mathbf{x}_0$에서 미분가능하며, $f'(\mathbf{x}_0)=A$이다.

◆ 그래디언트 벡터

다변수함수 f의 그래디언트 벡터 $\nabla f(\mathbf{x})$는 다음과 같이 정의한다.

$$\nabla f(\mathbf{x})=\left(\frac{\partial f}{\partial x_1}(\mathbf{x}),\ \frac{\partial f}{\partial x_2}(\mathbf{x}),\ \dots,\ \frac{\partial f}{\partial x_n}(\mathbf{x})\right)^T$$

f가 미분가능하면 $f'(\mathbf{x}_0)=\nabla f(\mathbf{x}_0)^T$가 성립하고, 그래디언트 벡터의 방향이 곧 가장 가파른 증가 방향이다.

◆ 야코비 행렬

다변수 벡터함수 $f=(f_1, f_2, \dots, f_m)^T$의 야코비 행렬 $J_f(\mathbf{x})$를 다음과 같이 정의한다.

$$J_f(\mathbf{x})=\begin{bmatrix}-\ \nabla f_1(\mathbf{x})^T\ -\\ -\ \nabla f_2(\mathbf{x})^T\ -\\ \vdots \\ -\ \nabla f_m(\mathbf{x})^T\ -\end{bmatrix}=\left[\frac{\partial \mathrm{f_i}}{\partial \mathrm{x_j}}\right]_{\mathrm{m}\times\mathrm{n}}$$

f가 미분가능하면 $f'(\mathbf{x}_0) = J_f(\mathbf{x}_0)$가 성립한다.

◆ 연쇄법칙

함수 $f:\mathbb{R}^n \to \mathbb{R}^m$가 $\mathbf{x}_0$에서 미분가능하고, 함수 $g:\mathbb{R}^m \to \mathbb{R}^r$가 $f(\mathbf{x}_0)$에서 미분가능할 때, 그 합성 $g \circ f$는 $\mathbf{x}_0$에서 미분가능하고 다음이 성립한다.

$$(g \circ f)'(\mathbf{x}_0) = g'(f(\mathbf{x}_0))f'(\mathbf{x}_0) = J_g(f(\mathbf{x}_0))\,J_f(\mathbf{x}_0)$$

◆ 임계점 정리

미분가능한 함수 $f:\mathbb{R}^n \to \mathbb{R}$에 대해 점 $\mathbf{x}_0$에서 극값을 가지면 $\nabla f(\mathbf{x}_0) = 0$가 성립한다.

참고문헌

미적분학 1+, 김홍종, 서울대학교출판문화원, 2016

미적분학 2+, 김홍종, 서울대학교출판문화원, 2016

해석개론, 김성기, 김도한, 계승혁, 서울대학교출판문화원, 2011

Spivak, Michael. *Calculus on Manifolds; a Modern Approach to Classical Theorems of Advanced Calculus*, 1965.

|||||| 3절 연습문제

1 이변수함수 $f:\mathbb{R}^2\to\mathbb{R}$를 다음과 같이 정의하자.

$$f(x,\, y)=\begin{cases}\dfrac{xy}{x^2+y^2} & (x,\, y)\neq(0,\, 0)\\ 0 & (x,\, y)=(0,\, 0)\end{cases}$$

(가) 임의의 $(x,\, y)^T\in\mathbb{R}^2$에 대해 $\nabla f(x,\, y)$가 잘 정의됨을 보여라.

(나) 함수 f가 $(0,\, 0)^T$에서 미분 불가능함을 보여라.

2 정리 3.를 증명하라.

3 헤세 행렬

(가) 미분가능한 다변수함수 $f:\mathbb{R}^n\to\mathbb{R}$의 그래디언트 벡터가 다변수 벡터함수임을 설명하라.

(나) 함수 $\nabla f:\mathbb{R}^n\to\mathbb{R}^n$의 야코비 행렬을 생각할 수 있음을 설명하라. 이 행렬의 $(i,\, j)$-성분은 어떻게 표현되는가?

Comment.

연습문제 1번은 정리 2.의 역이 성립하지 않음을 보여준다. 이외에도 임의의 단위벡터 $\mathbf{v}$에 대해 $\mathbf{v}$-방향 기울기가 존재해도 미분 불가능할 수 있다. 한편, 어떤 임계점(미분계수가 영인 점)이 함수의 극점을 확인할 수 있는 방법으로 이계도함수를 이용하는 방법이 있음을 고등학교 때 배웠다. 이를 다변수함수로 확장한 것이 헤세 판정법인데, 다변수함수의 이계도함수에 해당하는 헤세 행렬을 소개한 것이 연습문제 3번이다. 일변수함수에서 이계도함수의 부호를 따졌듯이, 우리는 헤세 행렬의 부호를 따져야 하는데, 이러한 행렬의 '부호'를 논하는 개념으로 양의 정부호(positive definite) 등이 있다. 자세한 내용이 궁금하다면, 선형대수를 공부해보기를 바란다.

2장

머신러닝의 기초

1 2장 소개

1장을 공부하며 필요한 수학적인 지식을 모두 쌓은 독자들은 이제 2장을 공부하며 머신러닝의 기초와 이를 응용한 여러 실습들을 경험하게 된다.

이 장을 공부하고 나면 머신러닝이 관찰(observation)을 의미 있는 예측(prediction)이나 결정(decision)으로 변환하는 것을 목적으로 함을 이해할 수 있을 것이다. 또 이 변환 과정이 수학적 모델로 구현됨을 이해하고 직접 구현해보며, 이 과정을 학습(Learning)이라고 표현하는 의미와 이유를 이해할 수 있을 것이다.

이 책에서는 머신러닝의 여러 알고리즘 중 지도 학습(supervised learning)에 대해 집중적으로 배운다. 우리는 기본적인 알고리즘으로 경사하강법(Gradient Descent)에 대해 알아볼 것이다. 이를 응용하여 탄생한 범용적으로 적용 가능한 수학적 모델인 '신경망'(Neural Networks)에 대해 배울 것이며, 이후 기초적인 신경망들(Neural Networks)의 원리를 이해하고 동작시켜보는 시간을 가질 것이다. 마지막으로는 이미지에 대한 학습을 위한, 핵심적이고 기본적인 신경망인 CNN(Convolutional Neural Network)에 대해 배울 것이다.

실습 1 셋업

머신러닝의 기초를 공부하는 동안 다양한 실습을 진행하게 될 것이다. 각자의 컴퓨터에 실습을 위한 환경을 조성해야 한다. 우리는 아나콘다(Anaconda)로 파이썬을 활용한 실습을 진행할 것이다. 따라서 셋업에서는 아나콘다에 새로운 conda 환경을 만들고, 필요한 패키지를 설치하여, 앞으로의 실습을 원활히 진행할 수 있도록 할 것이다. 또한 셋업 단계에서 앞으로의 실습에 필요한 데이터셋과 스켈레톤 코드들을 미리 다운로드할 것이다.

Step 1. 아나콘다 conda 환경 구축

[18]아나콘다에 ml이라는 새로운 conda 환경을 만들어 볼 것이다. 터미널(Anaconda Prompt, 아나콘다 프롬프트)을 통해 머신러닝 실습을 위한 새로운 conda 환경을 생성하고 활성화 및 비활성화하는 방법을 알아보자.

다음 명령어를 터미널에 입력하면 ml conda 환경을 구축할 수 있다.

```
conda create -n ml python=3.8 jupyter notebook numpy matplotlib xarray
numba bottleneck scipy
```

이렇게 생성된 ml 환경을 활성화 및 비활성화하기 위해서는 아래의 두 명령어를 각각 터미널에 입력하면 된다.

- 활성화: *conda activate ml*
- 비활성화: *conda deactivate*

18) 《인공지능 교육단체 OUTTA와 함께 하는! 인공지능 파이썬 기초 다지기》를 읽은 독자들의 노트북에는 이미 아나콘다가 잘 설치되어 있을 것이다. 또한, 새로운 conda 환경을 만드는 연습도 해보았을 것이다. 하지만 그렇지 않은 독자들이라면, 자신의 운영체제에 맞는 아나콘다를 직접 설치해야 한다. 구글링 등의 방법을 통해 아나콘다에 대해 스스로 학습하는 것도 권장한다. 앞으로의 실습에서 우리는 모든 실습을 아나콘다의 jupyter notebook에서 진행할 것이다.

Step 2. 패키지 설치

다음으로, 앞으로의 실습에서 필요한 모든 라이브러리를 설치해보자. ml conda 환경을 구축할 때 이미 많은 패키지를 설치했다. 남은 패키지들을 네 단계에 걸쳐 설치해보자.

1) opencv를 설치하기 위해 다음의 명령어를 터미널에서 실행하자.

    conda install -n ml -c conda-forge opencv

2) Pytorch를 설치하기 위해 다음의 명령어를 터미널에서 실행하자.
   (자신의 운영체제가 무엇인지에 따라 입력해야 하는 명령어가 다르다는 것에 주의하자.)

    (Windows, Linux) *conda install -n ml pytorch torchvision cpuonly -c pytorch*
    (MacOS) *conda install -n ml pytorch torchvision -c pytorch*

3) mygrad, mynn, noggin, facenet-pytorch를 설치하기 위해 다음의 명령어를 터미널에서 실행하자.
   (설치하는 명령어를 실행하기 전에, ml의 conda 환경을 활성화해야 함에 주의하자.)

    conda activate ml
    pip install mygrad mynn noggin facenet-pytorch

4) Github로부터 설치해야 하는 패키지가 있다. datasets 패키지를 설치하기 위해서는 다음의 명령어를 터미널에서 실행하면 된다. 이 단계도 ml conda 환경이 활성화되어 있는 상태에서 진행하는 설치 단계이다.
   (명령어 cd OO 은 OO이라는 이름의 디렉토리(directory)로 이동하도록 하는 명령어이다. 명령어 cd .. 은 디렉토리를 빠져나올 수 있도록 하는 명령어이다.)

    git clone https://github.com/outta-ai/DataSets.git
    cd datasets
    pip install.
    cd ..

설치되어야 하는 패키지가 다 설치되었는지 확인하는 방법은 다음의 명령어를 터미널에 입력해보는 것이다. conda 환경의 모든 패키지 리스트를 한 번에 확인할 수 있다.

conda list

이 리스트에서 다음 표의 패키지들이 모두 있는지 대조해보자.

conda 환경 구축 시 설치한 패키지
jupyter notebook numpy matplotlib xarray numba bottleneck scipy
추가 패키지 1)
opencv
추가 패키지 2)
pytorch
추가 패키지 3)
mygrad mynn noggin facenet-pytorch
추가 패키지 4)
datasets

Step 3. 데이터셋, 스켈레톤 코드 다운로드

이제 실습에 필요한 데이터셋(dataset)들과 실습의 스켈레톤 코드들이 작성되어 있는 jupyter notebook 파일을 다운받을 차례이다. 이 자료들은 모두 https://github.com/outta-ai/Skeleton_Codes에서 다운받을 수 있다. 다운받은 후에, 각자의 노트북에 있는 user 폴더 내에 새로운 폴더(ex : ML_with_OUTTA)를 만들고, 다운받은 자료들을 한 번에 저장해두기를 권장한다. 이렇게 하면, 주피터 노트북에서 문서를 찾기 쉬우며, 데이터셋을 불러와 실습을 진행하는 것 또한 쉽게 할 수 있다.

다음 파일들을 모두 다운로드하고, 터미널에서 jupyter notebook 명령어를 통해 주피터 노트북에서 다운받은 스켈레톤 코드 파일들이 잘 열리는지 확인해보길 바란다.

데이터셋

[19]nba_draft_measurements.nc (2절과 3절에서 사용)
[20]cat.png (실습 8에서 사용)
[21]mnist.npz (실습 9에서 사용)

스켈레톤 코드

ML_실습2.ipynb
ML_실습3.ipynb
ML_실습4.ipynb
ML_실습5.ipynb
ML_실습6.ipynb
ML_실습7.ipynb
ML_실습8.ipynb
ML_실습9.ipynb

19) raw data 출처: Aran_Smith, 〈2019 NBA Draft Combine Measurements〉, 《NBADRAFT.NET》, 〈https://www.nbadraft.net/2019-nba-draft-combine-measurements/〉, 개제 May 19 2019, 방문 날짜 2022.03.01. / 편집자: MIT Beaverworks에서 NetCDF-4 형식으로 편집
20) Photo by Andriyko Podilnyk on Unsplash
21) raw data 출처: Y. LeCun, L. Bottou, Y. Bengio, and P. Haffner, "Gradient-based learning applied to document recognition.", Proceedings of the IEEE, 86(11):2278-2324, November 1998. / 편집자1: Yann LeCun, Corinna Cortes, Christopher JC Burges, 《THE MNIST DATABASE of handwritten digits》, 〈http://yann.lecun.com/exdb/mnist/〉, 방문 날짜 2022.03.01. / 편집자2: MIT Beaverworks에서 편집자1의 웹사이트의 데이터셋을 쉽게 다운 받을 수 있는 라이브러리 datasets를 제작

Step 4. Anaconda Prompt에서 jupyter notebook 실행하기

Step 3에서 다운받은 스켈레톤 코드들은 jupyter notebook을 이용하여 실행하여 프로그래밍해야 한다. jupyter notebook을 실행하기 위해서는 Anaconda Prompt에 다음과 같은 명령어를 입력하면 된다.

conda activate ml
jupyter notebook

해당 명령어를 입력한 후 jupyter notebook 창이 열리면, 스켈레톤 코드가 다운로드 되어있는 디렉터리를 찾아서 원하는 ipynb 파일을 열면 된다.

2 선형 회귀(Linear Regression)

2.0 학습 목표

머신러닝은 올바른 예측과 결정을 얻기 위한 모델을 찾아내는 과정이다. 우리는 목적함수를 최적화(Optimization)하여 주어진 문제 상황에 가장 적합한 모델 파라미터를 찾아 모델을 완성시킬 것이다. 여기서, 최적화한다는 것은 말 그대로, 우리가 원하는 최적의 상태를 유도해낸다는 뜻이다. 사람의 예시를 들자면, 스트레스를 최적화하는 것은 스트레스 지수를 0에 가깝도록 최소화하는 것이고, 행복을 최적화하는 것은 행복 지수를 최대화하는 것을 가리킨다고 볼 수 있다.

다음의 용어들은 앞으로 공부할 내용의 핵심이다.

모델(Model)	관찰한 데이터로부터 예측과 결정을 얻어내는 수학적 함수
모델 파라미터 (Model Parameter)	최적화 과정에서 조정(tuning)되는 변수들(조정된 변수들을 기반으로 모델의 함수식이 결정됨)
목적함수(Objective function) = 손실함수(Loss function)	모델의 성능을 평가하는 함수 모델의 예측과 결정이 올바를수록(최적화 될수록) 값이 작아지는 함수

물론 지금은 무슨 말인지 와닿지 않는 것이 당연하다. 머신러닝의 가장 단순한 문제 상황인 '선형 회귀' 문제를 통해 이해해 보도록 하자. 선형 회귀는 머신러닝의 문제 상황 중에서도 지도 학습으로 해결할 수 있는 대표적인 문제이다.

2.1 선형 회귀의 정의

선형 회귀란, 선형 비례 관계의 경향을 보이는 두 변수에 관한 데이터를 바탕으로 두 변수의 관계를 설명해주는 선형 함수(일종의 모델)를 고안하는 것이다. 왜 이를 회귀(Regression)라고 부를까? 어떤 연속함수로 표현되는 관계를 갖는 두 변수가 있을 때, 현실 세계에서는 두 변수의 데이터를 수집하면 그림 2.2-1과 같이 노이즈(noise, 잡음)가 섞이게 된다. 노이즈는 측정 과정에서 실험 환경의 여러 요인에 의해 우연히 발생하는 오차에 해당한다. 두 변수의 관계를 설명하는 연속함수를 찾는 것은 곧 노이즈가 섞인 데이터로부터 다시 원래의 연속함수로 '돌아가는' 과정으로 볼 수 있기 때문에, 회귀라는 이름이 붙은 것이다.

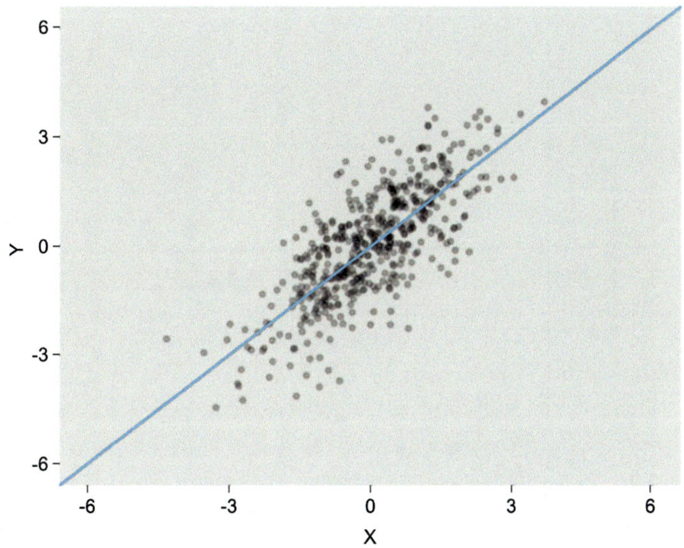

그림 2.2-1 노이즈가 섞인 데이터[22)]

22) 그림 2.2-1 출처: Keith Goldfeld, 〈In regression, we assume noise is independent of all measured predictors. What happens if it isn't?〉, 《ouR data generation》, 〈https://www.rdatagen.net/post/linear-regression-models-assume-noise-is-independent/〉, 개제 October 9, 2018, 읽은 날짜 2022.02.27

2.2 선형 모델 세우기

우리는 2019 NBA 드래프트 참가자들의 신체 정보가 담긴 데이터셋(nba_draft_measurements.nc)을 이용하여 선형 회귀에 대해 학습할 것이다. 이 데이터셋은 앞선 실습 1의 데이터셋 다운로드 단계에서 설치한 데이터셋 중 하나이다. 이번 2절에서는 데이터셋에 담긴 다양한 신체 정보 중 ①신발을 벗은 상태에서의 키와 ②윙스팬 (Wingspan) 사이의 관계에 대해 다룰 것이며, 이때 윙스팬은 양팔을 벌렸을 때 한쪽 손 끝에서 다른쪽 손 끝까지의 너비를 의미한다.

데이터의 분포를 2차원 산점도(2D scatter plot)로 표현하면 그림 2.2-2와 같다.

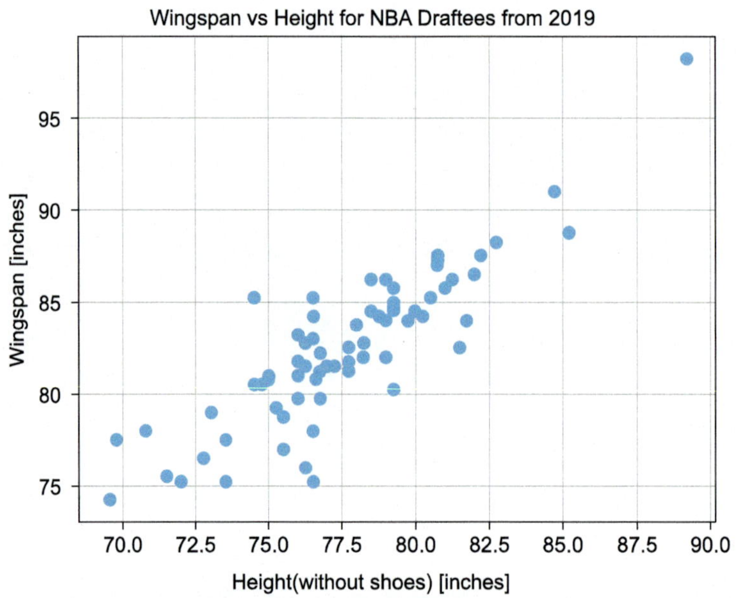

그림 2.2-2 키와 윙스팬의 관계 산점도[23)]

상당히 깔끔한 선형 비례 관계의 경향이 나타나는 것으로 보인다. 따라서 윙스팬을 종속변수, 키를 독립변수로 생각하여 간단한 선형 관계식을 세우면, 새로운 키 정보가 들어왔

23) 그림 2.2-2 출처: Ryan Soklaski, 〈Baby Steps Towards Machine Learning: Linear Regression〉, 《CogWorks》, 〈https://rsokl.github.io/CogWeb/Video/Linear_Regression.html〉, 읽은 날짜 2022.02.07

을 때 윙스팬의 길이를 예측할 수 있을 것이다.

지금 우리는 최적의 모델을 구해내는 것보다는 그 최적의 모델을 구하기 위한 '과정'을 배우는 데 관심이 있으므로, 모델은 단순한 선형 함수 $F(m, b; x) = mx + b$ 로 세워볼 것이다(참고로, 이후의 4절 신경망에서는 더 복잡한 함수로 모델을 세워 가장 최적의 모델을 구해 볼 것이다). 여기서 x는 입력되는 키의 값이고, $F(m, b; x)$는 키의 값에 따라 예측한 윙스팬의 값이다. 그리고 F의 기울기 m과 y절편 b는 우리 모델의 모델 파라미터(model parameter)라고 한다. 모델 파라미터와 입력값을 나타내는 변수를 구분하기 위해 세미콜론(;)을 사용한다. 모델 파라미터의 값이 달라지면 F의 모양이 달라진다.

여러 모양의 F 중에서 데이터를 가장 잘 설명하는 '최적'의 모델은 그림 2.2-3과 같다.

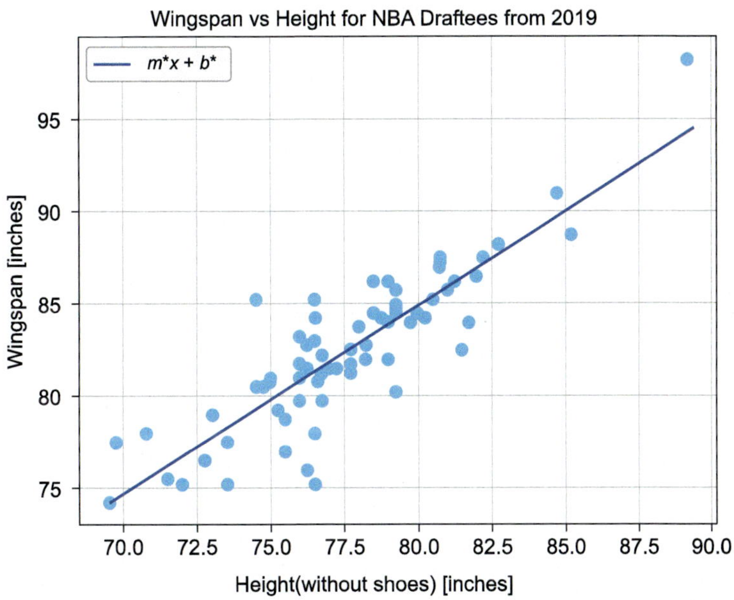

그림 2.2-3 키와 윙스팬의 관계 산점도 및 최적의 모델[24)]

우리는 지금부터 '최적'의 모델을 이루는 모델 파라미터 m^*과 b^*을 결정하는 방법을 배워볼 것이다. 실습 2까지 거치고 나면 2D plot 위에 최적의 모델을 직접 그려 보는 프로그램도 작성할 수 있다.

24) 그림 2.2-3 출처: 원본 이미지를 참고하여 새롭게 제작. 원본 이미지 출처: 그림 2.2-2와 동일

생각해볼거리 2-1) 모델의 한계

데이터를 가지고 작업할 때, 데이터의 편향(bias)과 한계를 고려하는 것은 매우 중요하다. 다음 질문들에 대답해보며 우리가 구하려고 하는 모델의 한계를 생각해보자.

1) 우리는 모델을 생성할 때 누구를 대상으로 수집한 데이터를 사용했는가?
2) 우리의 모델을 이 세상에 존재하는 모든 인간에게 적용하여도 항상 윙스팬의 길이를 잘 예측할 수 있을까?

답 1) 2019 NBA 드래프트에 참가한 신인 농구 선수들

2) 농구 선수는 윙스팬이 길수록 농구 경기를 하기에 유리하기 때문에, NBA 프로리그에서 경기하는 농구 선수들은 다른 일반인들에 비해 우월한 신체 조건(윙스팬)을 가지고 있을 가능성이 높다. 따라서 모델을 다른 NBA 선수들에 적용할 경우에는 윙스팬을 잘 예측할 수 있지만, 선수가 아닌 일반인들에게 적용할 경우에는 잘 예측하지 못할 가능성이 높다.

2.3 최소제곱법(Method of Least Squares 혹은 Ordinary Least Squares(OLS))

데이터의 전반적인 경향성으로부터 크게 벗어난 극단적인 값이 있는 경우, 이러한 값을 일반적인 상태와 다른 데이터라는 의미로 이상치(outlier, 異常値)라고 부른다. 우리가 사용할 데이터에 이러한 이상치가 없고, 모델을 만드는 데 사용한 데이터와 유사한 데이터에 대해 예측을 진행할 것이라고 가정하자(이상치가 있는 경우에는 여기서 논의하려고 하는 "최소제곱법"을 사용하면 문제가 생긴다. 이에 관해서도 뒤에서 곧 살펴볼 예정이다). 이때, 가장 적합한 최적의 선형 모델을 찾는 것은 잔차 제곱(squared residual)의 합을 최소화하는 모델을 찾는 것과 같다.

그림 2.2-4를 보면서 잔차, 잔차 제곱, 잔차 제곱합에 대해 알아보자.

우리가 사용하는 키-윙스팬 데이터 쌍이 총 N개라고 하자. 이 데이터를 [25] ${(x_n, y_n^{(true)})^{N-1}}_{n=0}$로 표현하면 인덱스가 i인 ($i+1$번째) 데이터는 $(x_i, y_i^{(true)})$라고 쓸 수 있다. 우리의 모

25) N개의 데이터쌍을 '$n=1 \sim N$'이 아닌 '$n=0 \sim N-1$'로 표기한 이유는, Python에서 데이터의 인덱스(index)를 1이 아닌 0부터 매기기 때문이다. 앞으로 나올 모든 공식의 표기법에서 '$n=0 \sim N-1$'을 사용한다.

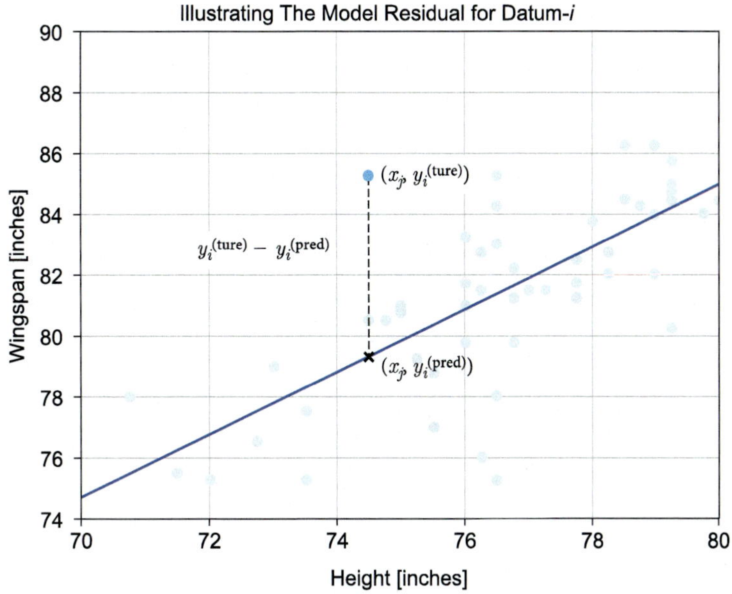

그림 2.2-4 잔차[26)]

델은 $F(m,b;x) = mx + b$이므로, x_i에 대한 윙스팬의 예측값은 $y_i^{(pred)} = F(m,b;x_i) = mx_i + b$라고 쓸 수 있다.

이때, 잔차(residual)는 참값 $y_i^{(true)}$에서 예측값 $y_i^{(pred)}$을 뺀 차이로 정의한다.

$$잔차_i = y_i^{(true)} - y_i^{(pred)}$$

그리고 잔차 제곱(squared residual)은 단순히 잔차의 제곱을 의미하며, 잔차 제곱합(residual sum of squares, RSS)은 데이터 쌍 N개에 대해 잔차 제곱을 전부 합한 것이다.

$$잔차\ 제곱합 = \sum_{n=0}^{N-1} (y_n^{(true)} - y_n^{(pred)})^2$$

잔차 제곱합은 선형 회귀에서 회귀 직선(모델)의 성능을 평가하는 중요한 역할을 한다. 모델을 평가하기 위한 함수인 목적함수(혹은 손실함수) $\mathcal{L}$을 다음과 같이 잔차 제곱합으

26) 그림 2.2-4 출처: 그림 2.2-2와 동일

로 정의할 수 있다.

$$\mathcal{L}\,(m,b;(x_n,y_n^{(true)})_{n=0}^{N-1}) = \sum_{n=0}^{N-1}(y_n^{(true)} - F(m,b;x_n))^2$$

이때 측정된 데이터 $(x_n, y_n^{(true)})^{N-1}{}_{n=0}$는 모두 고정된 상수이고, 우리가 제어할 수 있는 값은 모델 파라미터인 m과 b이다. 손실함수 $\mathcal{L}$이 작을수록 모델의 성능이 좋다고 할 수 있다. 따라서 우리의 목표는 $\mathcal{L}$을 최소화하는 모델 파라미터 m^*과 b^*를 구함으로써 최적의 F를 찾고자 한다. 이러한 접근 방식을 최소제곱법이라고 한다.

다음 식은 m^*과 b^*가 $\mathcal{L}$을 최소화하는 m과 b임을 수식으로 나타낸 것이다. argmin이라는 함수는 함숫값이 최소가 될 때의 변수들을 구하는 함수를 뜻한다.

$$m^*, b^* = argmin_{\ m,b \in R}\ \mathcal{L}\,(m,b;(x_n,y_n^{(true)})_{n=0}^{N-1})$$

심화 학습 2-2

위험도(risk)와 경험적 위험도 최소화(Empirical Risk Minimization)[27]

잔차 제곱합 외에도 다양한 손실함수가 있다. 회귀 문제에서 손실함수로 주로 사용하는 것은 평균 제곱 오차 (Mean Squared Error)이다. 이는 잔차 제곱합과 거의 동일하지만, 합 대신 잔차 제곱의 평균을 구한 것이다.

$$\mathcal{L}_{MSE} = \frac{1}{N}\sum_{n=0}^{N-1}(y_n^{(true)} - y_n^{(pred)})^2$$

여기서 잔차 제곱은 개별 데이터 각각에 대한 손실이다. 잔차 제곱은 결국 모델의 예측이 틀리는 정도와 관계가 있고, 어떤 문제 상황에서는 예측이 틀리면 위험한 결과를 불러올 수 있다. 따라서 평균 제곱 오차 $\mathcal{L}_{MSE}$는 모델의 전반적인 위험도(risk)라고도 부른다.

$\mathcal{L}_{MSE}$와 같이 학습용 데이터셋에 대해 개별 데이터 각각의 손실의 평균을 구한 것을 경험적인 위험도(Empirical Risk)라고 한다. $\mathcal{L}_{MSE}$는 개별 데이터의 손실을 잔차 제곱으로 구한 예시이고, 잔차 제곱 외에도 4절 '더 알아보기 1'에서 살펴볼 잔

27) V.Vapnik, 〈Principles of risk minimization for learning theory〉, 《In Advances in neural information processing systems》 4, NIPS, 1991, pp.831-838.

차 절댓값, 교차 엔트로피 등이 데이터의 손실로 사용된다. 경험적 위험도는 실제 모델의 성능 혹은 위험도를 예측하는 척도가 된다. 그리고 많은 경우에, 경험적인 위험도를 최소화하는 것은 새로운 데이터에 대한 모델의 실제 위험도가 줄어드는 결과를 낳는다. 이렇게 최적의 모델을 찾으려는 목적으로 학습용 데이터셋의 평균 손실을 최소화하는 과정을 경험적 위험도 최소화(Empirical Risk Minimization)라고 한다. 앞서 학습한 최소 제곱법도 경험적 위험도 최소화를 기반으로 한 방법 중 하나이다.

한 발짝 더 경험적 위험도를 최소화하는 것이 항상 좋은 모델을 만들어내지는 않는다. 학습에 사용한 기존 데이터의 수가 적은 경우, 기존 데이터에만 모델이 과하게 최적화(과적합, overfitting)되어 새로운 데이터에 대한 예측 성능이 떨어지는 문제가 일어날 수도 있다. 이러한 문제점을 해결하는 방법으로 구조적 위험도 최소화(Structural Risk Minimization)가 존재한다. 구조적 위험도는 경험적 위험도에 모델의 복잡도에 관한 항이 더해진 것이다. 구조적 위험도 최소화는 기존 데이터에 대한 예측의 성능을 높이는 것과 모델의 복잡도를 낮추는 것 사이의 균형을 맞추어, 과적합이 일어나지 않도록 하는 것을 목적으로 한다. 모델의 복잡도를 낮추는 대표적인 방법으로는, 가중치가 클수록 큰 패널티를 부과하여 가중치가 커지는 것을 억제하는 가중치 감소(weight decay)가 있다. 패널티를 주는 방식으로는 여러 가지 Regularization(규제, 정규화) 방법이 사용된다.

2.4 m^*과 b^*을 직접 구하기

$\mathcal{L}$ 을 최소화하는 모델 파라미터를 구하는 방법은 크게 두 가지가 있다. 첫 번째 방법은 정확한 값을 직접 구해내는 것이다. 선형 회귀 문제에서는 이 방법이 가능하다. 따라서 이번 절에서는 정확한 모델 파라미터 값을 찾는 공식을 구해볼 것이다. 그러나 이 방법을 적용할 수 있는 모델과 적용이 불가능한 모델이 있으며, 새로운 모델에 대해서는 다른 새로운 방식을 찾아야 한다는 단점이 있다. 두 번째 방법은 대략적인 값을 근사적으로 구하는 것이다. 이를 가능하게 하는 알고리즘으로는 다음 절에서 배우게 될 '경사하강법(gradient descent)'이 있다. 정확한 값을 구하지는 못하지만, 많은 모델의 손실함수에 대해 똑같은 알고리즘이 적용 가능하다는 장점이 있다.

$\mathcal{L}\left(m, b; (x_n, y_n^{(true)})_{n=0}^{N-1}\right) = \sum_{n=0}^{N-1} (y_n^{(true)} - F(m, b; x_n))^2$ 은 볼록함수로, 그래프가 그림

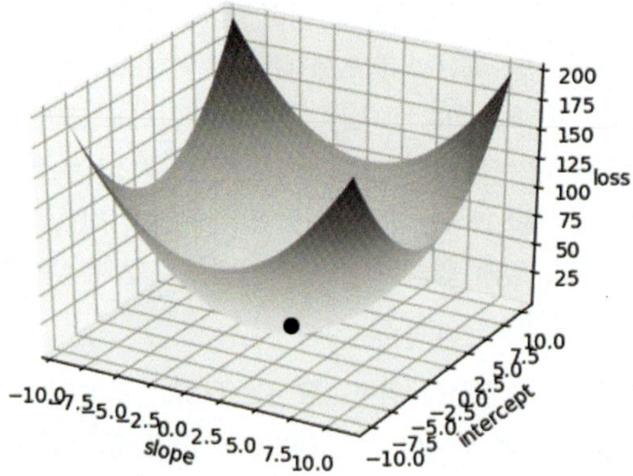

그림 2.2-5 손실함수의 그래프와 최소점[28)]

2.2-5와 같은 믹싱 볼 모양의 포물면으로 나타난다.

최솟값을 갖는 지점은 검은점으로 표현된 점이고, 그 점에서 바닥이 평평함을 알 수 있다. 1장에서 배웠듯이, 미분 가능한 함수 $\mathcal{L}$ 이 어떤 점에서 최솟값을 갖는다면, 그 점에서 모든 방향으로의 기울기가 0이고, 따라서 $\nabla \mathcal{L} = 0$이기 때문이다.

지금부터 우리는 찾고자 하는 m^*과 b^* 이 $\nabla \mathcal{L} = 0$을 만족한다는 사실을 이용하여 직접 편미분을 진행해봄으로써 m^*과 b^* 의 값을 구해볼 것이다.

1. 우리의 선형 모델에 대한 손실함수 $\mathcal{L}$ 을 전개하면 다음과 같다.

$$\begin{aligned}\mathcal{L}(m, b; (x_n, y_n)_{n=0}^{N-1}) &= \sum_{n=0}^{N-1} (y_n - (mx_n + b))^2 \\ &= \sum_{n=0}^{N-1} (m^2 x_n^2 + b^2 + y_n^2 + 2bmx_n - 2mx_n y_n - 2by_n)\end{aligned}$$

2. $\nabla \mathcal{L} = 0$인 점의 m과 b를 구해야 하므로, m과 b에 대해 $\mathcal{L}$ 를 편미분 하면 다음과 같다.

$$\frac{\partial \mathcal{L}(m,b)}{\partial m} = \sum_{n=0}^{N-1} (2mx_n^2 + 2bx_n - 2x_n y_n) = 0 \qquad ①$$

28) 그림 2.2-5 출처: 그림 2.2-2와 동일

$$\frac{\partial \mathcal{L}(m,b)}{\partial b} = \sum_{n=0}^{N-1}(2b + 2mx_n - 2y_n) = 0 \qquad ②$$

3. 두 식 ①, ②를 연립하여 b를 m에 대한 식으로 나타내면 다음과 같다.

$$b = \frac{1}{N}\sum_{n=0}^{N-1}(y_n - mx_n) = \bar{y} - m\bar{x} \qquad ③$$

4. 식 ①에서 b를 소거하여 m^*을 구하고,

5. 식 ③에 m^*을 대입하여 b^*을 구할 수 있다.

$$\sum_{n=0}^{N-1}(2mx_n^2 + 2(\bar{y} - m\bar{x})x_n - 2x_n y_n) = 0$$

$$m\sum_{n=0}^{N-1}(x_n^2 - \bar{x}x_n) + \sum_{n=0}^{N-1}(\bar{y}x_n - x_n y_n) = 0$$

따라서,

$$m^* = \frac{\sum_{n=0}^{N-1} x_n y_n - \frac{1}{N}\sum_{n=0}^{N-1} y_n \sum_{n=0}^{N-1} x_n}{\sum_{n=0}^{N-1} x_n^2 - \frac{1}{N}\left(\sum_{n=0}^{N-1} x_n\right)^2}$$

$$b^* = \bar{y} - m^*\bar{x}$$

이렇게 구한 m^*과 b^*는 최소제곱추정량 (ordinary least squares parameter estimates)이라고 부른다.

생각해볼거리 2-2) 최소제곱추정량 m^*과 b^*를 구할 수 없는 경우

우리의 모델이 선형 모델이라 하더라도 m^*과 b^*를 위에서 공부한 방식으로 구하지 못할 수 있다. 다음 질문들에 대답해보며 어떤 경우에 이런 문제가 생길지 생각해보자.

1) m^*을 위에서 찾은 공식에 따라 구하려고 할 때, 분모가 0이 되는 경우 문제가 생길 것이다. 어떤 경우에 분모가 0이 될까?
2) 결국, 어떤 경우에 m^*과 b^*를 위에서 공부한 방식으로 구하지 못할까?

답 1) m^*의 분모는 $(x_n)_{n=0}^{N-1}$의 분산에 비례한다. 이 분산이 0이 되는 경우, 분모가 0이 되어 공식을 사용하지 못한다.

2) $(x_n)_{n=0}^{N-1}$의 분산이 0이 되는 경우는 데이터셋이 한 개 이하의 데이터만을 포함하고 있거나, 데이터셋이 모두 같은 x값을 가져서 x축에 수직인 한 직선 위에만 데이터가 존재하는 경우이다. 이런 데이터셋에 대해서는 위에서 공부한 방식대로 m^*과 b^*를 구할 수 없다.

예제 2-1 최소제곱법 구현하기

우리는 위에서 데이터 $(x_n,\ y_n)_{n=0}^{N-1}$ 에 대한 m^*과 b^*의 공식을 공부하였다. 이제 NumPy 라이브러리를 이용하여 데이터를 입력해주면 m^*과 b^*를 출력해주는 함수를 작성해보자. 다음의 스켈레톤(skeleton) 코드를 완성하면 된다.

```
import numpy as np

def ordinary_least_squares(x, y):
    """
    관찰된 데이터 (x, y)에 대해 mx + b 와 실제 y의 잔차제곱합을 최소화하는
    직선의 기울기 m과 y절편 b를 구하는 함수,

    매개변수 (Parameters)
    ----------
    x : numpy.ndarray, shape-(N,)
        독립변수. 둘 이상의 다른 값이 있는 데이터가 필요함.

    y : numpy.ndarray, shape-(N,)
        종속변수. x에 대응되는 값

    반환 값 (Returns)
    -----------
    (m, b) : Tuple[float, float]
        최적의 기울기, y절편 값
    """

    # 여기에 코드 작성
```

반복문을 사용하는 것이 아니라, NumPy 라이브러리 안에 있는 벡터 연산 함수들을 적절히 사용하여 작성해보길 바란다.

HINT numpy의 matmul( ), sum( ), mean( ) 함수에 대해 검색하여 스스로 공부한 후 프로그램을 작성해보자.

이 함수는 실습에서 다시 사용될 예정이므로 열심히 작성해보기를 바란다. 그리고 아래의 무척 단순한 테스트 데이터들에 대해 올바른 출력값이 나오는지 확인해보자.

HINT numpy의 array( ) 함수를 이용하여 자료형이 numpy.ndarray인 두 행렬을 생성할 수 있다.

〈입출력 예시〉

x, y	m, b
x = [32 53 30 38 26 76 47 56 44 14], y = [61 101 58 73 50 144 90 107 84 28]	m = 1.8780888444507948, b = 1.4715040708469331
x = [25 31 27 35 40 15 6] y = [−85 −107 −93 −121 −139 −50 −18]	m = −3.5579257717655204 b = 3.409816163718318

예제 2-1) 해설

함수를 구현하는 방법이 하나만 있는 것은 아니다. 다음은 최소제곱법을 구현하는 예시 코드이다.

```
import numpy as np

def ordinary_least_squares(x, y):
    """
    주석 동일
    """

    N = x.size
    m = (np.matmul(x, y) - x.sum() * y.sum() / N) / (np.matmul(x,
x) - (1 / N) * x.sum() ** 2)
    b = y.mean() - m * x.mean()
    return m, b
```

np.array( )는 아래와 같이 사용한다. 추가로, type(x), type(y)를 출력해보면 x, y의 자료형이 〈class 'numpy.ndarray'〉로 출력되는 것을 확인할 수 있다.

```
x = np.array([25, 31, 27, 35, 40, 15, 6])
y = np.array([-85, -107, -93, -121, -139, -50, -18])

m, b = ordinary_least_squares(x, y)
print(m, b)
```

생각해볼거리 2-3) 이상치 (Outlier)

모델을 만들 때, 잘못된 데이터를 사용하면 제대로 된 모델을 만들기 어렵다. 측정 과정에서 일부 데이터에 대해서만 오류가 생겼다고 하더라도, 모델에 적지 않은 부정적 영향을 준다. 예를 들어 우리가 사용하고 있는 NBA 드래프트 참가자들의 윙스팬 값 중 10%가 측정자의 착각으로 인해 팔 한쪽의 길이로 측정되었다고 가정하자.

1) 측정된 데이터의 2D plot이 어떤 형태를 띨지 손으로 그려보자.
2) 선형 모델이 어떻게 나타날지 1)의 2D plot 위에 손으로 그려보자.
3) 10%의 이상치는 선형 모델에 큰 영향을 미칠까?

답 1) 그림 2.2-6은 하나의 예시이다. 10%라고만 표현했을 뿐, 어떤 값들이 절반으로 측정되었는지는 지정되지 않았으므로 다양한 예시가 있을 수 있다.

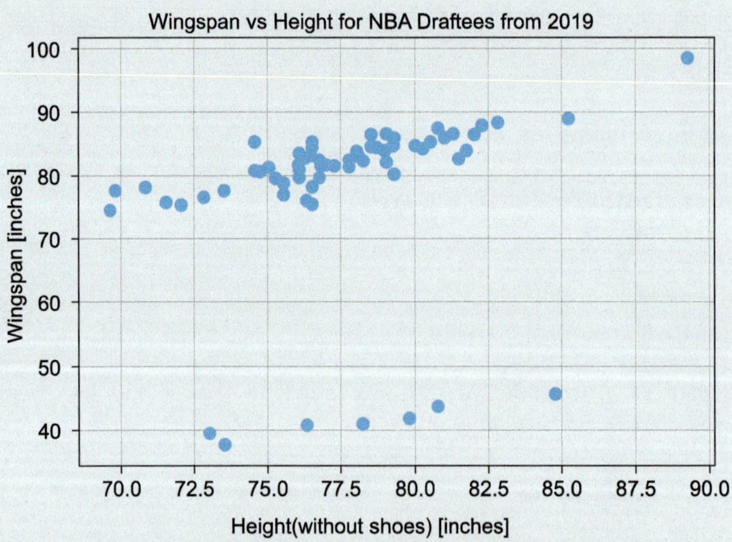

그림 2.2-6 이상치가 섞인 키와 윙스팬의 관계 산점도

2) 10% 이상치가 존재하는 새로운 모델에 대한 최적의 선형 모델은 그림 2.2-7 그래프에서 실선으로 표시된 직선이다. 기존의 데이터에 대한 최적의 선형 모델은 점선으로 표시된 직선이다.

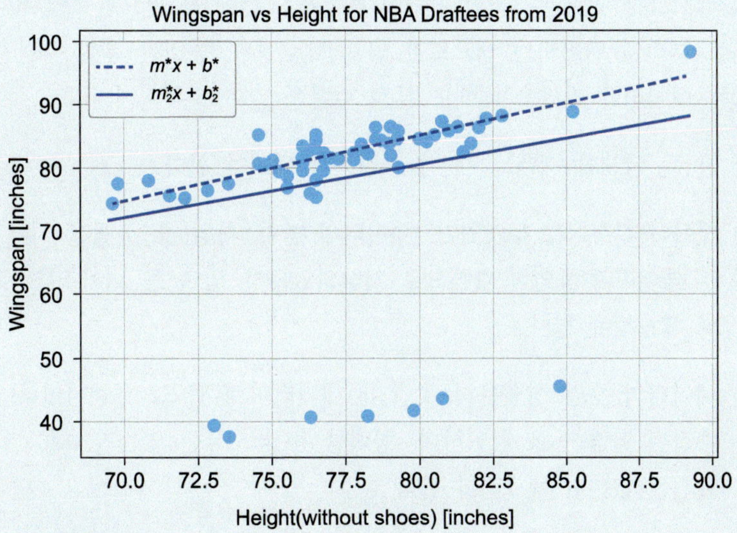

그림 2.2-7 이상치가 섞인 키와 윙스팬의 관계 산점도 및 최적의 모델

3) 10%의 이상치는 기존 선형 모델의 예측값의 절반 정도로 감소한 값을 갖는다. 따라서, 이상치가 포함된 데이터에 기존 선형 모델을 적용하여 잔차의 제곱을 계산하면, 잔차 제곱이 크게 증가하면서 손실함수 값인 잔차 제곱합이 크게 증가함을 알 수 있다. 이로 인해, 2)에서 그래프로 확인한 바와 같이 잔차 제곱합을 최소화하기 위한 새로운 선형 모델은 기존 선형 모델로부터 크게 변화할 수 밖에 없다.

한 발짝 더 최소제곱법에는 이상치를 제거하는 기능이 없어 모델이 이상치에 큰 영향을 받는다는 것을 확인하였다. 방금과 같은 작고 간단한 문제 상황에서는 2D plot을 그려 데이터셋을 관찰하고 이상치를 파악한 후 직접 제거하는 데 전혀 어려움이 없다. 그러나 데이터셋이 크고 복잡해지면, 우리가 직접 이상치를 파악하는 것 자체가 어려울 수 있다. 이런 경우에 이상치를 식별하고 문제를 처리하는 대중적인 방식으로는 RANdom SAmple Consensus (RANSAC) 알고리즘이 있다.

실습 2 데이터셋 가지고 놀기

우리가 계속 사용해온 2019 NBA 드래프트 참가자들의 신체 정보가 담긴 데이터에 대해 탐색해보자. 이는 본격적인 학습에 들어가기 전에 꼭 필요한 작업이다. 데이터 탐색 없이 바로 분석에 뛰어드는 책으로만 공부하는 경우, 동일한 분석 수단을 그대로 적용할 수 없는 데이터를 만났을 때에도 분석 수단을 그대로 유지해버리는 실수를 할 수 있다.

데이터를 탐색할 때에는 세 가지 질문을 던져야 한다.

1) 데이터의 형식은 무엇인가? 데이터의 범위, 차원(개수) 등을 기본적으로 확인하고, 모든 데이터가 동일한 형식으로 저장되었는지, 압축 등 노이즈를 유발하는 요인은 없는지 체크해야 한다.

2) 데이터의 수집 방법은 무엇인가? 데이터의 단위(ex - 센티미터, 인치 등), 데이터가 수집된 환경 등을 확인하며, 명백한 측정 오류는 없는지, 데이터의 편향을 유발하는 요인은 없는지 체크해야 한다.

3) 데이터의 통계는 어떠한가? 최대, 최솟값을 비롯한 다양한 통계량을 확인하고, 산점도, 히스토그램 등 시각화를 이용하여 데이터의 분포를 확인해야 한다.

지금부터 우리의 2019 NBA 드래프트 참가자 데이터를 탐색해보자.

다운받은 추가 자료 중 데이터셋 "nba_draft_measurements.nc"을 찾을 수 있을 것이다. 우리는 이 데이터를 사용할 것이다. 데이터의 형식은 NetCDF-4 형식으로, 수집된 측정을 정확히 반영하여 저장하는 파일 형식이므로 노이즈 유발 등의 영향이 없다. 다만, 앞서 이론에서 살펴보았듯이 본 데이터가 농구 선수들을 대상으로 수집된 것이기 때문에 일반인들보다 신체조건이 우월한 쪽으로 편향되어 있다. 또, 길이의 단위는 인치, 무게의 단위는 파운드이며, 길이는 1/4인치까지, 무게는 1/5파운드까지 측정되었다. 이는 측정의 정밀도와 관련된 오류의 원인이 될 수 있음을 참고하자.

데이터셋 살펴보기 | 데이터 특성에 개별 접근하기 | 데이터셋 시각화하기

Step 1. 데이터셋 출력하여 살펴보기

xarray 라이브러리를 이용하면 NetCDF-4 형식의 데이터를 불러올 수 있다. xarray 데이터는 numpy.ndarray로 쉽게 변환이 된다. 아래 코드를 실행시키면 우리의 데이터셋이 어떻게 구성되어 있는지 확인할 수 있다.

```
from pathlib import Path
import xarray as xr

# xarray 라이브러리를 이용하여 NetCDF-4 파일을 xarray-Dataset으로 불러오기
# 해당 jupyter notebook 파일이 들어있는 폴더에 "data" 폴더를 만들고 그 안에
"nba_draft_measurements.nc"를 넣어두면 경로 변경을 위한 코드 수정이 불필요함
draft_data = xr.load_dataset(Path.cwd() / "data" / "nba_draft_measurements.nc")

# 데이터셋 보이기
draft_data
```

데이터셋 살펴보기 | 데이터 특성에 개별 접근하기 | 데이터셋 시각화하기

Step 2. 데이터의 각 특성(feature)에 개별적으로 접근하기

xarray의 데이터셋에서 원하는 특성의 데이터에만 접근하는 것은 간단하다. 그리고 접근한 데이터 배열을 numpy의 ndarray 형식으로 변환해줄 수도 있다. 아래 두 명령어를 실행해보고 그 차이를 이해해보자.

```
# height_no_shoes 특성의 데이터 배열에 접근하기
draft_data.height_no_shoes
```

```
# height_no_shoes 특성의 데이터 배열에 numpy.ndarray 형식으로 접근하기
draft_data.height_no_shoes.data
```

xarray.DataArray는 numpy.ndarray와 동일한 요소별 벡터 연산이 가능하다. height_with_shoes 배열과 height_no_shoes 배열은 크기가 동일하기 때문에 아래와 같은 백터 연산이 가능하다. 아래 세 코드를 실행해보고 그 차이를 이해해보자.

```
height_added = draft_data.height_with_shoes - draft_data.height_no_shoes
height_added
```

```
height_added = draft_data.height_with_shoes - draft_data.height_no_shoes
height_added.data
```

```
height_added = draft_data.height_with_shoes.data \
- draft_data.height_no_shoes.data
height_added
```

xarray.DataArray는 numpy.ndarray와 동일한 mean( ), std( ) 등의 수학 함수도 정의되어 있기 때문에 같은 방식으로 사용할 수 있다. 이 함수들을 이용하면 데이터의 통계량을 쉽게 구할 수 있다. 선수의 신발에 의해 추가된 키의 평균과 표준편차를 계산하는 코드를 스스로 작성해보자. 그후 출력 예시와 동일한 출력값이 나오는지 확인해보자.

```
# 신발에 의해 추가된 키의 평균과 표준편차를 계산
# 여기에 코드 작성
```

〈출력 예시〉

```
mean height added:
<xarray.DataArray ()>
array(1.38571429) [inches]

std-dev:
<xarray.DataArray ()>
array(0.27608783) [inches]
```

데이터셋 살펴보기 | 데이터 특성에 개별 접근하기 | 데이터셋 시각화하기

Step 3. 데이터셋 시각화하기

이제 데이터셋을 시각화하는 방법을 연습해보자. 시각화를 도와주는 라이브러리로는 matplotlib가 있다. 이를 import하여 편리하게 사용할 수 있다. 원래 matplotlib.pyplot은 show( ) 함수를 통해서 그래프를 출력하도록 되어있다. 그러나 jupyter notebook에서는 매직 커맨드(magic command) %을 이용하여 show 없이도 자동으로 그래프를 확인할 수 있다.

→ %matplotlib inline : 정적인 그래프를 보여준다.

→ %matplotlib notebook : 동적인 그래프를 보여준다.

동적인 그래프는 시간에 따라 변화하는 그래프를 그릴 수 있다는 것을 의미하며, 시간에 따른 머신러닝의 진행 정도를 살펴볼 때와 같이 쓰임이 유용하다.

```
import matplotlib.pyplot as plt
%matplotlib notebook
```

몇 가지 예시를 통해 matplotlib를 사용하는 방법에 대해 연습한 후, 직접 실행해보자. 여기서는 그래프를 그리는 데 필요한 기본적인 규칙들을 안내할 예정이다. (라이브러리의 더 자세하고 다양한 기능을 알아보고 싶다면 스스로 구글링을 해보는 습관을 기르는 것도 도움이 될 것이다.)

fig는 그래프를 그리는 전체 화면을, ax는 그래프를 그릴 공간을 나타낸다고 보면 된다. 아래 두 코드는 각각 하나의 fig에 하나의 ax를 만든 경우와 하나의 fig에 행을 두 개로 나누어 두 개의 ax를 만든 경우이다. set_title( )은 그래프의 제목을 작성해주고, grid( )는 ax 그래프 공간에 실선의 좌표 격자를 그려주는 함수이다. 그리고, xarray 형태의 draft_data는 각 특성의 이름만 x, y에 대입해주면 plot.scatter를 이용하여 쉽게 그래프로 나타낼 수 있다.

```
fig, ax = plt.subplots()
draft_data.plot.scatter(x="hand_length", y="hand_width")
ax.set_title("Hands of NBA Draftees (2019)")
ax.grid()
```

```
fig, axes = plt.subplots(nrows=2)
draft_data.plot.scatter(x="position", y="height_no_shoes", ax=axes[0])
draft_data.plot.scatter(x="position", y="weight", ax=axes[1])
axes[0].set_title("Metrics for NBA Draftees (2019)")
[ax.grid() for ax in axes]
```

matplotlib의 기본 사용법을 이용하여 xarray 형태의 데이터가 아니더라도 아래와 같이 산점도를 쉽게 나타낼 수 있다. 각 x, y축에 해당하는 데이터를 저장한 후, ax.scatter( ) 함수를 이용하면 산점도를 그릴 수 있다. 아래 코드를 실행했을 때, 위에서 본 그래프와 동일함을 확인하고 그 이유를 생각해보자.

```
fig, ax = plt.subplots()
x = draft_data.hand_length.data
y = draft_data.hand_width.data
ax.scatter(x, y)
ax.set_title("Hands of NBA Draftees (2019)")
ax.grid()
```

scatter 함수와 같이 matplotlib를 이용하여 그래프를 그릴 수 있는 함수로는 ax.plot( ) 함수가 있다. plot 함수를 이용하면 점들을 직선으로 이은 그래프를 그릴 수 있다. 아래 예시와 같이 x에 들어갈 numpy.ndarray[29]를 직접 만들어준 후, 임의의 수학적 함수의 그래프를 그려볼 수 있다. x의 정의역이 불연속적이지만 충분히 많은 원소를 갖기 때문에, 그래프를 그려보았을 때 연속적인 함수라고 느낄 수 있다.

ax.plot( ), ax.scatter( ) 등은 color(c), linestyle(ls), label 등의 매개변수(parameter)를 통해 색깔, 선의 종류 뿐만 아니라 범례로 들어갈 그래프의 label까지도 지정해줄 수 있다. 이런 인자와 인자에 들어갈 수 있는 값들을 전부 외우기는 어렵고, 그럴 필요도 없으며, 필요할 때 검색을 통해 찾아낼 수 있으면 충분하다.

29) 《인공지능 교육단체 OUTTA와 함께 하는! 인공지능 파이썬 기초 다지기》를 읽은 독자들은 NumPy 라이브러리에 대해 잘 알고 있을 것이다. 하지만 그렇지 않은 독자들이라면, 구글링 등의 방법을 통해 NumPy에 대해 스스로 학습하기를 권장한다. 앞으로의 실습에서 NumPy 라이브러리는 계속 중요하게 사용될 예정이다.

```
import numpy as np

fig, ax = plt.subplots()
x = np.linspace(-10, 10, 1000)
ax.plot(x, x**2, label="$x^2$")
ax.legend()
ax.set_title("$f(x)=x^2$")
ax.grid()
```

위의 예시들을 통해 그래프 그리는 법을 잘 이해했다면, 이번에는 직접 그래프를 그려보자. 그림 2.2-8의 그래프는 이론 설명에서 봤던 그래프와 동일하다. x축이 "height_no_shoes", y축이 "wingspan" 데이터를 나타내는 2D plot을 그려보자. (HINT x축, y축의 이름을 변경하려면 set_xlabel, set_ylabel 함수를 검색해보자)

```
# 윙스팬 vs 키 산점도 그리기
# 여기에 코드 작성
```

〈출력 예시〉

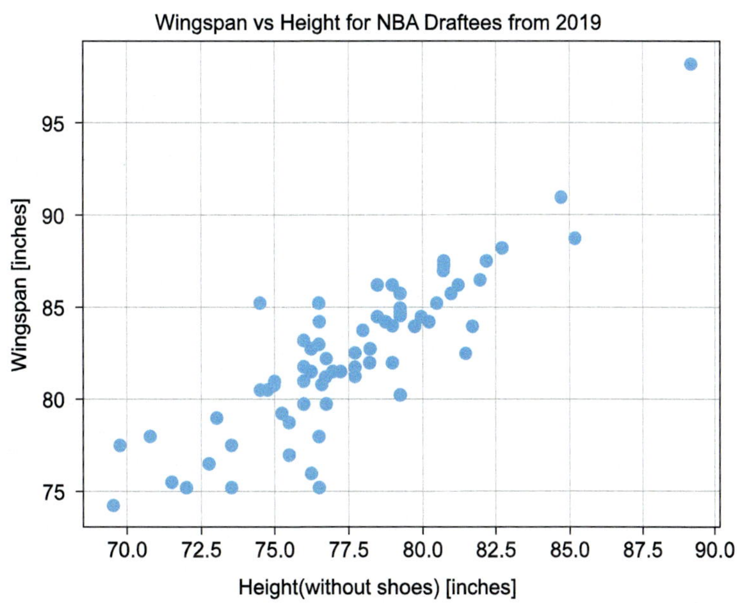

그림 2.2-8 키와 윙스팬의 관계 산점도

마지막으로 우리가 그린 윙스팬 vs 키 산점도 2D plot 위에 선형 회귀 직선을 그려보자. 우리는 앞선 2절의 예제 2-1에서 데이터 쌍을 입력해주었을 때 최적의 선형 회귀 직선의 기울기와 y절편 값을 구해주는 ordinary_least_squares( ) 함수를 구현한 바 있다. 그 함수를 그대로 가져와서 사용해보자.

또한, 위에서 그린 산점도의 코드를 그대로 가져와서 아래에 코드를 일부 추가하기만 하면 그림 2.2-9와 같이 우리가 원하는대로 선형 회귀 직선을 추가할 수 있다.

선형 회귀 직선을 추가할 때는 ax.plot( ) 함수를 이용하자. ax.plot( ) 함수는 매개변수로 numpy.ndarray 형식의 x, y 값들을 보내주어야 한다. 추가로 매개변수 c="red", label ="mx+b"와 같이 직선의 색깔과 label을 설정해줄 수 있다. 문자열의 앞 뒤에 다음과 같이 $ 표시를 넣어주면 수식을 입력할 수 있다. "$m^{*}x+b^{*}$"

```
import numpy as np

def ordinary_least_squares(x, y):
    # 여기에 코드 작성
```

```
# 윙스팬 vs 키 산점도 그리기 (복습)
# 여기에 코드 작성

# 윙스팬, 키 데이터 각각 접근하여 numpy.ndarray로 변환한 후 m*, b* 구하기
# 여기에 코드 작성

# ax.plot() 함수 사용하여 그래프 그리기
# x의 정의역은 numpy.linspace() 함수를 사용하여 데이터 속 키의 최솟값과 최댓값 사이의
구간을 1000개로 나눈 것으로 사용
# 여기에 코드 작성

# 범례로 들어갈 그래프의 label들을 자동으로 생성해주는 함수
ax.legend()
```

〈출력 예시〉

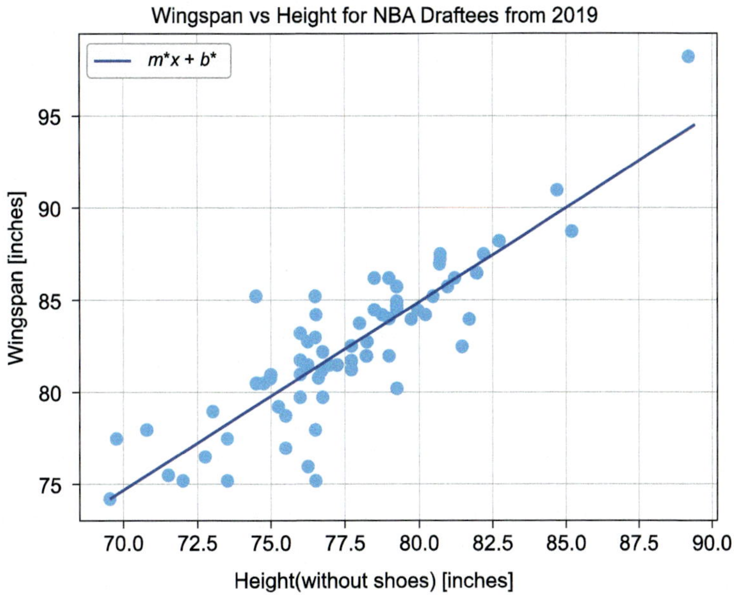

그림 2.2-9 키와 윙스팬의 관계 산점도 및 최적의 모델[30)]

배운 내용 되돌아보기

이번 실습에서는 2019 NBA 드래프트 참가자들의 신체 정보가 담긴 데이터셋을 가지고 데이터셋을 다루는 기본적인 방법들을 익혔다.

- ☐ 데이터에 대해 탐색하며 데이터의 형식, 수집 방법, 통계에 관한 세 가지 질문을 던졌다. 데이터에 대한 탐색을 바탕으로 적절한 분석 수단(모델)을 선택해야 하며, 오류와 편향을 미리 예측하고 대비할 수 있다.
- ☐ xarray 라이브러리를 이용하여 데이터를 불러온 후, 데이터셋을 관찰하였다.
- ☐ xarray.DataArray와 numpy.ndarray를 이용하여 데이터의 각 특성(feature)에 개별적으로 접근하고 필요한 정보를 가져와서 이용하는 연습을 해 보았다. 또한, 데이터의 통계량도 구해보았다.

30) 코드 실행결과

- ☐ matplotlib 라이브러리를 이용하여 데이터를 시각화하는 연습을 해 보았다. 데이터셋의 데이터들을 산점도로 표시해보고, 원하는 함수를 그래프로 그려보기도 하였다.
- ☐ 키와 윙스팬의 관계를 나타낸 산점도 위에, 이들의 관계를 나타낼 수 있는 최적의 선형 모델의 그래프를 함께 시각화하였다.

2절. 선형 회귀를 마무리하며

선형 회귀는 보편적인 수학적 모델링이 필요한 모든 문제 상황을 대변할 수 없다. 그러나 이번 절에서 배운 '모델', '모델 파라미터', '손실함수(목적함수)', '경험적 위험도 최소화' 등의 개념은 머신러닝의 기본이 되는 개념들이다. 이 개념들은 앞으로 선형 모델이 아닌 신경망이라고 부르는 다양하고 복잡한 모델에 대해 머신러닝을 진행하고, 관련된 개념들을 학습함에 있어 큰 도움이 될 것이다.

실습 2에서는 데이터셋을 탐색할 때 던져야 하는 질문들에 대해 알아본 후, 데이터셋을 다루는 기본적인 방법들을 익혔다. 이로써 우리는 데이터를 불러오고, 통계량을 구하고, 시각화하는 방법들에 대해서도 조금은 익숙해졌다. 다음 절에서는 모델 파라미터를 정확히 구하지 못하는 경우에 사용할 수 있는 경사하강법에 대해 배워보자.

3 경사하강법

3.0 학습 목표

앞선 절에서는 두 변수의 관계를 설명하는 '최적의' 일차함수(모델)를 찾아내기 위해 손실 함수를 정의하였고, 이 값을 최소로 만드는 일차함수의 기울기와 y-절편 값(모델 파라미터)을 편미분을 이용하여 찾는 과정을 다루었다. 이처럼 손실함수의 값으로 수학적 모델을 평가하고, 손실함수 값을 기반으로 최적의 모델 파라미터를 결정하는 것은 지도학습의 기초적인 원리이기도 하다.

이번 절에서는 손실함수의 최솟값을 찾기 위한 보다 일반적인 방법을 설명한다. 함수의 극솟값을 찾기 위한 알고리즘인 경사하강법(gradient descent)을 소개하고, 이를 이용하여 앞서 다룬 선형 회귀 문제를 다시 풀어볼 것이다. 이 절을 공부하려면 다변수 미적분학과 관련된 기본적인 내용을 잘 알고 있어야 하므로, 잘 이해가 되지 않는 부분이 생긴다면 1장으로 돌아가 수학적 기초를 조금 더 다져보도록 하자.

3.1 일반적인 상황에서의 손실함수 표기

앞서, 모델을 통해 구한 예측값과 실제값의 비교를 통해 모델을 평가해주는 함수를 손실함수라고 정의하였다. 이러한 손실함수가 최솟값을 갖게 하는 모델 파라미터 값을 찾기 위해 사용하는 수학적인 알고리즘을 본격적으로 소개하기 이전에, 일반적으로 손실함수 $\mathcal{L}$을 어떻게 표기하는지 알아보자.

손실함수의 계산에 사용되는 인자는 크게 두 종류가 있다. 그 중 첫 번째는 수학적 모델의 함수식을 결정하는 모델 파라미터이다. 2절에서 살펴본 선형 회귀 모델에 대해서는, 기울기 m과 y절편 b가 이에 속했다. 총 M개의 모델 파라미터를 w_1, ..., w_M이라고 표기하자. 두 번째는 모델을 통해 설명하고자 하는, 직접 수집한 데이터이다. 이는 $\mathscr{L}$의 식에는 포함되지만, 이미 수집된 값이므로 실질적으로 상수이다. 예를 들어, 자료 x_i가 수집되었을 때 모델의 이상적인 예측값이 y_i이라고 하면, 손실함수에 영향을 주는 것은 총 N개의 데이터 쌍 $(x_n, y_n)_{n=0}^{N-1}$이라고 둘 수 있다. 이 인자들에 의존하는 손실함수는 아래와 같이 표현되며, 중간의 ';' 표기는 두 종류의 인자의 역할을 구별하기 위해서이다.

$$\mathscr{L}\left(w_1, \ldots, w_M ; (x_n, y_n)_{n=0}^{N-1}\right)$$

3.2 경사하강법에 대한 정성적 설명[31)]

여러분이 눈이 많이 내리고 안개가 자욱하게 낀 산의 어느 위치에서 조난을 당했다고 가정하자. 한치의 앞도 보이지 않아 방향 감각을 잃고, 휴대전화도 먹통인 상황에서 산에서 내려가기 위해서는 어떻게 해야 할까? 아마 할 수 있는 최선은 주변의 땅을 조금씩 딛어보면서, 조금이라도 내리막길인 방향을 선택하여 내려가는 방법일 것이다. 조금 내려간 이후 또다시 어느 쪽이 내리막길인지 확인하는 과정을 반복한다면, 산을 조금씩 내려갈 수 있을 것이다.

'경사하강법(gradient descent)'은 함수의 극솟값을 찾는 하나의 알고리즘으로, 앞서 든 예시인 산을 내려가는 방법과 본질적으로 동일하다. 함수의 그래프 위의 한 점에서 어떤 변수를 늘이고 줄여야 함숫값이 가장 많이 감소하는지 확인하고, 그에 따라 변수들의 값을 늘이고 줄이는 과정을 반복하다 보면 함수가 '평평한', 즉 어느 방향으로도 함수가 증가하거나 감소하지 않는 위치에 도달하여 멈추게 될 것이다. 이때, 도달할 가능성이 있는 '평평한' 점은 그림 2.3-1[32)]의 세 형태가 있다(그림은 편의상 일변수함수에 대해 나타내었다).

31) 3.2.의 설명은 영문 위키피디아의 'Gradient descent'의 비유를 참조하여 작성하였음을 밝힌다. 〈Gradient descent〉, 《Wikipedia》, 〈https://en.wikipedia.org/wiki/Gradient_descent#An_analogy_for_understanding_gradient_descent〉, 2021.01.02. 방문

32) 그림 2.3-1은 다음을 참조하여 새로 그렸다.
〈Gradient-Based Learning〉, 《CogWorks》,
〈https://rsokl.github.io/CogWeb/Video/Gradient_Descent.html〉, 2021.01.01. 방문

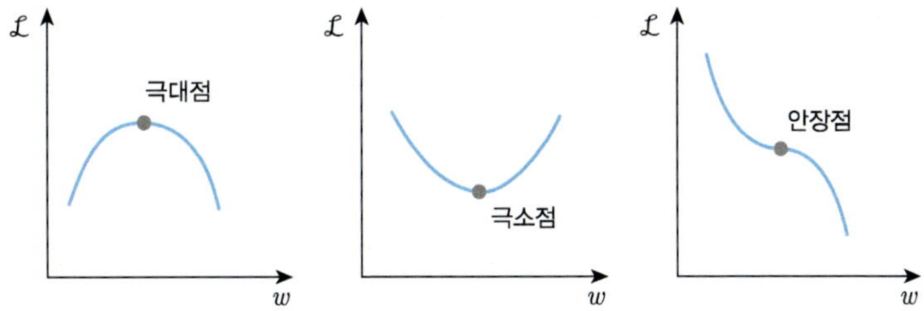

그림 2.3-1 일변수함수에서의 '평평한' 점

경사하강법에서는 함숫값이 감소하는 방향만 찾으므로, 첫 번째 그림의 점(극대점)에는 도달할 수 없을 것이다. 따라서 '평평한' 점에 도달할 때까지 내려가는 방향 찾기를 반복적으로 시행하면, 두 번째(극소점), 혹은 세 번째 점(안장점)에 도달하여 멈추게 될 것이다.

이 절에서는 손실함수의 최솟값을 찾기 위해 경사하강법을 사용할 것이라고 선언했었다. 그러나 멈춘 '평평한' 점이 안장점일 수도 있고, 아래 그림 2.3-2와 같이 최소점이 아닌 극소점에 멈출 수도 있기에, '경사하강법이 항상 함수의 최솟값을 찾아주는가?'와 '안개가 낀 산에서 무사히 내려갈 수 있는가?'에 대한 질문에는 의문이 생기는 것이 자연스럽다. 이러한 문제점에 대한 실제 상황에서의 해결책은 3.5.에서 간단히 소개할 것이다. 당장은 경사하강법의 기초와 Python을 이용한 구현에 집중하기 위해, 그릇과 같이 아래로 오목한 형태의 그래프를 갖는 함수만 다루어 경사하강법을 통해 멈춘 점이 최소점이 맞다고 가정할 것이다. 또한, 경사하강법을 수학적으로 쉽게 표현하기 위해, 최솟값을 찾는 함수는 미분 가능하며 매끄럽다고도 가정하자.

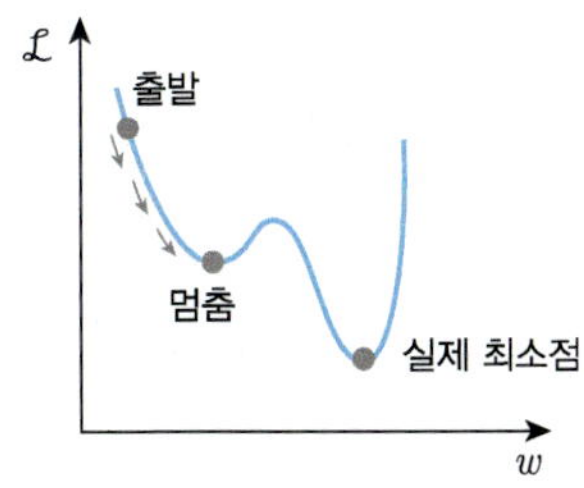

그림 2.3-2 경사하강법에서 최소점 찾기에 실패한 경우

3.3 일변수함수에 대한 경사하강법

이제 경사하강법을 수학적으로 표현해보자. 우선 일변수함수(변수 w에 대해 미분가능한 함수 $\mathcal{L}$)에 대해 진행한 이후, 이를 다변수함수로도 확장해볼 것이다.

처음의 w 값이 w_{old}일 때, w_{old}의 근방에서 $\mathcal{L}(w)$를 더 작게 하는 $w = w_{new}$을 잡는 방법을 생각해보자. 함수의 순간적인 증감을 나타내는 $\left.\frac{d\mathcal{L}}{dw}\right|_{w=w_{old}}$ 과 관련지어 생각하면, $\left.\frac{d\mathcal{L}}{dw}\right|_{w=w_{old}}$ 의 값이 양수인 경우, $\mathcal{L}$ 은 w가 증가할수록 커지므로 $w_{new} < w_{old}$이도록, w_{new} 값을 수직선 상에서 w_{old} 왼쪽에 잡아야 할 것이다. 반대로 음수라면 $w_{new} > w_{old}$ 이도록 w_{new} 값을 수직선 상에서 w_{old} 오른쪽에 잡아야 한다. 이 사실을 이용하면, w_{new} 값을 아래와 같은 수식으로 표현하는 것이 타당함을 알 수 있다.

$$w_{new} = w_{old} - \delta \left.\frac{d\mathcal{L}}{dw}\right|_{w=w_{old}}$$

위 식의 계산을 진행하는 것을 하나의 '스텝'이라 하자. 이때의 δ는 양수인 상수값으로, 학습률(learning rate)이라 한다. 학습률은 위 식에서 볼 수 있듯이 한 번의 시행에서 w 값을 얼마나 많이 변화시킬지에 대한 척도이다. 이는 안개가 낀 산의 비유에서는 한 번에 이동하는 보폭을 나타내며, 지도학습 과정에서 손실함수를 줄이기 위해 w값에 한 단계마다 얼마나 큰 변화를 줄지를 나타낸다. 학습률은 본격적인 학습을 진행하기 이전에 미리 적절한 값으로 결정하며, 이 방법에 대해서는 3.5.에서 소개할 예정이다.

한 번의 스텝을 거치면 출발 지점인 $w = w_{old}$에서 다음 지점인 w_{new}를 결정하고, 이 값을 다시 w_{old}로 지정하여 스텝을 더 거치면 새로운 w_{new}을 반복하여 구할 수 있다. $\left.\frac{d\mathcal{L}}{dw}\right|_{w=w_{old}}$ 의 값이 충분히 0에 가까워지는 순간(극소점과 충분히 가까워졌을 때) 스텝의 반복 시행을 종료하면, 극소점 근방에서의 w 값을 찾아낼 수 있다. 이러한 과정인 경사하강법을 아래 그림 2.3-3[33]을 통해 직관적으로 이해할 수 있을 것이다. 덧붙여, 출발

33) 그림 2.3-3은 다음을 참조하여 새로 그렸다.
〈Gradient-Based Learning〉, 《CogWorks》,
〈https://rsokl.github.io/CogWeb/Video/Gradient_Descent.html〉, 2021.01.01. 방문

지점(초깃값)의 결정 방식과 극소점과 충분히 가까워짐을 판단하는 기준에 대해서도 3.5.에서 소개할 예정이다.

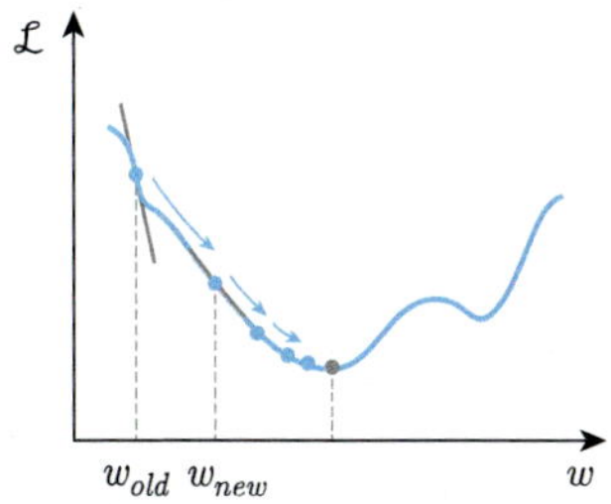

그림 2.3-3 경사하강법의 작동 원리

간단한 이차함수 $\mathcal{L}(w)=w^2$을 예로 들어 직접 계산해보자. 물론, 우리는 이 함수가 $w=0$일 때 최솟값 0을 가짐을 알고 있다. w의 초깃값을 10, 학습률을 0.3으로 둔다면, $\frac{d\mathcal{L}}{dw}=2w$ 이므로 $w_{new}=w_{old}-\delta\frac{d\mathcal{L}}{dw}\Big|_{w=w_{old}}=w_{old}-(0.3)(2w_{old})$을 얻으며, w 값은 순차적으로

$$
\begin{gathered}
4=10-(0.3)(2\times 10)\\
1.6=4-(0.3)(2\times 4)\\
0.64=1.6-(0.3)(2\times 1.6)\\
0.256=0.64-(0.3)(2\times 0.64)\\
0.1024=0.256-(0.3)(2\times 0.256)\\
\cdots
\end{gathered}
$$

와 같이 0에 가까워짐을 확인할 수 있다. 또한, 각 스텝에서 $\frac{d\mathcal{L}}{dw}$ 값도 0에 가까워지기에, w 값은 0에 가까워지는 과정에서 그 변화 정도도 감소함을 확인할 수 있다. 이제, 아래 예제 3-1, 3-2를 통해 함수 $\mathcal{L}(w)=w^2$에 대해 경사하강법을 시행하는 Python 함수를 작성해보고, 이 함수가 w값을 얼마나 빠르게 0으로 수렴시키는지 확인해보자.

예제 3-1 $\mathcal{L}(w) = w^2$에 대한 경사하강법 구현 함수 작성하기

아래 스켈레톤 코드의 주석을 참고하여, 함수 $\mathcal{L}(w) = w^2$에 대한 경사하강법을 구현하는 python 함수 descent_down_parabola를 완성해보자. 이후, w_start=10, learning_rate=0.3을 대입하여 본문에서와 동일한 결과가 나오는지 확인해보고, w_start=−10에 대해서도 w값이 0으로 수렴하는 경향을 보이는지 확인해보자.

```
import numpy as np

def descent_down_parabola(w_start, learning_rate, num_steps):
    """
    L(w) = w ** 2에 대해 경사하강법을 진행한 후, w 값들이 차례로 저장된 배열
[w_start, ..., w_stop]을 반환하는 함수

    매개변수 (Parameters)
    ----------
    w_start : float형
        w의 초깃값.

    learning_rate : float형
        양수, 경사하강법에서의 학습률

    num_steps : int형
        0 이상의 정수, 경사하강법의 한 단계를 반복하는 횟수

    반환 값 (Returns)
    -------
    numpy.ndarray, 총 (num_steps + 1)개의 원소를 갖는 1차원 numpy 배열
        w_start부터, 순차적으로 계산한 w 값들을 저장한 배열
    """
    # 여기에 코드 작성
```

예제 3-1) 해설

```
import numpy as np

def descent_down_parabola(w_start, learning_rate, num_steps):
    """
```

```
    주석 내용 동일
    """
    w_values = [w_start]
    for _ in range(num_steps):
        w_old = w_values[-1]
        w_new = w_old - learning_rate * (2 * w_old)
        w_values.append(w_new)
    return np.array(w_values)
```

w_start=10, learning_rate=0.3, num_steps=5을 대입한 결과

```
>>> descent_down_parabola(10, 0.3, 5)
array([10.    , 4.    , 1.6    , 0.64   , 0.256 ,  0.1024])
```

w_start=-10, learning_rate=0.3, num_steps=5을 대입한 결과

```
>>> descent_down_parabola(-10, 0.3, 5)
array([-10.    , -4.    , -1.6    , -0.64   , -0.256 , -0.1024])
```

예제 3-2 함수 $\mathcal{L}(w)=w^2$의 경사하강법 과정에서의 w값 수렴

예제 3-1에서 작성한 함수 descent_down_parabola에 w_start=10, learning_rate=0.3, num_steps=100을 대입한 결과를 이용하고, matplotlib 라이브러리를 활용하여 "시행한 단계의 수에 따른 w와 0(실제값)의 차이"를 그래프로 나타내어보자. 이때, y축을 단순히 w와 0의 차이로 둔다면, 값의 급격한 감소로 인해 그 양상을 확인하기 어려울 수 있기에 y축 값들에 log scale을 취하여 나타내도록 하자(힌트: ax.set_yscale("log")를 사용). 그래프의 개형을 확인하고, 다양한 learning_rate에 대해 그래프를 그려보면서 경사하강법에 의해 w 값이 목표값(극소점) 0으로부터 멀어지는 경우가 발생하는지 생각해보자.

예제 3–2) 해설

```
import matplotlib.pyplot as plt
%matplotlib inline
```

```
fig, ax = plt.subplots()
out = descent_down_parabola(w_start=10, learning_rate=0.3,
num_steps=100)
ax.plot(np.abs(out)) # 0과의 차이 계산을 위해 절댓값 사용
ax.set_yscale("log")
ax.grid(True)

ax.set_ylabel("Distance from Minimum")
ax.set_xlabel("Number of Steps")
ax.set_title(r"Analyzing Convergence of Gradient Descent on
$\mathscr{L}(w)=w^2$");
```

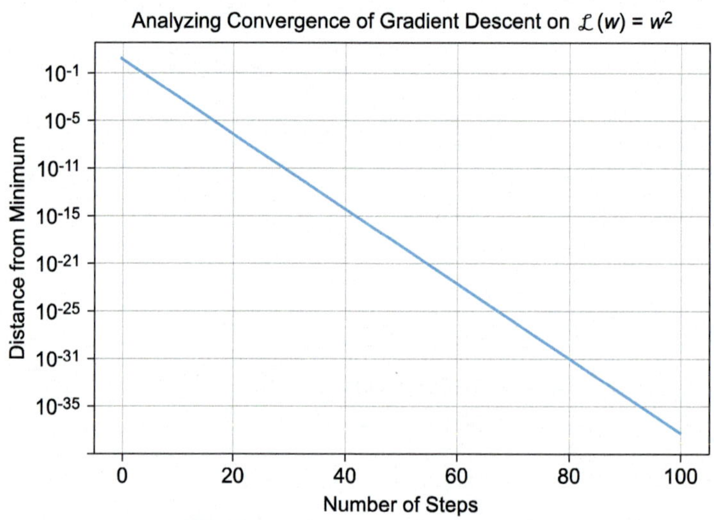

그림 2.3-4 예제 3–2의 실행 결과(1)

learning_rate 값을 0.3으로 설정한 실행 결과인 그림 2.3-4[34]에서는 y축 값인 w와 0의 차이에 log scale을 취했을 때, 선형적으로 감소하는 양상이 확인되었으므로, w와 0의 차이는 지수함수를 따라 감소함을 확인할 수 있다.

반면, learning_rate값을 3 정도로 증가시키는 경우, 오히려 '경사상승'이 구현되면서 w값이

34) 그림 2.3-4의 출처 〈Gradient-Based Learning〉, 《CogWorks》, 〈https://rsokl.github.io/CogWeb/Video/Gradient_Descent.html〉, 2021.01.01. 방문

0과 멀어지는 양상을 확인할 수 있다. 아래 그림 2.3-5[35]는 이때의 그래프이다.

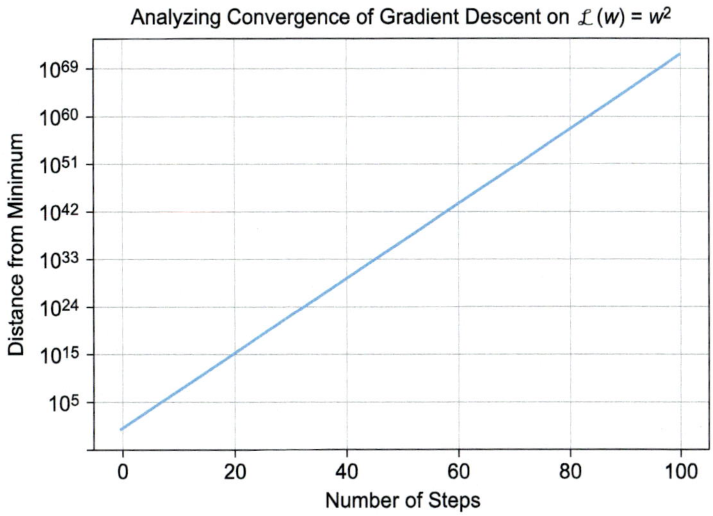

그림 2.3-5 예제 3-2의 실행 결과(2)

이는 학습률 값이 너무 커서, 한 번에 w값이 크게 변화하기에 발생한 문제점이다. 포물선의 축을 기준으로 나눈 포물선 양쪽을 왕복하며, 그 절댓값 또한 매번 커지는 상황이 발생한 것이다. 한번 직접 계산한 결과를 확인해보자.

$$-50 = 10-(3)(2\times 10)$$
$$250 =-50-(3)(2\times(-50))$$
$$-1250 = 250-(3)(2\times 250)$$
$$6250 =-1250-(3)(2\times(-1250))$$
$$-31250 = 6250-(3)(2\times 6250)$$
$$\cdots$$

학습률이 0.3일 때는 그림 2.3-6의 좌측 그림인, 우리가 희망하던 일이 일어났지만 학습률이 3일 때는 우측과 같은 상황이 발생한 것으로 볼 수 있다.

35) 그림 2.3-5의 출처, 그림 2.3-4와 동일

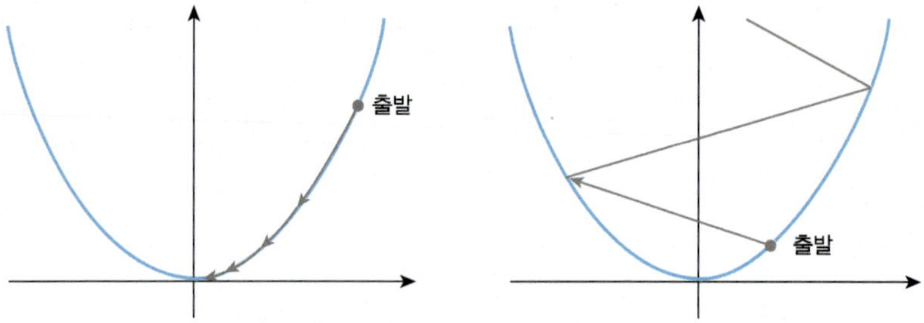

그림 2.3-6 예제 3-2에서 나타난 두 가지 상황

이러한 문제는 경사하강법에서 사용하는 연산인 미분이 국소적인 범위에서의 변화율만을 설명하는데, 학습률 값을 너무 크게 잡았기에 미분계수를 계산한 지점인 w_{old}와 너무 먼 거리의 w_{new} 값이 계산되어 나오면서 발생한 문제이다. 따라서 학습률 값의 결정은 중요하며, 적절히 작은 값으로 결정해야 함을 짐작해볼 수 있다.

3.4 다변수함수에 대한 경사하강법

다변수함수에 대한 경사하강법도 본질적으로 일변수함수와 동일하다. 하나의 변수에 대한 이야기를 여러 개의 변수로 확장하고, 이를 벡터로 표현하면 된다. 총 M개의 변수 w_1, ..., w_M에 대한 다변수함수 $\mathcal{L}$을 생각하자. 이번에도 마찬가지로, 시작점 $\mathbf{w}_{\text{old}} = (w_1, \dots, w_M)_{old}$의 근방에서 $\mathcal{L}$을 더 작게 하는 $\mathbf{w}_{\mathbf{new}} = (\mathrm{w}_1, \dots, \mathrm{w}_\mathrm{M})_{\mathrm{new}}$를 잡는 방법을 생각해보자. 이때, $\mathcal{L}$을 M개의 변수 각각에 대한 일변수함수로 한 번씩 생각하면, w_j만에 대한 $\mathcal{L}$의 순간변화율은 편미분 $\dfrac{\partial \mathcal{L}}{\partial w_j}$으로 표현된다. 따라서 $(w_1, \dots, w_M)_{new}$를 열벡터로 생각할 때 그 j번째 성분은 다음과 같이 표현된다.

$$w_j^{new} = w_j^{old} - \delta\left(\frac{\partial \mathcal{L}(w_1, \ \dots, \ w_M)}{\partial w_j}\bigg|_{w_1 = w_1^{old}, \dots, w_M = w_M^{old}}\right)$$

양수인 δ는 마찬가지로 학습률을 의미한다. 이 식들을 한 번에 모아 벡터로 표기하면 아래 식과 같다.

$$\begin{bmatrix} w_1 \\ w_2 \\ \vdots \\ w_M \end{bmatrix}_{new} = \begin{bmatrix} w_1 \\ w_2 \\ \vdots \\ w_M \end{bmatrix}_{old} - \delta \begin{bmatrix} \frac{\partial \mathcal{L}}{\partial w_1} \\ \frac{\partial \mathcal{L}}{\partial w_2} \\ \vdots \\ \frac{\partial \mathcal{L}}{\partial w_M} \end{bmatrix}_{old}$$

이때, 식의 우변에는 $\mathcal{L}$ 의 그래디언트인 $\nabla \mathcal{L}\,(w_1\,,\,w_{2,}\,,\dots\,,\,w_M) = \left[\frac{\partial \mathcal{L}}{\partial w_1}\ \frac{\partial \mathcal{L}}{\partial w_2}\ \cdots\ \frac{\partial \mathcal{L}}{\partial w_M}\right]$ 이 등장함을 확인할 수 있다. 이를 다시 쓰면 아래와 같다.

$$\mathbf{w}_{\mathbf{new}} = \mathbf{w}_{\mathbf{old}} - \delta\ \nabla \mathcal{L}\,(w_1\,,\,\dots\,,\,w_M)|_{\mathbf{w}\,=\,\mathbf{w}_{\mathrm{old}}}$$

이 식은 $\mathbf{w}_{\mathbf{new}}$을 구하기 위해 $\mathbf{w}_{\mathbf{old}}$에 $\nabla \mathcal{L}$ 의 음의 상수 배를 합한 형태로도 해석할 수 있는데, $\nabla \mathcal{L}$ 는 $\mathcal{L}$ 가 가장 급격하게 증가하는 방향, $-\nabla \mathcal{L}$ 는 $\mathcal{L}$ 가 가장 급격하게 감소하는 방향이므로 경사하강법의 의미와 잘 맞음을 다시 한번 확인할 수 있다.

이번에도 간단한 예시인 포물면(paraboloid) $\mathcal{L}\,(w_1\,,\,w_2) = 2\,w_1^2 + 3\,w_2^2$에 대해, 직접 경사하강법을 시행해보자. 이 함수에 대해서도, $w_1 = w_2 = 0$일 때 $\mathcal{L}$ 은 최솟값 0을 가짐을 쉽게 생각할 수 있다. 초깃값을 $\mathbf{w}_{\mathbf{old}} = [2{,}4]$로 두고, 학습률 $\delta = 0.1$이라고 하면, w_1, w_2에 대한 $\mathcal{L}$ 의 편미분은 $\frac{\partial \mathcal{L}}{\partial w_1} = 4w_1$, $\frac{\partial \mathcal{L}}{\partial w_2} = 6w_2$이므로 $\mathbf{w}_{\mathbf{new}} = \mathbf{w}_{\mathbf{old}} - \delta \nabla \mathcal{L}\,(w_1\,,\,\dots\,,\,w_M)|_{\mathbf{w}} = \mathbf{w}_{\mathbf{old}} = [w_1^{old},\ w_2^{old}] - (0.1)[4w_1^{old},\ 6w_2^{old}]$을 얻을 수 있다. 초깃값과 학습률을 대입하면,

$$\begin{gathered}
[1.20\,,\,1.60] = [2.00\,,\,4.00] - (0.1)[8.00\,,\,24.0] \\
[0.72,\,0.64] = [1.20\,,\,1.60] - (0.1)[4.8\,,\,9.6] \\
[0.43\,,\,0.26] = [0.72\,,\,0.64] - (0.1)[2.88\,,\,3.84] \\
[0.26\,,\,0.10] = [0.43\,,\,0.26] - (0.1)[1.73\,,\,1.54] \\
[0.16\,,\,0.04] = [0.26\,,\,0.10] - (0.1)[1.04\,,\,0.61] \\
\dots
\end{gathered}$$

위와 같이 w_1, w_2 값이 0에 가까워짐을 확인할 수 있다. 그림 2.3-7[36)]은 다섯 스텝을 거

36) 그림 2.3-5의 출처, 그림 2.3-4와 동일

치는 동안의 w_1, w_2, $\mathcal{L}$ 값의 변화를 시각화한 것이다.

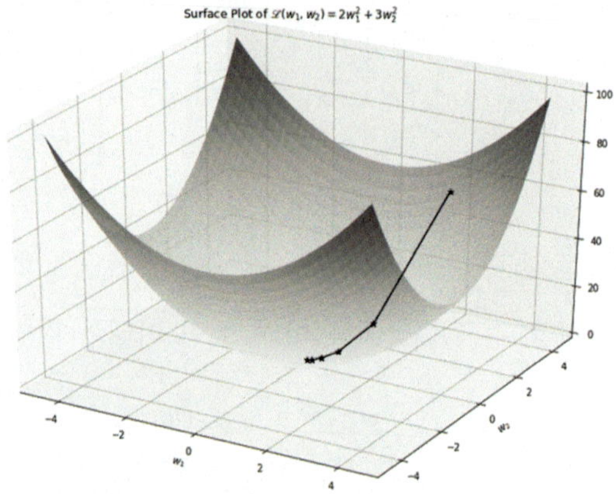

그림 2.3-7 이변수함수 포물면에 대한 경사하강법

다음으로, 예제 3-3에서 다변수함수에 대한 경사하강법을 구현하는 Python 함수를 작성해보자.

예제 3-3 $\mathcal{L}(w_1, w_2) = 2w_1^2 + 3w_2^2$**에 대한 경사하강법 구현 함수 작성하기**

아래 스켈레톤 코드의 주석을 참고하여, 함수 $\mathcal{L}(w_1, w_2) = 2w_1^2 + 3w_2^2$에 대한 경사하강법을 구현하는 python 함수 descent_down_2d_parabola를 완성해보자. 이후, w_start=np.array[2.0, 4.0], learning_rate=0.1을 대입하여 본문에서와 동일한 결과가 나오는지 확인해보고, w_start=np.array[−2.0, −4.0]에 대해서도 w_1, w_2값이 0으로 수렴하는 경향을 보이는지 확인해보자.

```
import numpy as np

def descent_down_2d_parabola(w_start, learning_rate, num_steps):
    """
    L(w1, w2) = 2 * w1 ** 2 + 3 * w2 **2에 대해 경사하강법을 진행한 후, w 값들이 차례로 저장된 배열 [w_start, ..., w_stop]을 반환하는 함수

    매개변수 (Parameters)
```

```
    ----------
    w_start : np.ndarray, 원소 2개를 갖는 1차원 배열
        (w1, w2)의 초깃값.

    learning_rate : float형
        양수, 경사하강법에서의 학습률

    num_steps : int
        0 이상의 정수, 경사하강법의 한 단계를 반복하는 횟수

    반환 값 (Returns)
    -------
    numpy.ndarray, 2차원 배열, shape-(num_steps + 1, 2)
        w_start부터, 순차적으로 계산한 (w1, w2) 값들을 저장한 배열
    """
    # 여기에 코드 작성
```

예제 3-3) 해설

```
import numpy as np

def descent_down_2d_parabola(w_start, learning_rate, num_steps):
    """
    주석 내용 동일
    """
    xy_values = [w_start]
    for _ in range(num_steps):
        xy_old = xy_values[-1]
        xy_new = xy_old - learning_rate * (np.array([4., 6.]) * xy_old)
        xy_values.append(xy_new)
    return np.array(xy_values)
```

w_start=[2.0, 4.0], learning_rate=0.1, num_steps=5을 대입한 결과

```
>>> descent_down_2d_parabola((2, 4), 0.1, 5)
array([[2.     , 4.     ],
      [1.2    , 1.6    ],
      [0.72   , 0.64   ],
```

```
       [0.432  , 0.256  ],
       [0.2592 , 0.1024 ],
       [0.15552, 0.04096]])
```

w_start=[-2.0, -4.0], learning_rate=0.1, num_steps=5을 대입한 결과

```
>>> descent_down_2d_parabola((-2, -4), 0.1, 5)
array([[-2.     , -4.     ],
       [-1.2    , -1.6    ],
       [-0.72   , -0.64   ],
       [-0.432  , -0.256  ],
       [-0.2592 , -0.1024 ],
       [-0.15552, -0.04096]])
```

3.5 경사하강법의 하이퍼파라미터

경사하강법을 진행하기 이전에, '하이퍼파라미터(hyperparameter)'에 속하는 세 가지 인자를 미리 결정해두어야 한다. 우선 하이퍼파라미터가 무엇인지 알아보자. 지금까지 우리가 다룬 파라미터는 모델 파라미터로, 모델의 수학적 형태에 포함되며 우리가 최적의 값으로 맞춰주어야 하는 값이었다. 반면, 하이퍼파라미터는 모델을 학습시키는 과정, 즉 머신러닝 과정에 영향을 주는 파라미터를 말하며, 우리가 직접 결정해주어야 하는 값이다.

경사하강법의 하이퍼파라미터로는 크게 세 종류가 있다. 첫 번째는 $\mathbf{w}_{\text{old}}$의 초깃값, 두 번째는 학습률 δ, 세 번째는 알고리즘의 종료 조건, 즉 $\mathbf{w}_{\text{new}}$가 한 값에 어느 정도 수렴할 때 스텝의 반복을 멈출지에 대한 판단 기준이다. 우리는 머신러닝을 진행하기 위해 이 세 인자를 적절한 값으로 결정해주어야 한다. 결정 방법은 세워진 모델에서의 모델 파라미터의 수학적인 형태나 '성공'의 조건 등에 따라, 즉 우리가 해결하고자 하는 문제마다 달라진다. 단순한 형태의 함수들에 대해서는 어떤 식으로 이러한 인자들을 설정하는 것이 가장 좋은지에 대해 엄밀한 풀이 방식들이 밝혀졌고, 정해져 있다. 그러나 신경망 등으로 복잡한 머신러닝 문제들에 대해서는, 수학적으로 엄밀하게 설명하는 부분에 아직 잘 정립되지 못하였다. 이런 문제들이 훗날 해결된다면, 신경망 연구 분야에 큰 진척이

생기게 될 것이다. 이번 절에서는 일반적으로 세 인자를 결정하는 방법에 대해 다룰 것이고, 이후 구체적인 머신러닝 문제들에서 경사하강법을 적용할 때 세부적인 부분을 더 설명할 예정이다.

수학적 모델 $F\left((w_1, \ldots, w_M); (x_n)_{n=0}^{N-1}\right)$이 주어졌을 때, 결정해야 하는 초깃값은 첫 번째 $\mathbf{w}_{\text{old}}$, 즉 w_1, ..., w_M의 값들로, 우리는 많은 경우 정규분포(Gaussian distribution) 등으로부터 그 값을 무작위로(random) 추출한다. 수학적 모델로 신경망이 사용되는 딥러닝에 대해서는, 데이터의 분포에 대한 추론을 바탕으로 하는 몇 개의 유명한 초깃값 결정 방법들이 있다. 또한, 최근 초깃값 설정에 따라 결과가 크게 변화하지 않도록 하는 신경망 체계가 등장하는 등, 초깃값에 대한 결과의 의존도를 떨어뜨리는 방법 또한 연구되고 있다.

문제를 해결하는 데 적합한 학습률(δ)을 결정하는 것도 중요하다. 예제 3-2에서 살펴보았듯이, 학습률이 너무 크면 우리의 목표 지점을 지나쳐버리는 경우가 발생하며 스텝을 반복할수록 목표 지점으로부터 멀어지는 문제가 발생할 수 있다. 반면, 학습률이 너무 작다면 목표 지점을 지나치는 문제는 발생하지 않겠지만, 한 번의 스텝에서 변화하는 값이 너무 작아 이를 반복하는 과정에서 시간이 오래 걸릴 수 있으며, 주변에서 손실함수 값 변화가 작은 점 주변을 벗어나지 못하면서 결과적으로 잘못된 값을 찾을 수도 있다. 각 문제에서 적절한 학습률 값을 찾기 위해, 우선 학습률의 값이 어느 정도 크기를 갖는지 확인해야 한다. 크기를 짐작하기 위해, 우선 10의 거듭제곱들(..., 0.01, 0.1, 1, 10, 100, ...)을 각각 학습률로 사용하여 경사하강법을 진행해보자. 각각의 경우, 도출된 결과값이 실제 함수의 최솟값에 얼마나 가까워지는지, 그리고 얼마나 빠르게 가까워지는지 평가해보자. 앞서 예제에서 살펴봤던 함수 $\mathcal{L}(w) = w^2$을 예로 들어, 첫 번째 $w_{old} = 100$, 시행 횟수 1000번으로 실행했을 때, 값의 수렴 속도와 정확도는 그림 2.3-8[37]과 같았다.

좌측의 그래프는 시행을 반복함에 따라 w_{new} 값이 얼마나 실제 최솟값인 0에 가까워지는지를 $|w_{new}|$ 값으로 나타낸 것으로, 학습률 0.1에 대한 그래프에서 0에 가장 빠르게 수렴하는 것을 확인할 수 있다. 우측의 그래프는 시행을 마친 후 w_{new} 값이 0에 얼마나 가까워졌는지를 학습률에 따라 나타낸 것으로, 이 경우에도 학습률이 0.1일 때 0에 가장

37) 그림 2.3-8의 출처, 그림 2.3-4와 동일

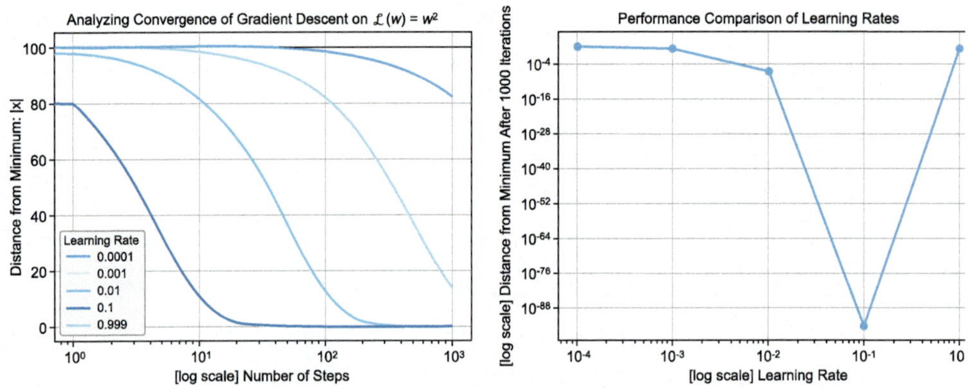

그림 2.3-8 학습률 결정: 10의 거듭제곱수 단위

가까워졌음을 확인할 수 있다. 위의 두 그래프에서는 0으로의 수렴 속도와 실행 후 결과를 보았을 때, 최적의 학습률이 0.1일 것으로 기대해 볼 수 있다. 이제, 10의 거듭제곱수 단위에서 0.1을 적절한 값으로 예상하였으니, 이 값 근방에서 몇 개의 학습률을 무작위로 추출하고, 추출된 값들에 대해 마찬가지 방법으로 평가를 진행하여 최적의 학습률을 찾을 수 있을 것이다. 아래 그림 2.3-9[38]는 이 과정에서 얻을 수 있는, 그림 2.3-8과 동일한 구성의 그래프이다.

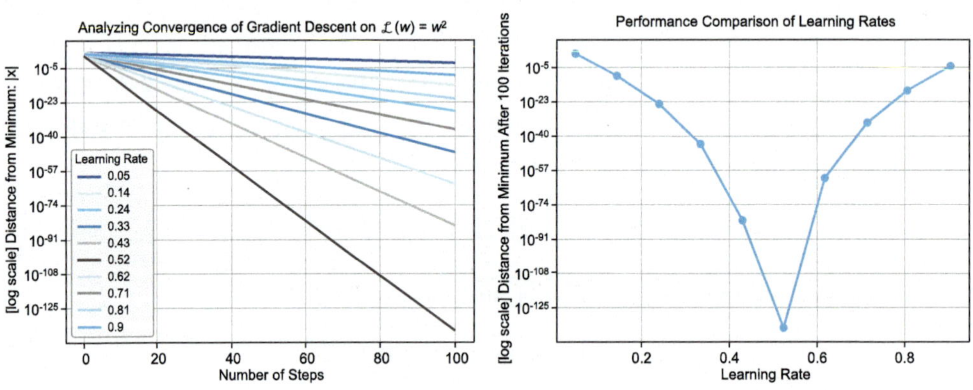

그림 2.3-9 학습률 결정: 0.1 근방의 값

38) 그림 2.3-9의 출처, 그림 2.3-4와 동일

위 그래프에서는 수렴 속도와 정확도를 종합적으로 고려했을 때, 사용한 값들 중에서는 0.52가 가장 적합한 학습률임을 짐작해볼 수 있다.

덧붙여, 우리가 가진 데이터셋을 활용하여 적합한 학습률을 예상하는 과정에서, 학습률이 데이터셋에 과적합(overfitting)[39]되지 않도록 교차검증(cross validation)[40]이라는 방법을 이용하여 학습률을 결정하기도 한다. 또한, 학습률 스케줄링(learning rate schedule)이라는 방법을 사용하기도 한다. 대표적인 스케줄 방식은 경사하강법을 반복적으로 시행해나가며 점차 학습률을 줄여나가는 방식으로, 초반에는 모델 파라미터를 빠르게 변화시키며 학습의 효율을 높이고 후반에는 천천히 변화시키며 최솟값에 정확히 다가갈 수 있도록 해주는 것이다. 이러한 방법에 대해 자세히 알고 싶다면, 구글 검색 등을 통해 스스로 알아보자.

마지막으로, 경사하강법의 종료조건을 설정하는 방법을 알아보자. 간단하게는, 경사하강 진행 횟수에 따른 $\mathcal{L}(\mathrm{w}_{\mathrm{new}})$의 값 변화를 실시간으로 변화하는 그래프로 시각화한 뒤 눈으로 보았을 때 그래프가 충분히 한 값에 수렴한다고 판단되면 단계의 반복을 종료해볼 수 있다. 더 엄밀한 종료 조건을 설정하기 위해서 자동 종료 조건을 설정해두기도 한다. 예를 들어, 최근 50번의 반복 과정에서 계산된 $\mathcal{L}(\mathrm{w}_{\mathrm{new}})$ 값들을 반복 횟수에 따라 나타내었을 때, 50개의 값이 거의 변화하지 않으면(선형 회귀 직선의 기울기 등을 이용하여 판단) 자동으로 경사하강을 종료하도록 하는 것이다. 차례로 구해진 $\mathcal{L}(\mathrm{w}_{\mathrm{new}})$ 값의 차이가 처음에 설정한 특정 값보다 작아질 때 경사하강을 종료시킬 수도 있다. 이러한 방법들은 종료조건을 결정하는 기초적인 방법의 예시이고, 다른 더 정교한 방법들도 많이 존재한다.

39) 머신러닝을 진행할 때, 처음에 지정한 테스트 데이터셋만을 이용하여 모델을 평가하고 학습시키다보면 모델이 해당 데이터셋에 대해서만 '과하게 학습'되는 것을 의미한다. 이 경우, 모델이 테스트 데이터셋에 대해서는 잘 작동하나 다른 데이터셋에 대해서는 오히려 잘 작동하지 않게 될 수 있다.

40) 과적합(overfitting) 문제를 해결하기 위한 방법으로, 모델의 학습에 다양한 데이터셋을 활용할 수 있도록 해준다. 기본적으로, 데이터셋을 우선 학습용 데이터셋, 테스트용 데이터셋으로 나누어 모델을 학습시킨 후, 학습용으로 사용했던 데이터셋을 테스트용으로, 테스트용으로 사용했던 데이터셋을 학습용으로 바꾸어 모델을 다시 학습시키는 방법을 말한다. 다양한 교차검증 방법이 있으니, 더 궁금하다면 더 찾아 공부해보도록 하자.

실습 3 자동미분(AutoDiff) 라이브러리

앞서 우리는 경사하강법을 통한 그래디언트 기반 학습에 대해 살펴보았다. $\mathcal{L}$ 이 간단한 함수일 때는 편미분하는 것이 간단한 일이었지만, 앞으로는 손으로 편미분을 계산하기는 어려운 다양한 함수들을 $\mathcal{L}$ 로 만나게 될 것이다. 이럴 때 필요한 것이 바로 컴퓨터의 계산 능력이다. 그래디언트 기반 학습에 대한 관심이 크게 증가하면서, 미분을 자동으로 계산해주는 자동미분 라이브러리가 여럿 개발되었다. 널리 쓰이는 라이브러리로는 PyTorch, TensorFlow, JAX, Zygote 등이 있다.

이 책에서는 위의 라이브러리들보다 쉽게 이해하고 사용할 수 있는 MyGrad(https://mygrad.readthedocs.io/en/latest/) 라이브러리를 사용할 것이다. 이 라이브러리는 NumPy 라이브러리와 매우 유사하게 동작하기 때문에, NumPy만 잘 알아도 쉽게 사용할 수 있다. NumPy에서 ndarray(배열)가 기본이 되는 핵심 객체인 것과 같이, MyGrad의 핵심 객체는 Tensor(텐서)라고 부른다. 이 Tensor는 ndarray와 매우 유사하게 동작이 가능하다.

이 실습에서 MyGrad를 통한 자동미분에 익숙해지고 나면, 이 책 전반에 걸쳐 MyGrad를 자유자재로 사용하며 딥러닝을 배우게 될 것이다. 그리고 교육용 라이브러리인 MyGrad를 쉽게 사용하는 경지에 이르게 되면, 산업용 라이브러리인 PyTorch나 TensorFlow 등도 쉽게 배우게 될 것이다. 그러니, 유명한 라이브러리인 PyTorch나 TensorFlow를 배우지 않는다고 실망하지 말자. (산업용 라이브러리는 교육용 라이브러리보다 훨씬 정교하고, GPU와 같은 전문 컴퓨터 하드웨어를 활용한 초고속 계산을 지원한다.)

```
import mygrad as mg
import numpy as np
```

셋업 단계에서 이미 mygrad를 설치하였지만, 혹시 제대로 설치가 되지 않아 import가 되지 않는다면 아래의 명령어를 아나콘다 프롬프트(Anaconda Prompt)에 다시 입력하여 설치하면 된다. NumPy가 설치되어 있는 상태라면 아래의 명령어 하나만으로 쉽게 설치될 것이다.

```
pip install mygrad
```

MyGrad의 여러 함수					자동미분	다차원 텐서의 자동미분	자동미분을 이용한 경사하강법
Tensor 생성	Tensor 변형	Tensor 표준 수학 연산	선형대수 연산 함수	특수 함수			

Step 1. MyGrad의 여러가지 함수

라이브러리를 사용할 때, 유명한 라이브러리의 경우에는 구글링을 통해 쉽게 설명된 블로그 등을 참고할 수도 있다. 하지만 정석은 라이브러리 개발자가 작성한 도큐먼트(document)를 읽는 것이다. 이 실습에서는 MyGrad를 사용한 자동미분을 배우는 것을 가장 중요한 목적으로 다루고 있으므로, 더 다양한 함수와 기능이 궁금하다면 직접 도큐먼트를 읽어보길 바란다. 또한, NumPy의 기본 함수들과 일치하는 함수를 많이 가지고 있으므로, NumPy의 함수들을 찾아 MyGrad에 적용해보아도 좋다.

Tensor 생성

Tensor는 MyGrad 라이브러리에서 사용하는 데이터를 배열 형식으로 저장하도록 한다. 다양한 방식으로 Tensor를 생성할 수 있다. 다음은 Tensor를 생성하는 여러 가지 예이다. mg.tensor 외에도 Tensor를 생성하는 다양한 함수들이 있다. 직접 코드를 실행하여 output을 확인해보자.

```
# 단일 숫자로 생성한 Tensor
mg.tensor(2.3)
```

```
# 시퀀스(리스트, 튜플 등) 자료형으로 생성한 Tensor.
# NumPy의 데이터 타입 시스템을 이용하기 때문에
# dtype을 지정할 수 있는 모든 함수에서
# 32-bit floats를 저장하는 텐서를 반환하도록 지정 가능.
mg.tensor([1.0, 2.0, 3.0], dtype=np.float32)
```

```
# numpy.ndarray로부터 생성한 Tensor
arr = np.ones((3, 3))
mg.tensor(arr)
```

```
# Tensor 생성 함수 (ones, zeros; 각각 1, 0으로 채움)
```

```
mg.zeros((2, 3, 4))
```

```
# Tensor 생성 함수 (start 부터 stop 까지 step 만큼 띄워가며 채움)
mg.arange(-5, 15, 2)
```

```
# start = 0, step = 1이 default 값
mg.arange(9.)
```

```
# 0~1 사이의 값 무작위로 리턴 (확률분포는 균등분포(uniform))
mg.random.rand(3, 4)
```

문제 주어진 조건을 만족하는 Tensor 생성하기

구간 $[0,\pi]$에 등간격으로 분포한 15개의 구성요소로 이루어진 shape-(15,)인 tensor를 만들어보자. (HINT mg.linspace( ), mg.pi)

```
# 여기에 코드 작성
```

Tensor 변형

Tensor의 모양을 변형하는 함수들도 있다. 직접 코드를 실행하여 output을 확인해보자.

```
# Tensor의 행과 열을 바꾸어주는 함수
x = mg.arange(9.) #Tensor([0., 1., 2., 3., 4., 5., 6., 7., 8.])
x.reshape(3, 3)
```

```
# Tensor의 전치 행렬을 구하는 함수
x = mg.tensor([[0,1,2],[3,4,5],[6,7,8],[9,10,11]])
x.transpose()
```

```
# 슬라이싱 (자유자재로 쓸 수 있으면 좋다)
x = mg.tensor([[1,2,3,4,5],[6,7,8,9,10]])
x[0, 2:]
```

```
x = mg.tensor([[1,2,3,4,5],[6,7,8,9,10]])
x[0, -3:]
```

Tensor 표준 수학 연산

먼저, MyGrad에서 제공하는 표준적인 수학 함수들을 알아보자. 기본적인 산술 연산을

하는 함수를 비롯하여, (sum, mean, var, std, max, min) 등의 통계량을 구하는 함수 등이 제공된다. 또한, 삼각함수, 쌍곡함수, 지수함수, 로그함수 등의 초월함수도 제공된다. NumPy의 함수들과 동일하게, 벡터화된 함수들이다.

단항 함수는 텐서에 대해 요소별로 각각 작동한다. 이항 함수는 두 텐서에 대해 대응되는 위치의 요소 간에 자연스럽게 작동한다. 두 텐서가 동일한 모양이 아니더라도 NumPy와 같은 [41]브로드캐스팅(Broadcasting) 규칙을 따르기 때문에, 이항 함수가 작동할 수 있는 경우가 있다.

직접 코드를 실행하여 output을 확인해보자. 이를 통해 단항 연산과 이항 연산을 다루는 여러 함수에 대해 이해해보자.

```
x = mg.tensor([0.0, 0.25, 0.5, 0.75, 1.0])
y = mg.tensor([[0.],[1.],[2.]])
z = mg.tensor([[0,1,2,3],[4,5,6,7],[8,9,10,11]])
```

```
# 단항 함수 중 하나인 삼각함수 sin()
# 텐서의 모든 요소의 sin 값으로 채워진 같은 크기의 텐서
mg.sin(x)
```

```
# 단항 함수 중 통계량을 구하는 함수들은 axis 인자를 가짐
# axis가 0이면 행에 대해서만 함수를 적용하고,
# axis가 1이면 열에 대해서만 함수를 적용
mg.sum(z)
```

```
mg.sum(z, axis=0)
```

```
mg.sum(z, axis=1)
```

```
# 브로드캐스팅 예(1)
# x+y, y+z는 브로드캐스팅이 가능, x+z는 불가능
x+y
```

```
y+z
```

```
x+z # Error 발생
```

41) https://numpy.org/doc/stable/user/basics.broadcasting.html에서 브로드캐스팅 규칙에 대한 도큐먼트를 확인해볼 수 있다.

```
# 브로드캐스팅 예(2)
# x*y, y*z는 브로드캐스팅이 가능, x*z는 불가능
x*y
```

```
y*z
```

```
x*z # Error 발생
```

문제 MyGrad의 기본 수학 연산

아래와 같이 정의된 텐서 x에 대해 여러 가지 수학 연산을 적용하여 여러 가지 텐서를 구해보자.

```
x = mg.Tensor([[ 0.,  1.,  2.,  3.],
...            [ 4.,  5.,  6.,  7.],
...            [ 8.,  9., 10., 11.],
...            [12., 13., 14., 15.]])
```

1. x의 3행의 첫번째, 세번째 원소에 대한 자연로그 값으로 채워진 shape-(2,)인 Tensor를 구해보자.

```
# 여기에 코드 작성
```

2. x를 가로, 세로로 4등분한 각 귀퉁이(왼쪽 위, 오른쪽 위, 왼쪽 아래, 오른쪽 아래)의 4개 원소를 더하여 shape-(2,2)인 Tensor를 구해보자.

```
# 여기에 코드 작성
```

3. x의 각 열의 평균을 구하여 shape-(4,)인 Tensor를 구해보자.

```
# 여기에 코드 작성
```

4. x의 각 행을 벡터로보고, 각 벡터가 크기가 1이 되도록 정규화하여 shape-(4,4)인 Tensor로 업데이트해보자.

```
# 여기에 코드 작성
```

```
x
```

```
# 정규화가 잘 되었는지 확인하기
(x**2).sum(axis=1)
```

선형대수 연산 함수

MyGrad에는 선형대수 연산을 쉽게 계산하도록 도와주는 함수들도 있다. matmul( )은 행렬곱을 계산해주는 함수이다. 이를 이용하여 벡터의 내적(스칼라곱)을 계산할 수도 있다. einsum( )은 아인슈타인 표기법(Einstein notation 또는 Einstein summation convention)을 계산하는 함수이다. 이는 다소 복잡한 함수이지만, 다양한 사용자 지정 가능한 선형 대수 연산을 수행할 수 있다. MyGrad가 자동미분을 수행할 때 이 연산들을 통해 수행한다.

먼저 이항 연산 함수인 matmul( ) 연산은 행렬곱을 기본으로 하는 함수이므로 2차원 텐서 간의 연산이 가장 자연스럽게 정의된다. 1차원 텐서 간의 matmul( )을 명령하면 1차원 텐서를 1xn 크기의 2차원 텐서로 생각하여 연산을 진행한다. 그리고 n차원(3차원 이상)의 텐서 간의 matmul( )은 n-2차원의 텐서의 구성요소가 2차원 텐서(행렬)인 것으로 생각하여 연산을 진행한다. 즉, 행렬이 여러개 모여 있는 것으로 생각하고 행렬곱을 진행하는 것이다. matmul( ) 연산 또한 NumPy의 브로드캐스팅 규칙을 따르는 함수이기 때문에 3차원 이상의 텐서에 대해서는 브로드캐스팅에도 유의해야 한다.

matmul( )을 사용할 때는 mg.matmul(x,y)로 사용할 수 있지만, x @ y 와 같이 연산자 @를 이용하여도 같은 연산을 할 수 있도록 정의되어 있다. 아래의 사용 예시를 따라가면 matmul( ) 함수의 사용법을 이해할 수 있을 것이다. 직접 코드를 실행하여 output을 확인해보자.

```
# 1차원 텐서의 matmul 연산은 점곱(스칼라곱)을 구하는 것과 같음
x = mg.tensor([1.0, 2.0])
y = mg.tensor([-3.0, -4.0])
mg.matmul(x, y) # x @ y
```

```
# 2차원 텐서의 matmul 연산은 그냥 행렬곱과 같음
a = mg.tensor([[1, 0], [0, 1], [2, 1], [3, 4]])
b = mg.tensor([[4, 1, 5], [2, 2, 6]])
mg.matmul(a, b) # a @ b
```

```
# A는 크기가 (4, 2, 3)인 3차원 텐서
A1 = mg.arange(2*3).reshape((2,3))
A = mg.tensor([A1, A1+2, A1+4, A1+6])

# B는 크기가 (4, 3, 2)인 3차원 텐서
B1 = mg.arange(3*3).reshape((3,3))
B = mg.tensor([B1, B1+2, B1+4, B1+6])

# matmul 연산을 제대로 이해했는지 확인하기 위해
# 손으로도 직접 계산해보고, 결과가 동일한지 확인해보기
A, B, mg.matmul(A, B)
```

```
# 브로드캐스팅 예 (y를 5개로 브로드캐스팅하여 x와 연산)
x = mg.random.rand(5, 3, 4)
y = mg.random.rand(4, 2)
mg.matmul(x, y) # x @ y
```

NumPy에서는 행렬곱 연산을 하는 함수가 두 개 있다. 바로 dot 연산과 matmul 연산이다. 두 함수는 2차원 배열 두 개의 곱에 대해 동일한 행렬곱을 결과로 도출한다. 그러나 3차원 이상에서는 서로 다르게 동작한다. 이 두 함수의 차이가 궁금하다면 직접 구글링하여 공부해보자. MyGrad에서는 행렬곱 연산을 하는 함수는 matmul만 정의되어 있다. 물론 MyGrad 라이브러리의 추후 업데이트에서 dot이 추가될 가능성도 있으나, 현재는 dot 연산은 사용할 수 없다.

다음으로 einsum( ) 함수는 행렬 연산에 관한 다양한 함수들을 다 알지 못하더라도, 이 함수 하나만을 가지고 다양한 행렬 연산을 사용자가 직접 지정해줄 수 있는 함수이다. 이 함수의 원리는 아인슈타인 표기법을 따르는데, 아인슈타인 표기법에 대해 스스로 검색하여 공부해보면 NumPy와 MyGrad에서 einsum( ) 함수를 사용하는 예시들을 쉽게 이해할 수 있을 것이다.

아래의 예시들을 직접 실행해보며 einsum( ) 함수의 유용함을 느껴보자. einsum( ) 함수에 대해 완벽히 이해하지 못했더라도 괜찮다. 다만 앞으로 einsum( ) 함수의 새로운 사용 예시를 보게 되더라도 낯설고 어렵게 느끼지 말고, 익숙하게 느끼길 바란다.

```
a = mg.arange(25).reshape(5,5)
b = mg.arange(15).reshape(5,3)
```

```
c = -mg.arange(15).reshape(5,3)

# a의 대각합
mg.einsum('ii', a)

# a의 대각원소
mg.einsum('ii->i', a)

# b의 전치행렬
mg.einsum('ji', b)

# a와 b의 행렬곱 계산 (matmul과 결과가 동일함을 확인해보기)
mg.einsum('ij,jk->ik', a,b), mg.matmul(a,b)

# 같은 모양의 텐서 b,c의 각 행끼리의 점곱을 계산
mg.einsum("ij,ij->i",b,c)
```

딥러닝을 위한 특수 함수

MyGrad는 NumPy와 유사한 함수들 외에도 MyGrad 만의 딥러닝을 위한 특수 함수들이 제공된다. mygrad.nnet에서는 딥러닝을 진행할 신경망을 구현하는 데 필요한 손실함수(loss function), 활성함수(activation function), 초기화함수(initializer)의 대표적인 예시들을 제공하고 있다. 이 함수들에 대해서는 이번 실습에서는 다루지 않을 것이나, 바로 다음 실습부터 꾸준히 여러 함수들이 등장할 예정이다.

MyGrad의 여러 함수	자동 미분					다차원 텐서의 자동미분	자동미분을 이용한 경사하강법
	'.backward ( )' 메서드	.grad 속성의 초기화	MyGrad와 NumPy의 관계 (1)	MyGrad와 NumPy의 관계 (2)	상수 텐서 / 변수 텐서		

Step 2. 자동미분 실행하기

이제 MyGrad 라이브러리의 핵심 기능인 자동미분에 대해 알아보자. MyGrad를 비롯한 대부분의 자동미분 라이브러리는 함수의 도함수(편도함수)를 직접 구하지 않는다. 그 대신 주어진 점(입력값)에서의 미분계수(편미분 계수) 값을 구한다. 즉, 자동미분 라이브러리는 지정해준 점에서의 함수의 순간 기울기를 구하는 기능만을 갖고 있으며, 우리는 이를 이용하여 미분가능한 모든 함수의 모든 지점에서의 기울기를 구할 수 있다.

텐서 객체의 '.backward( )' 메서드

MyGrad에서 자동미분을 호출하기 위해 필요한 유일한 방법은 Tensor.backward( )이다. 다른 텐서로부터 계산한 텐서 F에 대해 F.backward( )를 호출하면, MyGrad는 F가 의존하는 모든 텐서에 대해 F의 편미분 계수를 계산하도록 지시한다. 이 편미분 계수들은 각각의 텐서들의 .grad 속성에 NumPy 배열로 저장된다.

예를 들어 아래와 같이 x, y, z 텐서가 있고, x와 y의 함수로 정의된 f 텐서가 있는 상황에서의 편미분을 살펴보자.

```
x = mg.tensor(2.0)
y = mg.tensor(3.0)
z = mg.tensor(4.0)
f = x * y  # mygrad.multiply(x, y)
```

이때, f.backward( )를 호출하면 MyGrad가 f의 모든 편미분 계수를 계산하도록 지시한다. 이는 역전파(backpropagation)라고 하는 컴퓨터가 빠르게 편미분 계수를 계산할 수 있는 알고리즘을 사용하여 수행된다. 역전파 알고리즘은 딥러닝의 발전에서 빠질 수 없는 핵심적인 알고리즘이라 할 수 있는 것으로, 연쇄법칙(chain rule)에 기반한 알고리즘이다. 역전파의 원리에 대해서는 4절에서 알아볼 것이다.

```
f.backward()
```

x와 y의 .grad( ) 속성을 살펴보면 $\frac{\partial f}{\partial x}$와 $\frac{\partial f}{\partial y}$의 값을 얻을 수 있다. .grad( )는 텐서가 아니라 NumPy 배열로 구해진다. z는 f가 의존하는 변수 텐서가 아니므로 .grad( ) 속성에 값이 없다.

```
x.grad
```

```
y.grad
```

```
z.grad is None
```

이번에는 x, y, 그리고 x와 y로부터 구해지는 f까지 세 텐서에 의존하는 텐서 F의 모든 편미분 계수를 계산해보자. 즉, F(f(x, y), x, y)인 경우를 살펴볼 것이다.

```
x = mg.tensor(2.0)
y = mg.tensor(3.0)
f = x * y  # mygrad.multiply(x, y)
F = f + x - 2  # mygrad.subtract(mygrad.add(f, x), 2)
```

```
F.backward()
```

f의 .grad( ) 속성을 살펴보면 $\frac{\partial F}{\partial f}$의 값을 얻을 수 있다. y의 .grad( ) 속성을 살펴보면 $\frac{\partial F}{\partial y}=\frac{\partial F}{\partial f}\frac{\partial f}{\partial y}$의 값을 얻을 수 있다. 마지막으로 x의 경우, t = x에 대해 F = f + t - 2로 쓸 수 있다. 이렇게 생각하고 x의 .grad( ) 속성을 살펴보면 $\frac{\partial F}{\partial x}=\frac{\partial F}{\partial f}\frac{\partial f}{\partial x}+\frac{\partial F}{\partial t}\frac{\partial t}{\partial x}$의 값을 얻을 수 있다.

```
f.grad
```

```
y.grad
```

```
x.grad
```

f와 F가 의존하는 모든 변수들이 MyGrad의 텐서로 저장되어 있었고, f와 F를 이루는 모든 수학적 연산이 MyGrad에서 제공하는 함수였기 때문에 MyGrad를 통해 F의 모든 편미분 계수를 구할 수 있었다. 이렇게 구한 편미분 계수들로부터 함수의 그래디언트를 이용하는 경사하강법을 쉽게 수행할 수 있다.

문제 텐서 객체의 backward( ) 메서드 사용

여러 가지 수식으로 정의된 x에 대한 함수 F에 대해, $x=2.5$에서 $\frac{dF}{dx}\big|_{x=2.5}$를 구해보자.

1. $F(x)=x^2$

```
# 여기에 코드 작성
```

2. $F(x) = \cos\sqrt{x}$

```
# 여기에 코드 작성
```

3. $F(x) = 2 + 3x - 5x^2$

```
# 여기에 코드 작성
```

4. $F(x) = e^{\ln x}$

```
# 여기에 코드 작성
```

5. $F(x) = (2xf(x))^2 - f(x), \quad f(x) = x^2$

```
# 여기에 코드 작성
```

.grad 속성의 초기화

경사하강법을 수행할 때, 텐서와 관련된 편미분 계수를 반복적으로 구해야 한다. 따라서, 경사하강을 반복할 때마다 사이사이에 기존 편미분 계수를 폐기해야 한다. backward( ) 연산을 진행한 함수가 의존하는 텐서들 중 하나의 .grad 속성을 초기화하는 방법은 다음과 같이 두 가지가 있다. 아래와 같은 상황을 생각해보자.

```
x = mg.tensor(2.0)
f = x**2
f.backward()
x.grad
```

먼저, 해당 텐서를 추가 연산에 포함시키면 텐서가 가지고 있던 편미분 계수는 자동으로 초기화된다.

```
x + 2
```

```
x.grad is None
```

두번째로, Tensor.null_grad( )를 호출하여 해당 텐서의 .grad 속성을 직접적으로 None으로 재설정할 수도 있다.

```
x.null_grad()
```

```
x.grad is None
```

MyGrad와 NumPy의 관계 (1)

우리는 앞의 내용에서 MyGrad에서 NumPy의 다양한 수학함수들을 동일하게 정의해두었다는 것을 충분히 확인했다. MyGrad의 텐서 객체는 NumPy 배열과 비교했을 때 별로 새롭지 않다. 텐서 객체는 NumPy 배열에 대한 정보를 기본으로 가지고 있으며, 단지 배열이 관련된 수학적 연산들을 추적하는 추가 역할을 할 뿐이다. 수학적 연산에 대한 추적은 자동미분을 위해 추가된 역할이라고 볼 수 있다.

이러한 관계성에 의해 우리는 텐서를 한 겹 벗겨내어 NumPy 배열을 얻을 수 있다. 다음의 텐서 x에 대해 x 내에 존재하는 NumPy 배열에 접근하는 두 가지 방법을 확인해보자.

```
x = mg.tensor([0.0,1.0,2.0,3.0]) # x = mg.arange(4.)
x
```

먼저, 텐서의 .data 속성을 사용할 수 있다.

```
x.data
```

두 번째로, NumPy와 MyGrad의 asarray( ) 함수를 통해 NumPy 배열에 접근할 수 있다.

```
np.asarray(x)
```

```
mg.asarray(x)
```

MyGrad와 NumPy의 관계 (2)

MyGrad에서 동일하게 정의된 NumPy의 다양한 수학함수들은 생각보다 훨씬 유용하게 사용할 수 있다. 텐서를 MyGrad의 수학함수로 전달했을 때만 텐서로 연결되는 것이 아니라, NumPy의 수학함수로 전달했을 때에도 텐서를 반환한다. MyGrad의 텐서에 대해 NumPy의 수학함수를 호출하면 실제로는 MyGrad의 수학함수를 호출하도록 정의되어 있기 때문이다. 예시를 통해 이해해보자.

```
x = mg.tensor(3.)

f = np.square(x) # 실제로는 mg.square(x) 호출
f
```

이렇게 구한 f는 결국 MyGrad의 수학함수로 정의된 텐서이기 때문에 .backward( ) 메서드의 사용이 가능하다.

```
f.backward()
x.grad
```

이 덕분에, 우리는 NumPy 함수를 이용하여 작성된 복잡한 수학 함수들을 텐서의 연산에 자유롭게 사용할 수 있다. NumPy는 파이썬에서 정말 많이 사용되는 보편적인 라이브러리로, 각종 라이브러리에서 NumPy를 이용하여 함수를 정의하곤 한다. 이때 우리는 텐서 연산에 사용할 함수를 MyGrad를 이용하여 다시 작성할 필요 없이, NumPy를 이용하여 작성된 함수를 가져다 쓰기만 하면 된다.

예를 들어 다음과 같은 방식으로 사용할 수 있다.

```
from 어떤_라이브러리 import NumPy_사용_복잡한_함수

x = mg.tensor(...)
f = NumPy_사용_복잡한_함수(x)
f.backward() # df / dx 계산
```

편미분 계수 계산 시 상수 텐서와 변수 텐서

앞서 살펴본 머신러닝 모델에 대해 경사하강법을 진행하는 경우를 생각해보자.

머신러닝 모델을 $\mathscr{L}(w_1, \cdots, w_M; (x_n, y_n)_{n=0}^{N-1})$으로 정의할 때, 경사하강법을 수행하기 위해 우리는 $\frac{\partial \mathscr{L}}{\partial w_i}$를 각각의 w_i에 대해 계산해야 한다. 그러나, $\frac{\partial \mathscr{L}}{\partial x_i}$는 필요하지 않다. 특히, 입력 데이터셋이 크고 복잡해질수록, 필요 없는 수많은 편미분 계수를 일일이 계산하는 것은 쓸데없이 많은 비용이 드는 일이다.

위에서 배운대로라면, MyGrad 텐서의 .backward() 메서드는 $\mathscr{L}$를 이루는 모든 변수 텐

서들에 대해 편미분 계수를 계산한다. 따라서, 우리는 편미분 계수 계산이 필요없는 데이터들을 변수 텐서가 아니라 상수 텐서로 표현함으로써 자동으로 .backward( ) 계산에서 배제되도록 할 것이다. .backward( ) 계산이 불필요한 텐서를 상수 텐서로 취급할 수 있는 두 가지 방법을 알아보자.

먼저, MyGrad의 텐서 객체 대신 NumPy 배열로 정의하면 연산이 추적되지 않아 편미분 계수 계산에 포함되지 않는다. 아래 예시로부터 numpy.ndarray 객체는 'grad' 속성을 갖지 않는다는 에러 메시지를 확인할 수 있다.

```
x = mg.tensor(1.)
y = np.array(2.)
F = x * y
F.backward()
```

```
x.grad
```

```
y.grad # 에러 <AttributeError: 'numpy.ndarray' object has no attribute
'grad'>
```

두 번째로, MyGrad의 텐서 객체를 생성할 때 constant 인자를 True로 지정하면, 상수 텐서를 생성하여 편미분 계수 계산에 포함되지 않는다.

```
x = mg.tensor(1.)
y = mg.tensor(2., constant=True)
```

```
x.constant
```

```
y.constant
```

```
F = x * y
F.backward()
```

```
F.grad
```

```
x.grad
```

```
y.grad is None
```

추가적으로, 상수 텐서만으로 정의된 텐서의 경우에는 어떤 연산을 적용하더라도 상수 텐서가 생성된다. 따라서, 이렇게 얻은 상수 텐서에 대해서는 .backward( ) 메서드가 어떠한 결과도 발생시키지 않는다.

```
x = mg.tensor(1., constant=True)
y = mg.tensor(2., constant=True)
F = x + y
```

```
F.constant
```

```
F.backward()
```

```
F.grad is None
```

MyGrad의 여러 함수	자동미분	다차원 텐서의 자동미분		자동미분을 이용한 경사하강법
		다변수 함수의 자동미분	벡터화된 자동미분	

Step 3. 다차원 텐서의 자동미분 실행하기

다차원 텐서에 대해 정의된 함수에서의 자동미분

지금까지는 하나의 스칼라 변수로 이루어진 0차원 텐서에 대해 정의된, 간단한 함수에 대해서만 자동미분을 실행해보았다. 그런데 텐서 객체는 다차원의 배열을 나타낼 수 있다. 따라서 다차원 텐서에 대해 정의된 함수에서 자동미분이 실행되는 방법을 알면 계산을 편리하게 할 수 있다.

다차원 텐서와 관련된 .grad 속성을 어떻게 해석해야 할까? 한마디로 표현하면, 텐서의 각 원소를 스칼라 값 변수로 해석하면 된다. 즉, 다차원 텐서를 스칼라 변수들의 집합으로 보면 된다. 이렇게만 말해서는 이해가 잘 가지 않을 것이다. 다음과 같은 계산을 통해 자세히 알아보자.

```
tensor = mg.tensor([2.0, 4.0, 8.0])
arr = np.array([-1.0, 2.0, 0])
F = (arr * tensor ** 2).sum()
F.backward()
```

위의 코드에서 정의된 함수 F를 풀어서 쓰면 $F = -1(x_0)^2 + 2(x_1)^2 + 0(x_2)^2$이다. 그리고 다차원 텐서의 각 원소를 스칼라 값 변수로 해석한다는 것은, tensor= $[x_0,\ x_1,\ x_2]$로 보겠다는 뜻이다.

이때, tensor.grad에는 어떤 값이 저장되어야 타당할까? tensor의 각 스칼라 변수들로 편미분한 값들을 tensor와 같은 shape의 배열로 저장하면 좋을 것이다.

$$\nabla F = [\frac{\partial F}{\partial x_0}, \frac{\partial F}{\partial x_1}, \frac{\partial F}{\partial x_2}] = [-2x_0, 4x_1, 0x_2]$$

$$\nabla F|_{x_0 = 2, x_1 = 4, x_2 = 8} = [-4, 16, 0]$$

실제로 tensor.grad는 tensor에 저장된 특정 값에서의 ∇F를 저장한다. 다음 코드를 실행하여 확인해보자.

```
tensor.grad
```

일반화하여 표현하면 다음과 같다. tensor의 각 원소는 스칼라 값 변수로 해석할 수 있고, tensor.grad에서 대응되는 위치의 요소는 해당 변수에 대한 편미분 계수이다.

$$\text{tensor}[x_0,\ \cdots,\ x_{(N-1)}] \rightarrow \text{tensor.grad}[x_0,\ \cdots,\ x_{(N-1)}] = \nabla F = \left[\frac{\partial F}{\partial x_0}, \cdots, \frac{\partial F}{\partial x_{(N-1)}}\right]$$

벡터화된 자동미분

방금 다차원 텐서에 의해 정의된 스칼라 함수에 대한 자동미분에 대해 배웠다. 이번에는 스칼라 함수가 아닌, 다변수 벡터 함수에 대해 자동미분을 실행할 때는 어떻게 실행되는지 알아보자.

.backward( ) 메서드를 호출한 최종 함수가 스칼라가 아니라 벡터 함수라면, MyGrad는 최종 함수를 스칼라로 다 합친 후에 역전파를 진행한다. 이렇게 합친 ΣF는 스칼라이기 때문에 $\frac{\partial (\Sigma F)}{\partial x_i}$ 또한 스칼라이다. 따라서 위에서 살펴본 바와 같이 tensor와 tensor.grad는 항상 같은 shape을 갖는다. 이렇게만 말해서는 이해가 가지 않으니, 다음과 같은 계산을 통해 알아보자.

```
tensor = mg.linspace(-5, 5, 20)
F = tensor ** 2  # shape-(20)인 텐서
F.backward()
tensor.grad
```

위의 코드에서 정의된 함수 F는 $F=[x_0^2,\ \cdots,\ x_{99}^2]$이다. 그리고 MyGrad에서 F.backward( )를 실행할 때 이를 스칼라로 다 합친다는 것은, $\Sigma F = x_0^2 + \cdots + x_{99}^2$로 합친 후 이에 대해 .backward( )를 실행하겠다는 뜻이다.

그런데 여기서 의문이 생긴다. 1장에서 우리는 다변수 벡터함수 f의 미분을 다룰 때 야코비 행렬(Jacobian matrix)을 배웠다.

$$J_f(\mathbf{x}) = \begin{bmatrix} - \ \nabla f_1(\mathbf{x})^T \ - \\ - \ \nabla f_2(\mathbf{x})^T \ - \\ \vdots \\ - \ \nabla f_m(\mathbf{x})^T \ - \end{bmatrix} = \left[\frac{\partial f_i}{\partial x_j} \right]_{m \times n}$$

다변수 벡터함수 F의 편미분 계수들을 구하기 위해서는 야코비 행렬을 구하는 게 합당해 보인다. 그런데 ΣF에 대해 .backward( )를 실행시키는 것은 매우 다른 결과를 불러온다. 각 성분함수에 대한 편미분 계수들을 일일이 구하지 못하고, 대신 성분함수들의 합에 대한 편미분 계수 $\dfrac{\partial(F_0 + F_1 + \cdots + F_{N-1})}{\partial x_i}$만을 구하게 된다.

왜 MyGrad에서는 자동미분 기능을 이렇게 구현한 것일까? 만약 다변수 벡터함수 F의 각 성분함수들이 각각 독립인 입력 변수에 대해 정의되었다면, 즉 독립인 $x_0,\ x_1,\ \cdots,\ x_{(N-1)}$에 대해 $F=[F_0(x_0),\ F_1(x_1),\ \cdots,\ F_{N-1}(x_{(N-1)})]$로 정의되었다면 ΣF에 대해 .backward( )를 실행시키는 것은 의미있는 행위가 된다. 유효한 모든 편미분 계수를 $\left[\dfrac{\partial F_0}{\partial x_0},\ \dfrac{\partial F_1}{\partial x_1},\ \cdots,\ \dfrac{\partial F_{N-1}}{\partial x_{(N-1)}}\right]$와 같이 구할 수 있게 되기 때문이다.

다시 위의 예시로 돌아가보자. $F=[x_0^2,\ \cdots,\ x_{99}^2]$에 대해 .backward( )를 실행시킨 것은 $\Sigma F = x_0^2 + \cdots + x_{99}^2$에 대해 .backward( )를 실행시킨 것과 같다. 그리고 이후에 입력 tensor $\mathbf{x}=[x_0,\ x_1,\ \cdots,\ x_{(N-1)}]$에 대한 tensor.grad를 구하면 입력 tensor $\mathbf{x}$와 shape

이 동일한 $\nabla(\Sigma F) = [2x_0, \cdots, 2x_{99}]$가 구해진다.

이 계산은 결국, 100개의 독립적인 값들에 대해 함수 $f(x) = x^2$의 편미분 계수 값 ($\frac{df}{dx} = 2x$)을 한 번에 계산한 것과 같다. 따라서, MyGrad를 이용하여 독립적인 값들에 대한 성분함수로 이루어진 다변수 벡터 함수의 미분을 구하는 기능은, 여러 개의 독립적인 데이터를 하나의 텐서로 묶어서 동일한 계산을 한 번에 수행할 때 큰 이점이 있다. 신경망에 대해 배우고 본격적인 딥러닝에 대해 실습할 때 도움이 될 것이다.

문제 도함수의 그래프 그리기

.backward( ) 메서드를 이용하면 특정 점에서의 그래디언트만 구할 수 있고, 도함수의 식과 그래프는 알 수 없다. 그런데, 벡터화된 자동미분을 이용하면 여러 점에서의 편미분 계수 값을 한 번에 구할 수 있으므로, matplotlib을 통해 그래프를 찍을 수 있게 된다.

1. 벡터화된 자동미분을 수행하는 다음의 함수를 완성해보자. matplotlib에 관한 실습1의 내용을 잘 떠올리면서 작성해보자. (주의: matplotlib에 데이터를 전달할 때는 MyGrad의 텐서가 아닌, 널리 알려진 라이브러리인 NumPy의 배열을 사용해야 한다.)

```
import matplotlib.pyplot as plt
%matplotlib notebook

def plot_func_and_deriv(x, func):
    """
    함수 func(x)와 도함수 dfunc/dx를 같은 축(axis) 상에 그리는 함수

    매개변수 (Parameters)
    ----------
    x : mygrad.Tensor, shape-(N,)
        함수 func(x)와 도함수 dfunc/dx를 그리는 x의 정의역

    func: Callable[[Tensor], Tensor]
        x에 대한 일변수 함수

    반환 값 (Returns)
    -------
    Tuple[Figure, Axis]
```

```
    matplotlib로 그래프를 그리기 위한 fig와 ax
"""
x = mg.tensor(x)
y = func(x)
y.backward()

# 여기에 코드 작성

return fig, ax
```

2. 이제 위에서 작성한 함수를 이용하여 구간 [0,10]을 균등하게 10,000개로 나눈 정의역에 대해 함수 $f(x) = \sin(2x)\cos(x)e^{-x/3}$와 그 도함수의 그래프를 그려보자.

```
def f(x):
    # 여기에 코드 작성
```

```
x = mg.linspace(0, 10, 10000)
fig, ax = plot_func_and_deriv(x, f)
```

MyGrad의 여러 함수	자동미분	다차원 텐서의 자동미분	자동미분을 이용한 경사하강법		
			경사하강법 코드 수정 (1)	경사하강법 코드 수정 (2)	일반적인 경사하강법 함수

Step 4. MyGrad의 자동미분을 이용한 경사하강법

경사하강법 코드 수정하기 (1)

자동미분을 이용하면 경사하강법을 쉽게 구현할 수 있다. 연습을 위해 간단한 일변수 함수에 대해 경사하강법을 수행해볼 것이다. 앞선 예제에서도 다룬적 있는 함수 $\mathcal{L}(w) = w^2$에 대한 경사하강법을 수행하며 자동미분을 잘 활용해보자.

앞선 예제에서는 $\mathcal{L}(w) = w^2$의 도함수가 $\frac{d\mathcal{L}}{dw} = 2w$임을 알고 있는 상태에서 경사하강법 함수 descent_down_parabola( )를 작성해보았다.

```python
def descent_down_parabola(w_start, learning_rate, num_steps):
    w_values = [w_start]
    for _ in range(num_steps):
        w_old = w_values[-1]
        w_new = w_old - learning_rate * (2 * w_old)
        w_values.append(w_new)
    return np.array(w_values)
```

이번에는 도함수를 모르는 $\mathcal{L}(w)$에 대해서도 적용할 수 있는, 자동미분을 이용한 경사하강법 함수를 작성해보자. w의 값을 MyGrad 텐서로 저장한 후, $\mathcal{L}(w)$를 w의 식으로 정의해주어, .backward( ) 메서드를 사용하여 편미분 계수를 구할 수 있다.

아래의 경사하강법 공식에 따라 자동미분을 이용한 경사하강법을 프로그래밍으로 구현해보자.

$$w_{new} = w_{old} - \delta \frac{d\mathcal{L}}{dw}\Big|_{w_{old}}$$

다음과 같이 w의 시작점과 학습률 δ, 몇 단계 반복할 것인지가 주어졌다고 하자.

```python
w = mg.Tensor(10.0)
learning_rate = 0.3
num_steps = 5
```

이러한 상황에 대해 아래의 코드를 채워 경사하강법을 수행하는 코드를 작성해보자. 제대로 코드를 작성한다면, 다음과 같이 $w = 0$으로 서서히 가까워지는 결과가 출력될 것이다.

```python
for _ in range(num_steps):
    ℒ = w ** 2
    ℒ.backward()
    # 여기에 코드 작성
    print(w)
```

〈출력 예시〉

```
Tensor(4.)
```

```
Tensor(1.6)
Tensor(0.64)
Tensor(0.256)
Tensor(0.1024)
```

그런데 코드를 작성할 때, 한 가지 생각해볼 만한 부분이 있다. 위의 코드를 완성하여 원하는 출력값도 제대로 얻었다면, 아래의 두 코드와 자신의 답변을 비교해보자. 꼭 먼저 코드를 직접 작성해본 후에 답변을 확인하길 바란다.

다음의 두 코드는 모두 원하는 출력값을 얻게 해주는 코드이다. 첫번째 코드는 다음과 같다.

```
w = w - learning_rate * w.grad
```

두번째 코드는 다음과 같다.

```
w.data -= learning_rate * w.grad
```

두 코드는 동일한 출력값을 얻게 해줄 뿐 아니라, 사실상 같은 의미라고 느껴진다. 그리고 첫번째 코드가 우리가 알고 있는 공식에 더 가까운 형태이기 때문에 좀 더 직관적이다. 그러나, 두번째 코드는 두 가지 이점이 있다.

첫째로 컴퓨터 계산 속도를 최적화할 수 있다. 앞서 MyGrad의 텐서는 NumPy 배열의 수학적 연산들을 추적하는 추가 기능이 있는 객체라는 것을 배웠다. 그러나 이렇게 수학 연산을 추적하는 과정이 w 값을 갱신하는 과정에서는 굳이 필요하지 않다. 따라서 첫번째 코드와 같이 텐서를 사용하면, 불필요한 수학 연산의 추적으로 인해 간접적인 연산 처리 시간인 오버헤드(overhead)만 발생한다. 그러나 두 번째 코드에서는 연산에서 텐서 w를 직접 사용하지 않고, w.data로 표현된 NumPy 배열만 사용하여 오버헤드를 줄일 수 있다.

둘째로 추가적인 메모리 공간이 필요하지 않다. 연산자 '-='는 증강 업데이트(augmented update)를 실행하는 연산자이다. 이는 컴퓨터가 새로운 메모리 공간을 할당하여 배열의 값을 교체하는 대신, 사용하던 메모리 공간을 그대로 다시 덮어쓰는 것을 의미한다. 따라서 두 번째 코드에서는 NumPy 배열 공간 내에서 w 값의 업데이트가 이루어져 메모리 공간이 추가로 필요하지 않다.

조만간 신경망에 대해 배운 후, 어렵고 복잡한 수학적 함수의 파라미터를 조정하게 되면, 수많은 대규모 데이터를 업데이트하게 될 것이다. 이런 상황에서 위의 두 가지 이점은 학습의 성능에 큰 차이를 만들 것이다.

경사하강법 코드 수정하기 (2)

이번에는 앞선 예제에서 다룬 적 있는 이변수 함수 $\mathcal{L}(w_1, w_2) = 2w_1^2 + 3w_2^2$에 대한 경사하강법을 수행하며 자동미분을 잘 활용해보자.

앞선 예제에서는 $\mathcal{L}(w) = w^2$의 도함수가 $\frac{d\mathcal{L}}{dw} = 2w$임을 알고 있는 상태에서 경사하강법 함수 descent_down_2d_parabola( )를 작성해보았다.

```
def descent_down_2d_parabola(w_start, learning_rate, num_steps):
    xy_values = [w_start]
    for _ in range(num_steps):
        xy_old = xy_values[-1]
        xy_new = xy_old - learning_rate * (np.array([4., 6.]) * xy_old)
        xy_values.append(xy_new)
    return np.array(xy_values)
```

이번에는 도함수를 모르는 $\mathcal{L}(w_1, w_2)$에 대해서도 적용할 수 있는, 자동미분을 이용한 경사하강법 함수를 작성해보자. 다차원 텐서로 정의된 함수의 자동미분을 잘 떠올리면 해결하는 데 도움이 될 것이다.

다음과 같이 w의 시작점과 학습률 δ, 몇 단계 반복할 것인지가 주어졌다고 하자.

```
w = mg.Tensor([2., 4.])
learning_rate = 0.1
num_steps = 5
```

이러한 상황에 대해 아래의 코드를 채워 경사하강법을 수행하는 코드를 작성해보자. 제대로 코드를 작성한다면, 다음과 같이 $w_1 = 0, w_2 = 0$으로 서서히 가까워지는 결과가 출력될 것이다.

```
const = np.array([2.0, 3.0])
for _ in range(num_steps):
    ℒ = const * w ** 2
    ℒ.backward()
    # 여기에 코드 작성
    print(w)
```

〈출력 예시〉

```
Tensor([1.2, 1.6])
Tensor([0.72, 0.64])
Tensor([0.432, 0.256])
Tensor([0.2592, 0.1024])
Tensor([0.15552, 0.04096])
```

일반적인 경사하강법 함수 작성하기

일변수 함수, 다변수 함수에 대해 경사하강법을 수행해보았으니, 보편적인 상황에 대해 적용할 수 있는 일반적인 경사하강법 함수를 작성하는 것만 남았다.

문제 일반적인 경사하강법 함수 작성하기

이 문제의 목표는 어떤 함수가 어떤 텐서로 정의되어 있는지에 상관없이 사용할 수 있는 경사하강법 함수를 작성하는 것이다. 함수 외부에서 텐서와 텐서들로 정의된 함수를 모두 정의한 후, .backward() 메서드까지 실행한다. 함수 내부로는 텐서들만 전달해주어, 함수 내에서는 그 텐서들을 이용하여 경사하강법을 실행한다.

아래 함수의 주석을 잘 보고, 일반적인 경사하강법 함수를 작성해보자. 주석을 보면 이 함수는 단일 텐서를 인자로 입력받을 수도 있지만, 여러 개의 텐서로 이루어진 iterable한 객체를 입력받을 수도 있다. 어떻게 코딩해야 할지 막막한 느낌이 든다면, 다음 힌트를 살펴보자.

▸ HINT

1. 여러 개의 텐서로 이루어진 iterable한 자료형이 들어올 수 있으므로, for문을 이용하여 텐서를 하나씩 꺼내며 경사하강하는 코드를 작성해야 한다.

2. 단일 텐서가 들어오면 for문을 이용할 수 없으므로, 단일 텐서를 단일 텐서가 들어있는 리스트로 바꾸어주는 과정이 있어야 한다.

```
def gradient_step(tensors, learning_rate):
    """
    경사하강법의 공식에 따라 gradient-step을 실행.

    매개변수 (Parameters)
    ----------
    tensors : Union[Tensor, Iterable[Tensors]]
        단일 텐서, 혹은 텐서로 이루어진 iterable한 자료형 (리스트, 튜플 등) 모두 가능
        만약 특정 tensor에 대한 'tensor.grad'가 'None'인 경우, 업데이트를 건너 뜀

    learning_rate : float
        매 gradient-step에서의 학습률. 양수

    참고
    -----
    모든 gradient-steps는 tensor 내에서 바로 반영되므로, 반환 값 없음
    """
    # isinstance 함수를 이용하여 입력된 tensors가 단일 텐서인지 판단한 후, 단일 텐
      서이면 iterable로 변환
    # 여기에 코드 작성

    # for 문을 이용하여 tensors의 tensor를 하나씩 꺼내며 경사하강을 진행
    # 여기에 코드 작성
```

앞서 수행했던 함수 $\mathscr{L}(w)=w^2$에 대한 경사하강법을 다시 한번 실행해봄으로써 보편적인 경사하강법 함수가 우리가 원하는대로 동작하는지 확인해보자.

```
w = mg.Tensor(10.0)
learning_rate = 0.3
num_steps = 5
```

```
for _ in range(num_steps):
    ℒ = w ** 2
    ℒ.backward()
    gradient_step(w, learning_rate=learning_rate)
    print(w)
```

배운 내용 되돌아보기

MyGrad의 여러 함수	자동미분	다차원 텐서의 자동미분	자동미분을 이용한 경사하강법

이번 실습에서는 자동미분을 도와주는 MyGrad 라이브러리의 사용법을 배우고 익혔다. MyGrad는 앞으로의 거의 모든 실습에서 사용되는 중요한 라이브러리이다. 또한 산업용 라이브러리인 TensorFlow, Pytorch 등으로 가는 첫걸음이기도 하다. 실습에서 배운 내용들을 가볍게 정리해보자.

- ☐ Tensor를 생성하는 여러 가지 함수들을 사용해보았다. 원소를 직접 적어줄 수도 있고, 리스트, 튜플, NumPy의 ndarray 등으로부터 Tensor를 생성할 수도 있었다.
- ☐ 기존에 생성된 Tensor의 행과 열을 자유자재로 바꾸거나 일부 행이나 열만 슬라이싱 해보았다.
- ☐ MyGrad에서 제공하는 다양한 수학 연산 함수들을 사용해보았다. 그 과정에서 NumPy의 함수들과의 유사성을 확인하였다.
- ☐ 선형대수 연산을 돕는 함수인 matmul( )과 einsum( )을 사용해보았다.
- ☐ MyGrad에 딥러닝을 위한 특수 함수들이 다양하게 존재함을 알게 되었으나, 사용해보지는 않았다.
- ☐ MyGrad 텐서 객체의 .backward( ) 메서드를 사용하여 자동미분을 실행하고, 텐서의 .grad 속성을 이용하여 편미분 계수를 구해보았다.
- ☐ 경사하강을 반복하며 최적의 모델을 찾아갈 때, 경사하강이 1회 종료될 때마다 기존의 편미분 계수를 폐기해주어야 함을 알게 되었다. 이를 위해 .grad 속성을 폐기하는 두 가지 방법을 직접 사용해보았다.
- ☐ MyGrad 텐서와 NumPy의 배열 사이의 관계를 알게 되었다. 또한 NumPy의 수학 함수에 MyGrad 텐서를 통과시키면 텐서를 얻을 수 있음을 확인하였다.
- ☐ 불필요한 편미분 계수를 계산하는 것을 방지하기 위해, 텐서를 상수 취급하는 방법을 도입해야 함을 알게 되었다. 그리고 텐서를 상수 취급하기 위한 두 가지 방법을 사용해보았다.
- ☐ 다차원 텐서에 대해 정의된 함수 (다변수 함수)에서 자동미분을 실행하면 다차원 텐서의 각 원소가 스칼라 값 변수로 해석되어 자동미분이 이루어짐을 알게 되었다.

또한 다차원 텐서의 .grad 속성에 함수의 그래디언트 값이 저장됨을 확인하였다.

- ☐ 다변수 벡터 함수에 대해 자동미분을 실행하면 모든 성분함수를 합한 것에 대해 자동미분이 이루어짐을 알게 되었다. 또한 이런 규칙이 어떤 유용함을 가지는지 확인하였다.
- ☐ MyGrad의 자동미분을 이용하여 경사하강법 함수를 새롭게 구현해보았다.

실습 4 경사하강법을 이용하여 선형 회귀 모델 학습시키기

이번 실습에서는 경사하강법을 이용하여 앞 절에서 살펴보았던 선형 회귀 문제를 다시 한번 해결해보자. 마찬가지로, 앞서 사용했던 NBA 선수들의 키와 윙스팬 데이터를 활용할 것이다. 실습 2에서 살펴보았던 선형 회귀 모델을 클래스의 형태로 설계하고, 이 모델을 '학습'시키는 과정에 있어서 경사하강법을 사용해본 뒤, 학습 과정 이전에 거치는 '데이터 전처리' 과정 중 표준화의 필요성에 대해서도 생각해보자. 조금 이해가 되지 않는 부분에 대해서는 구글링도 해 보면서, 한 단계씩 차근차근 따라오길 바란다.

라이브러리, 데이터셋 준비	선형 회귀 복습	Loss Landscape 시각화	경사하강법 실행 함수, 손실함수 구현	모델 클래스 구현	모델 학습 시키기(1)	데이터셋 표준화	모델 학습 시키기(2)	표준화한 데이터 복구

Step 1. 필요한 라이브러리 import하기, 데이터 가져오기

아래의 코드를 실행시켜 실습 4에 필요한 라이브러리들을 import 하자.

```
from pathlib import Path

import matplotlib.pyplot as plt
from mpl_toolkits.mplot3d import Axes3D
%matplotlib notebook

import numpy as np
import xarray as xr
import mygrad as mg
```

다음으로, 선형 회귀에 사용할 데이터를 가져오는 코드를 작성하고, y축에 윙스팬, x축에 신발을 신지 않았을 때의 키를 둔 산점도를 나타내어보자. 실습 2에서 해본 내용이니, 기억이 잘 나지 않는다면 실습 2를 복습하고 다시 한번 해보자.

```
# xarray-dataset인 NetCDF-4 파일 './data/nba_draft_measurements.nc'을 불러오기
# 여기에 코드 작성

# y축에 윙스팬, x축에 신발을 신지 않았을 때의 키를 둔 산점도를 그리기
# 여기에 코드 작성
```

Step 2. 선형 회귀 다시 짚어보기

관측된 데이터가 $\left(x_n, y_n^{(true)}\right)_{n=0}^{N-1}$와 같은 형태로 총 N개라고 하자(x_i: 인덱스가 i인($i+1$번째) 농구선수의 키, y_i: 인덱스가 i인($i+1$번째) 농구선수의 윙스팬). 선형 회귀 모델은 $F(m, b; x) = mx + b$이라고 하자. 이 경우, x_i에 대한 예측값 $y_i^{(pred)}$은 $y_i^{(pred)} = F(m, b; x_i) = mx_i + b$으로 표현해볼 수 있을 것이다. 손실함수를 잔차 제곱의 평균을 의미하는 '평균 제곱 오차'로 둘 때, 이 함수 $\mathcal{L}_{MSE}$를 $y_n^{(true)}$와 $y_n^{(pred)}$에 대해 표현해보자.

이제, 2절의 예제 2-4에서 작성했던 함수 ordinary_least_squares를 다시 작성해보자. 이후, Step 1에서 불러온 데이터와 이 함수를 활용하여 m, b의 이상적인 값 m^*, b^*을 계산해보자. 이 값은 이후 경사하강법을 이용하여 구한 값을 평가하는 지표로 활용할 것이다. 단, 실제 지도학습 상황에서는 이처럼 정확한 값을 구하는 것은 불가능한 경우가 많음을 기억하자.

```
def ordinary_least_squares(x, y):
    """
    예제 2-4에서와 동일
    """
    # 여기에 코드 작성
```

```
# 윙스팬 vs 신발을 신지 않은 키 데이터의 선형 회귀 모델에서의 m* and b* 값 계산

# 해당 데이터의 numpy array에 접근하기
# 여기에 코드 작성

# 이상적인 값인 m*, b* 계산하기
# 여기에 코드 작성
```

Step 3. 여러 m, b 값에 대한 $\mathcal{L}_{MSE}(m,b)$의 그래프 시각화하기

아래 함수는 m, b 값들에 따른 $\mathcal{L}_{MSE}(m,b)$의 그래프와, $[m,b]$ 값들이 움직이는 경로(trajectory)에 따른 $\mathcal{L}_{MSE}(m,b)$의 변화를 표시해주는 graph_linear_regression_mse이다. 최적의 m, b 값에 대한 $\mathcal{L}_{MSE}(m,b)$ 값은 검은색 점으로 표시하고, $[m,b]$ 값에 대해 변화하는 각각의 $\mathcal{L}_{MSE}(m,b)$값들을 별 모양 점으로 표시함으로써, 우리가 입력해준 $[m,b]$ 값들의 경로가 최적의 값을 잘 찾아가는지 확인하는 데 사용할 수 있다. 함수를 나타내는 코드를 찬찬히 읽어보고, 코드 수정 없이 그대로 실행해보자. 이 함수를 통해 그려지는 $\mathcal{L}_{MSE}$의 그래프를 'loss landscape'이라고 하는데, 이는 모델 파라미터 값을 각 축으로 하여, 이들 값에 따른 손실함수 값을 나타낸 그래프를 말한다.

```
def graph_linear_regression_mse(
    x,
    y,
    trajectory=None,
    m_scale=10,
    b_scale=10,
    sample_density=500,
):
    """
    데이터 x, y가 주어졌을 때, 설정한 m(선형 회귀 모델의 기울기), b(선형 회귀 모델의 y절
        편)값의 범위에서 MSE의 그래프를 그리는 함수.
    m, b의 이상적인 값을 m*, b*이라 할 때, MSE의 그래프는 (m*, b*)을 중심에 두고 그리
        며, 이 점은 검은색으로 표시됨

    매개변수 (Parameters)
    ----------
    x : np.ndarray, 크기 N의 일차원 배열(shape-(N,))
        사용하는 데이터셋에서 x값들의 배열

    y : np.ndarray, 크기 N의 일차원 배열(shape-(N,))
        사용하는 데이터셋에서 y값들의 배열
```

```
trajectory : 입력 여부 선택 (default=None), 입력하는 경우 np.ndarray, shape-(T,
    2) (점 한 개만 나타낼 때) 또는 shape-(N, T, 2) (점 2개 이상을 나타낼 때)
    그래프에 나타내려는 1개, 혹은 T개의 (m, b)점들의 배열. 모델 파라미터 m, b의 값에
        따라 변화하는 MSE 값의 '궤적'을 나타내는 데 활용 가능함.

m_scale : int형, 입력 여부 선택 (default=10)
    그래프 그리기에 사용하는 m값의 범위는 [m*-m_scale, m*+m_scale]로 결정

b_scale : int형, 입력 여부 선택 (default=10)
    그래프 그리기에 사용하는 b값의 범위는 [b*-b_scale, b*+b_scale]로 결정

sample_density : int형, 입력 여부 선택 (default=500)
    그래프 그리기에 사용되는 축별 샘플 점의 개수, 값이 작을수록 실행 시간이 짧으며, 값이
        커질수록 그래프가 정확하게(빠뜨리는 정보 없이) 그려짐.

반환 값 (Returns)
-------
튜플[Figure, Axis]
    그려진 그래프의 Figure과 Axis
"""

def mse(x, y, m, b):
    """평균 제곱 오차(MSE)를 계산하는 함수"""
    m = np.atleast_1d(m)
    b = np.atleast_1d(b)
    return ((x * m[None] + b[None] - y) ** 2).mean(axis=1)

# 손실함수 MSE를 최소한으로 만드는 m, b값(m_opt, b_opt) 계산
# 이전 실습에서는 m*, b* 값을 직접 구해보았음
# 이번에는 최소 제곱 해를 계산해주는 numpy 모듈의 linalg.lstsq 함수를 사용하여 구
  현함. 함수에 대해 더 알고 싶다면, 검색해보기!
# 우리가 평소 구해 오던 m*, b* 값과 결과적으로는 동일한 값을 계산
A = np.vstack([x, np.ones(len(x))]).T
m_opt, b_opt = np.linalg.lstsq(A, y, rcond=None)[0]
l_opt = mse(x, y, m_opt, b_opt)

center_m = m_opt
center_b = b_opt

# MSE 그래프의 figure 생성
fig = plt.figure()
```

```
ax = fig.gca(projection="3d")

# MSE 그래프의 최소점을 그래프 위에 검은 점으로 표시
ax.plot(
    [m_opt],
    [b_opt],
    l_opt,
    c="black",
    marker="o",
    zorder=3,
    markersize=7,
)

# 그래프를 그리는 데 사용할 m, b값들을 추출하여 numpy 배열의 형태로 생성하고, 이들 값
  에 대응되는 MSE 값들을 계산
m_series = np.linspace(
    center_m - m_scale, center_m + m_scale, sample_density)
b_series = np.linspace(
    center_b - b_scale, center_b + b_scale, sample_density
).reshape(-1, 1) # numpy의 reshape 함수에 -1이 들어가는 것은 어떤 의미일까?

Z = (b_series + x.reshape(-1, 1, 1) * m_series) - y.reshape(-1, 1, 1)
Z = np.mean(Z ** 2, axis=0)

# 그래프 그리기
m_series, b_series = np.meshgrid(m_series, b_series)
ax.set_xlabel("Slope: m")
ax.set_ylabel("Intercept: b")
ax.set_zlabel("MSE Loss")
ax.ticklabel_format(style="sci", scilimits=(-1, 2))
ax.dist = 11
surf = ax.plot_surface(m_series, b_series, Z, cmap=plt.get_cmap("GnBu"))

# 지정한 trajectory를 그래프 위에 나타내기
if trajectory is not None:
    trajectories = np.atleast_2d(trajectory)
    if trajectories.ndim == 2:
        trajectories = trajectories[np.newaxis]
    for trajectory in trajectories:
        m_values, b_values = trajectory.T
        l_values = ((x * m_values[:, None] + b_values[:, None] - y) ** 2).mean(
```

```
            axis=1
        )
        ax.plot(
            m_values,
            b_values,
            l_values,
            marker="*",
            zorder=3,
            markersize=7,
        )
    return fig, ax
```

코드를 살펴보면서 함수의 기능과 구현 방식을 이해했다면, 위의 함수를 활용하여 우리의 데이터에 대한 $\mathcal{L}_{MSE}(m, b)$ 그래프를 그려보자. 실행 결과를 나타낸 그림 2.3-10[42]와 코드를 함께 살펴보면 코드를 더 잘 이해할 수 있을 것이다. 이때, trajectory에는 Step 2에서 계산한 [m^*, b^*]를 대입하여, 우리가 구한 [m^*, b^*] 값(출력된 결과 그래프에서 별표 표시)과 graph_linear_regression_mse( )에서 계산한 m_opt, b_opt 값이 동일한지, 즉 이 두 점에서 MSE 값이 가장 작게 나타나는지 확인해보자. 검은색 점과 별 모양 점이 겹쳐져서 나타났다면, 우리가 Step 2를 잘 수행한 것이다.

```
# Step 2에서 계산한 [m*, b*]를 포함하여, 선형 회귀 모델에 대한 MSE 그래프 그리기
# 여기에 코드 작성
```

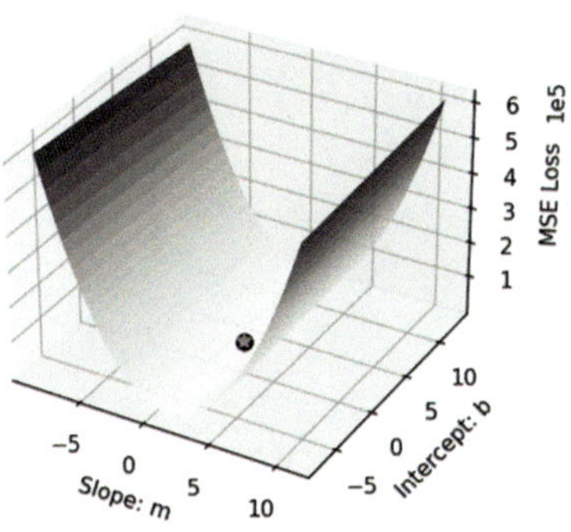

그림 2.3-10 Step 2 코드 실행 결과

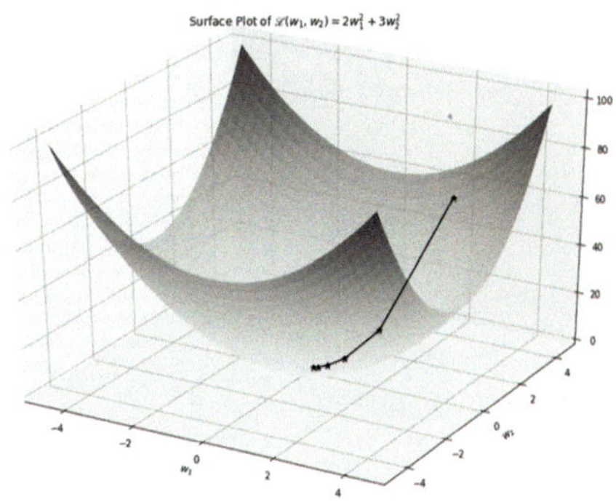

그림 2.3-11 3절의 3.4.에서 다룬 함수

42) Exercise 실행 결과

그려진 loss landscape에 겹쳐져 나타난 점은 우리가 찾고자 하는 '가장 좋은 모델'의 모델 파라미터값들을 담은 점으로, 이후의 Step 4부터는 이 점을 찾기 위해 그래프를 따라 내려오는 경사하강법을 코드로 구현해볼 것이다. 그 전에, 주어진 데이터에 대한 그래프의 개형이 멕시코 음식인 '타코'의 타코쉘 모양을 닮았다는 점에 주목해보자.

MSE 값인 손실함수의 식 형태를 생각해보면, 그림 2.3-11[43]과 같이 3.4.에서 다루었던 $\mathcal{L}(w_1, w_2) = 2w_1^2 + 3w_2^2$와 유사한 이차식 형태가 나올 것이라고 짐작 가능하다. 그런데 그림 2.3-10과 그림 2.3-11의 형태는 많이 다르다. 이러한 차이는 그림 2.3-10의 그래프에서 m값을 조금 변화시킬 때 나타나는 MSE 값의 변화에 비해, b값을 조금 변화시킬 때 나타나는 MSE 값의 변화가 훨씬 작게 나타나기 때문에 나타난다. 이 변화율의 차이는, 변화율을 이용하여 '하강'을 진행하는 경사하강법의 결과에 어떤 영향을 줄까? 이에 대해서는 이 실습의 끝자락에서 다시 논의해보자.

라이브러리, 데이터셋 준비	선형 회귀 복습	Loss Landscape 시각화	경사하강법 실행 함수, 손실함수 구현	모델 클래스 구현	모델 학습 시키기(1)	데이터셋 표준화	모델 학습 시키기(2)	표준화한 데이터 복구

Step 4. 선형 회귀 모델을 경사하강법으로 학습시키기 위한 기초 함수 만들기

경사하강법으로 모델을 학습시키기 위해 필요한 두 개의 함수를 우선 작성하자. 경사하강법을 구현하는 함수 gradient_step과 손실함수로 사용할 모델이 예측한 값과 실제로 관측된 값 사이의 MSE 값을 계산하는 함수 mean_squared_error_mygrad를 작성해보자. gradient_step 함수의 경우, 실습 3에서 구현해보았던 함수와 동일하다.

```
def gradient_step(tensors, learning_rate):
    """
    실습 3의 동일한 함수 참고
    """
    # 여기에 코드 작성
```

43) 〈Gradient-Based Learning〉, 《CogWorks》, 〈https://rsokl.github.io/CogWeb/Video/Gradient_Descent.html〉, 2021.01.01. 방문

```
import mygrad as mg

def mean_squared_error_mygrad(y_pred, y_true):
    """
    모델이 예측한 값과 실제 값 사이의 MSE 값을 계산하는 함수

    매개변수 (Parameters)
    ----------
    y_pred : mygrad.Tensor, N개의 원소로 구성(shape-(N,))
        N개의 예측값으로 구성된 텐서

    y_true : array_like, N개의 원소로 구성(shape-(N,))
        N개의 실제 값으로 구성딘 배열

    반환 값 (Returns)
    -------
    mse : mygrad.Tensor, 단일 원소(shape-())
          MSE 값을 원소로 갖는 스칼라 텐서

    실행 예시
    --------
    >>> pred = mg.Tensor([1., 2., 3.])
    >>> true = mg.Tensor([1., 1., 3.])
    >>> mean_squared_error_mygrad(pred, true)
    Tensor(0.33333333)
    """
    # 여기에 코드 작성
```

다음으로, 우리가 경사하강법을 통해 구해나가는 m, b값이 실제의 이상적인 m^*, b^*값에 얼마나 가까운지 판단하기 위해 아래의 함수 dist_from_true를 그대로 실행해보자. 이 함수에서는 두 점 (m, b)와 (m^*, b^*) 사이의 유클리드 거리를 척도로 두 점이 얼마나 가까운지 나타내었다. 단, Step 2에서 언급했듯, 실제 상황에서는 모델 파라미터의 이상적인 값을 알 수 없다는 점을 명심하자.

```
true_params = np.array(ordinary_least_squares(height, wingspan))

def dist_from_true(model_params, true_params) -> float:
    """
```

```
    sqrt[(m - m*)^2 + (b - b*)^2] 값을 계산하여 반환하는 함수

    매개변수 (Parameters)
    ----------
    model_params : Tuple[Tensor, Tensor]
        텐서인 m, b를 저장하는 튜플

    true_params : numpy.ndarray, shape-(2,)
        m*, b* 값을 저장하는 numpy 배열

    반환 값 (Returns)
    -------
    float형
        sqrt[(m - m*)^2 + (b - b*)^2] 값
    """
    params = np.array([i.item() for i in model_params])
    return np.sqrt(np.sum((true_params - params) ** 2))
```

라이브러리, 데이터셋 준비	선형 회귀 복습	Loss Landscape 시각화	경사하강법 실행 함수, 손실함수 구현	모델 클래스 구현	모델 학습 시키기(1)	데이터셋 표준화	모델 학습 시키기(2)	표준화한 데이터 복구

Step 5. 선형 모델 클래스 만들기

선형 모델의 모델 파라미터 m, b를 관리하고 모델을 이용한 예측값을 계산하는 과정을 캡슐화하기 위해, LinearModel이라는 클래스를 생성하자. 이 클래스는 m, b의 초깃값이 주어지지 않았다면 생성자에서 m, b 값을 랜덤하게 초기화하고, __call__ 메서드를 통해 모델이 내놓는 예측값을 계산하며, m, b 값들에 대한 getter 메서드를 데코레이터 @property를 이용하여 구현한다. __call__ 메서드는 해당 클래스의 객체가 호출될 때 실행되는 함수로 생각하면 된다. 아래와 같이 데코레이터를 이용하여 구현된 getter는, 코드 model.parameters를 통해 두 개의 텐서를 반환되도록 해 준다. 클래스에 대해 잘 이해가 되지 않는다면, 구글링을 통해 공부하거나 《인공지능 교육단체 OUTTA와 함께 하는! 인공지능 파이썬 기초 다지기》 등의 Python을 다루는 책을 통해 공부하고 넘어가자. 이후, 아래 스켈레톤 코드의 주석을 자세히 살펴보고, 코드를 완성해보자. 이 책의 뒷부

분에서도 이처럼 모델을 클래스로 설계하는 비슷한 형태를 많이 보게 될 것이니, 완전히 이해하고 작성하는 것에 신경 써보자.

```
from mygrad.nnet.initializers import uniform # 모델 파라미터의 초기화(균등분
포로부터 랜덤 추출)를 위한 uniform 함수를 import

class LinearModel:
    """
    객체 변수 'self.m'과 'self.b'를 갖는 선형 모델 클래스
    """

    def initialize_params(self):
        """
        'mygrad.nnet.initializers.uniform' 함수를 사용하여 self.m과 self.b
            에 텐서 값(둘 다 shape-(1,) 텐서)을 초기화
        균등분포 [-10, 10]에서의 값으로 초기화가 진행되도록
        uniform(1, lower_bound=-10, upper_bound=10)을 사용하면 균등분포로부
            터 shape-(1,) tensor가 추출됨
        """
        # 여기에 코드 작성

    def __init__(self, m=None, b=None):
        """
        m, b의 초깃값을 직접 입력받아 초기화하는 역할.
        입력되지 않는 경우 메서드 'self.initialize_params()'를 활용하여 m, b의 값
            을 랜덤하게 초기화

        매개변수 (Parameters)
        ----------
        m : 입력 여부 선택, 입력 시 mygrad.Tensor, shape-(1,)
            선형 모델의 기울기. 'None'이라면 랜덤한 값을 배정

        b : 입력 여부 선택, 입력 시 mygrad.Tensor, shape-(1,)
            선형 모델의 y절편. 'None'이라면 랜덤한 값을 배정
        """
        # 여기에 코드 작성

    def __call__(self, x):
        """
        x를 입력받아 m * x + b의 계산을 수행, 즉 선형 모델을 이용하여 y의 예측값 계산
```

```
        매개변수 (Parameters)
        ----------
        x : N개의 원소로 구성된 배열 혹은 텐서(array_like, shape-(N,))

        반환 값 (Returns)
        -------
        prediction : mygrad.Tensor, shape-(N,)
            선형 모델에 의해 계산된, N개의 예측값을 저장하는 텐서
        """
        # 여기에 코드 작성

    @property
    def parameters(self):
        """
        모델 파라미터를 저장하는 두 텐서(기울기, y절편)을 튜플의 형태로 반환
        데코레이터 @property를 붙였기에 메서드가 아닌 속성처럼 사용해야 함.
        즉, model.parameters()가 아닌 model.parameters로 호출

        반환 값 (Returns)
        -------
        Tuple[Tensor, Tensor]
            모델의 학습 가능한 모델 파라미터(기울기, y절편)들을 모아놓은 튜플

        실행 예시
        --------
        >>> model = LinearModel()
        >>> model.parameters
        (Tensor([-7.714269], dtype=float32), Tensor([-6.770146], dtype=float32))
        """
        # 여기에 코드 작성
```

클래스 생성을 완료했다면, model = LinearModel( )을 실행하여 모델을 생성하고, 클래스가 잘 설계되었는지 확인하기 위해 다음 세 가지 사항을 확인해보자. 첫째, model.m과 model.b가 shape-(1,)인 mygrad 텐서로 잘 정의되는지, 둘째, model. parameters가 이 두 텐서를 정상적으로 반환하는지, 셋째, model(1.)을 호출하면 m*x+b의 값을 갖는 mygrad 텐서를 정상적으로 반환하는지!

```
# 클래스가 의도한 대로 잘 설계되었는지 확인하기
# 여기에 코드 작성
```

Step 6. 경사하강법을 통해 모델 학습시키기(1)

이제, 본격적으로 적합한 선형 회귀 모델을 찾기 위해 경사하강법을 시행해보자. 우리는 경사하강법의 스텝을 반복해나가면서 m과 b값, 손실함수($\mathcal{L}_{MSE}$) 값, 그리고 Step 4에서 함수 dist_from_true로 구현해둔 (m, b)와 (m^*, b^*)의 차이가 어떻게 변화하는지 확인할 것이다. 또한, Step 3의 graph_linear_regression_mse 함수를 활용하여 손실함수 값이 어떻게 변화했는지 시각화해볼 것이며, 경사하강법을 통해 구한 우리의 선형 회귀 모델을 데이터의 산점도와 함께 나타내어 적절한 학습이 이루어졌는지 확인해볼 것이다.

우선, 아래 코드를 작성하여 경사하강법 시행을 위한 준비를 마치자.

```
heights = draft_data.height_no_shoes.data  # 관측된 x값[단위: inch]
wingspans = draft_data.wingspan.data  # 관측된 y값[단위: inch]

# Step 5에서 작성한 모델 클래스의 인스턴스를 생성(별도로 인자를 전달하지 않음)
# 생성한 인자를 'model'이라는 변수에 할당(assign)
model = LinearModel()

# 경사하강법을 통해 순차적으로 구해질 모델 파라미터를 저장할 배열, 'trajectory'를 초기화
# [(m0, b0), (m1, b1), ... ] 와 같은 형태
trajectory = []

# 관측된 데이터 '전체'를 이용하여 계산되는 손실함수 값을 바탕으로 모델 파라미터를 갱신하는 횟
  수, 즉 경사하강법에서 시행하는 스텝 수
# 'epoch'이라는 용어는 다음 절에서 자세히 설명할 예정
num_epochs = 10

# 경사하강법의 하이퍼파라미터인 학습률 값 설정
# 본 실습에서는 데이터셋을 바탕으로 얻을 수 있는 합리적인 추측값인 10^-4를 사용
# 학습률을 결정하는 방법은 많으며 꼭 이 값을 사용해야만 하는 이유는 없음
learning_rate = 1E-4
```

이제 학습을 진행시키며, m과 b값, 손실함수($\mathcal{L}_{MSE}$) 값, (m, b)와 (m^*, b^*)의 차이값을 네 개의 그래프로 동시에 나타낼 것이다. 실시간으로 값들이 어떻게 변화해나가는지 그래프로 확인하기 위하여, 이에 특화되어 있는 noggin 라이브러리를 사용할 것이다. 이후의 실습들에서도 noggin 라이브러리를 활용하게 되니, 아래 코드와 주석을 확인하며 사용법을 익혀두자. noggin 라이브러리에 대해 더 알고 싶다면, 다음 링크(https://noggin.readthedocs.io/en/latest/)로 들어가 설명을 읽어보길 바란다.

우선, 아래 코드를 실행시키면 우리가 관측하게 될 값 네 개의 변화를 실시간으로 그려나가기 위한 빈 좌표평면이 생성된다.

```
from noggin import create_plot  # create_plot 함수를 import
plotter, fig, ax = create_plot(["loss", "m", "b", "dist_from_target"], ncols=2)
```

이제, 경사하강법으로 선형 회귀 모델을 학습시키는 코드를 완성해보자. 주석을 참고하여 코드를 작성하고 성공적으로 실행시키면, 위 코드에서 그려졌던 네 개의 좌표평면에 그래프가 채워질 것이다. 본래는 실시간으로 그려지겠지만, 본 실습에서는 스텝을 10번만 반복하여 컴퓨터의 계산이 너무 빨리 이루어지기에, 육안으로 그래프가 채워지는 과정을 볼 수는 없다.

```
for n in range(num_epochs):
    # 전체 데이터셋에 대해 '순전파(용어는 다음 절에서 설명)'를 진행
    # 주어진 모든 키 데이터에 대한 윙스팬 예측값을 변수 y_pred에 저장
    # 여기에 코드 작성

    # Step 4에서 작성한 mean_squared_error_mygrad를 활용하여, 실제 윙스팬 값과
      예측한 윙스팬 값 사이의 MSE로 정의되는 손실함수 값을 계산하여 변수 loss에 할당
    # 여기에 코드 작성

    # 실습 3에서 다루었던 mygrad 라이브러리의 자동미분 기능을 활용하여, 우리의 모델 파라미
      터 값에서의 손실함수의 편도함수 계산
    # 계산된 손실함수를 활용하여 '역전파(용어는 다음 절에서 설명)'를 진행
    # 여기에 코드 작성

    # noggin 라이브러리를 활용하여 네 개의 그래프 실시간으로 채우기
    # 이 부분은 그대로 실행
    plotter.set_train_batch(
```

```
        dict(
            loss=loss,
            m=model.m.item(),
            b=model.b.item(),
            dist_from_target=dist_from_true(model.parameters, true_params),
        ),
        batch_size=len(y_pred),
    )

    # append 함수를 사용하여, 현재의 모델 파라미터 값을 trajectory 배열에 추가
    # 여기에 코드 작성

    # Step 4에서 작성한 gradient_step 함수를 활용하여, 경사하강법의 한 스텝을 진행하
      여 모델 파라미터를 갱신
    # 여기에 코드 작성

# noggin에서 아직 그래프에 표시하지 못한 수치(lingering measurements)를 표시
plotter.plot()
```

그려진 네 개의 그래프를 살펴보자. 스텝을 거듭할수록 손실함수 값, dist_from_target 함수의 값이 0에 가까워지고, 두 모델 파라미터 값이 우리가 사전에 구해두었던 m^*, b^* 값에 가까워지는 형태가 보인다면 우리는 학습이 잘 이루어졌다고 판단할 수 있을 것이다. 그런데 잠깐, 아래 코드를 실행시켜 dist_from_target 함수의 값을 그대로 출력해보자.

```
# 최종적인 dist_from_taret 함수의 값을 출력
train_metrics = plotter.to_xarray("train").batch
train_metrics.dist_from_target[-1]
```

모델 파라미터를 랜덤한 값으로 초기화했기에 코드를 실행할 때마다 값이 조금씩 달라질테니, 전체 과정을 여러 번 실행해보자. 매번 얻어지는 dist_from_target 함수의 값이 충분히 만족스러운가? 앞서 계산했었던 m^*, b^*값이 무엇이었는지 확인해보며 생각해보자.

이번에는 아래의 두 코드를 실행시켜보자. 첫 번째 코드를 통해 loss landscape 상에서 손실함수 값이 어떻게 변화해갔는지 확인해보고, 두 번째 코드를 통해 데이터의 산점도와 이상적인 선형 회귀 모델, 그리고 우리가 구한 선형 회귀 모델을 함께 나타내어보자.

```
# Step 3에서 작성했던 graph_linear_regression_mse 함수를 활용한 loss landscape 시각화
graph_linear_regression_mse(height, wingspan, trajectory=trajectory)
```

```
# 데이터의 산점도, 이상적인 선형 회귀 모델, 직접 구한 선형 회귀 모델 시각화
fig, ax = plt.subplots()

ax.scatter(height, wingspan)
m, b =  ordinary_least_squares(height, wingspan)
x = np.linspace(height.min(), height.max(), 1000)

ax.plot(x, model.m * x + model.b, c="orange", label="Learned Fit")
ax.plot(x, m * x + b, c="red", ls= "--", label="Ideal Fit")
ax.legend()
ax.grid(True)
ax.set_xlabel("Height [inches]")
ax.set_ylabel("Wingspan [inches]")
```

이번에도 다양한 모델 파라미터 값에 따른 결과를 확인하기 위해, 전체 과정을 여러 번 실행해보자. 아래 그림 2.3-12[44]과 2.3-13은 한 시행에서 얻어진 두 결과이다. 그림 2.3-14는 그림 2.3-13의 그래프의 x축 범위를 바꾸어 다시 그린 결과이다. 무언가 확실히 잘못되었다는 느낌이 들 것이다.

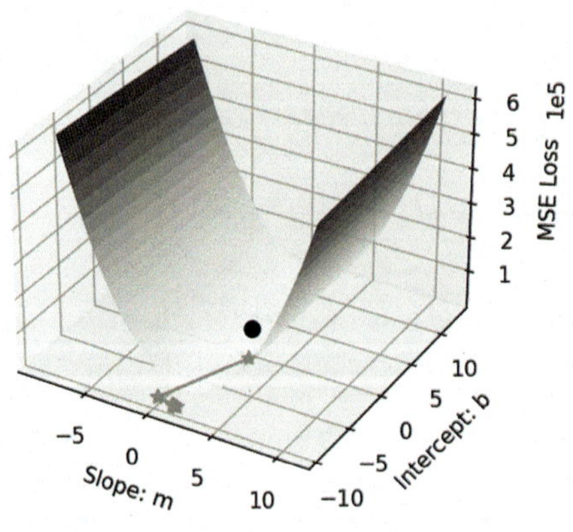

그림 2.3-12 Step 6 실행 결과: loss landscape

44) 코드 실행 결과

그림 2.3-12에서는 원래 스텝을 거듭할수록 검은색 점에 가까워지는 경로가 나타나야 하는데, m 값은 잘 변화한 듯 하지만 b 값은 초기의 값으로부터 크게 변화하지 못하였고, 결국 검은색 점에 도달하지 못했다. 그림 2.3-13에서는 구한 모델이 이상적인 모델과 다름이 확연히 보이며, 그림 2.3-14에서는 우리의 코드가 기울기인 m값도 잘 구하지 못하였고, y-절편인 b 값은 전혀 다른 값으로 구했음을 확인해볼 수 있다.

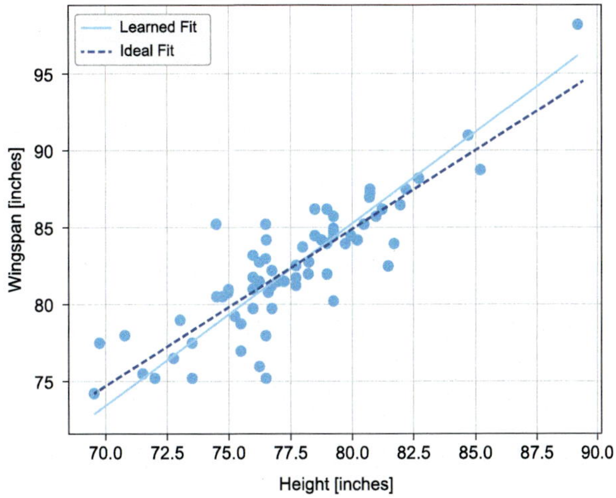

그림 2.3-13 Step 6 실행 결과: 산점도와 선형 회귀 모델(1)

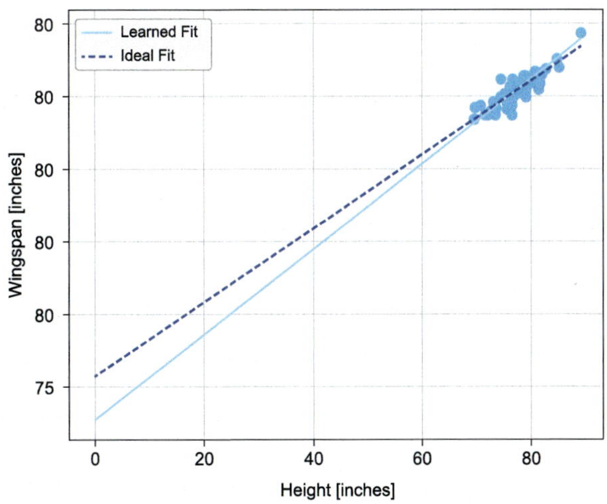

그림 2.3-14 Step 6 실행 결과: 산점도와 선형 회귀 모델(2)

한 가지만 더 확인해보자. 학습을 통해 구해진 모델이 초깃값에 얼마나 의존적인지 확인해볼 것이다. 동시에 여러 개의 모델을 생성하면 m, b의 초깃값들이 각각 다르게 설정될 것인데, 이 초깃값에 따라 얼마나 결과가 다르게 나타나는지를 loss landscape와 산점도로 시각화하는 아래 코드를 실행시켜보자.

```
height = draft_data.height_no_shoes.data
wingspan = draft_data.wingspan.data

num_models = 10
trajectories = [[] for i in range(num_models)]
models = [LinearModel() for i in range(num_models)]

num_epochs = 10
step_size = 1e-4

for n in range(num_epochs):
    for model_id, model in enumerate(models):
        y_pred = model(height)
        loss = mean_squared_error_mygrad(y_pred, wingspan)
        loss.backward()
        trajectories[model_id].append((model.m.item(), model.b.item()))
        gradient_step(model.parameters, learning_rate=learning_rate)

trajectories = np.array(trajectories)
graph_linear_regression_mse(height, wingspan, trajectory=trajectories)

fig, ax = plt.subplots()
ax.scatter(height, wingspan)
m, b = ordinary_least_squares(height, wingspan)
x = np.linspace(height.min(), height.max(), 1000)
for n, model in enumerate(models):
    ax.plot(x, model.m * x + model.b, alpha=0.5)
ax.plot(x, m * x + b, c="red", ls="--", label="Ideal Fit")
ax.legend()
ax.grid(True)
ax.set_xlabel("Height [inches]")
ax.set_ylabel("Wingspan [inches]")
```

실행 결과를 보면, 초깃값에 따라 학습된 모델의 결과가 크게 달라짐을 확인할 수 있다. 그림 2.3-15[45]의 loss landscape에 표시된 궤적들은 확연히 다르게 나타나며, 전반적으로 스텝을 반복해도 m 값에만 큰 변화가 생기는 것을 볼 수 있다. 얻어진 모델을 산점도와 함께 표시한 그림 2.3-16[46]에서도 이상적인 모델인 점선 그래프와 다른 그래프들이 다양하게 나타남을 확인할 수 있다. 여러 차례 살펴보았듯, 현재 우리가 구현한 경사하강법을 통해서는 이상적인 모델과 가까운 모델을 얻기가 쉽지 않다. 그 이유가 무엇일지 생각해보자. 이유와 해결책은 바로 다음 과정인, Step 7에서 다룬다.

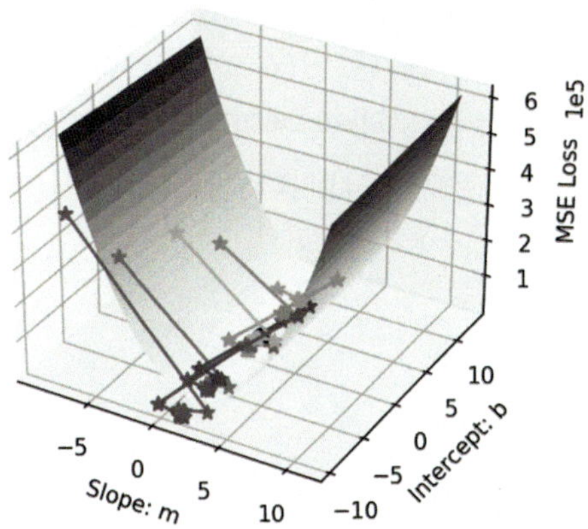

그림 2.3-15 Step 6 실행 결과: 다양한 m, b 초깃값에 대한 학습 loss landscape

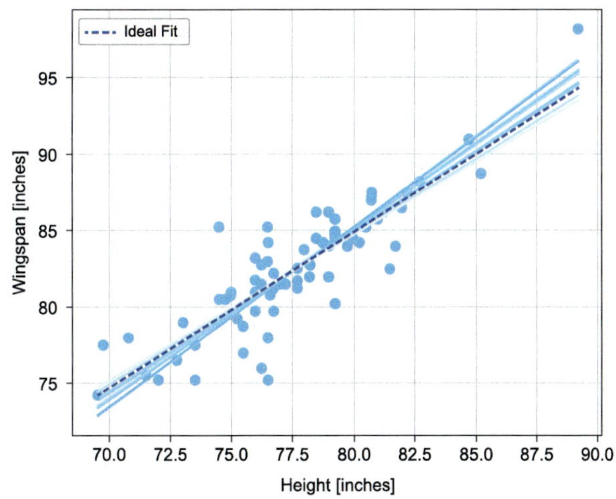

그림 2.3-16 Step 6 실행 결과: 다양한 m, b 초깃값에 대한 학습 산점도와 선형 회귀 모델

45) 코드 실행 결과
46) 코드 실행 결과

Step 7. 데이터 전처리: 데이터를 표준화하기

Step 6의 마지막 과정에서 그린 loss landscape를 찬찬히 살펴보면, Step 6에서 우리가 바라던 학습이 이루어지지 않았던 이유는 loss landscape가 b보다 m에 대해 더 민감하게 변화하기 때문이다. 이는 사용한 데이터의 중심이 원점(x(키)=0, y(윙스팬)=0)으로부터 멀리 떨어져 있기 때문이다. 데이터셋의 산점도에 선형 회귀 모델을 함께 그린 그래프와 연관지어서 이 점을 생각해보자.

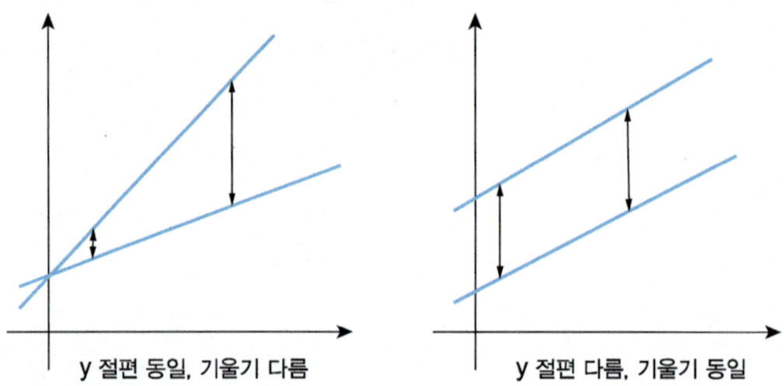

그림 2.3-17 두 상황에서, 원점과의 거리에 따른 함숫값 차이

그림 2.3-17을 살펴보자. y-절편이 동일하고, 기울기가 다른 두 일차함수의 함숫값의 차이는 원점 근방의 점에서보다 원점으로부터 멀리 떨어진 점에서 더 크게 나타날 것이다. 반면, 기울기가 동일하고, y-절편이 다른 두 일차함수의 함숫값 차이는 원점으로부터의 거리와 상관없이 일정하게 나타날 것이다. 우리가 사용한 데이터의 중심(평균값)은 실제로 키 80인치, 윙스팬 85인치로, 원점과는 상당한 거리가 있다. 따라서, 선형 회귀 모델의 기울기인 m값에 약간의 차이만 생겨도 예측값에 큰 차이가 생기며 손실함수 값 또한 차이가 크게 생기는 것이다. b 값의 차이는 이에 비해 예측값에 주는 영향이 적기에, 손실함수에 주는 영향이 m보다 작았던 것이다. 이는 loss landscape의 형태가 '타코쉘'과 닮은 이유이기도 하다.

경사하강법은 loss landscape의 각 축방향 기울기 값에 비례하여 모델 파라미터를 갱신하는 방법이고, 우리는 다음과 같은 식을 사용하였다.

$$\mathbf{w}_{\text{new}} = \mathbf{w}_{\text{old}} - \delta \, \nabla \mathcal{L}\,(w_1\,,\,\dots\,,\,w_M)\big|_{\mathbf{w}\,=\,\mathbf{w}_{\text{old}}}$$

m, b의 값을 갱신할 때, 각각에는 학습률 δ에 $\frac{\partial \mathcal{L}}{\partial m}$이나 $\frac{\partial \mathcal{L}}{\partial b}$를 곱한 값을 뺀다는 의미를 담고 있는 식이다. 이때, 우리의 손실함수에서는 $\frac{\partial \mathcal{L}}{\partial m}$ 값의 크기가 $\frac{\partial \mathcal{L}}{\partial b}$값의 크기보다 컸기에 m값의 변화가 더 크게 나타나게 된 것이다. 이를 개선하기 위해, 우리는 경사하강법에 사용할 데이터의 중심을 원점으로 이동시켜보는 방안을 생각해볼 수 있다. 데이터의 평균을 0, 표준편차를 1로 맞추는 '표준화'를 진행하고, 이후에 경사하강법을 실행해보자. 이처럼 학습을 진행하기 전 데이터를 수정하는 것을 데이터 전처리라고 하며, 표준화 외의 대표적인 전처리 방법은 4절의 '더 알아보기 2'에서 추가적으로 다루어볼 예정이다.

이제 표준화를 직접 구현해보자. 표준화는 각 데이터에서 전체 데이터의 평균을 빼고, 그 값을 표준편차로 나누는 것으로 진행된다. 아래의 세 코드는 각각 데이터를 표준화하는 함수, 이 함수를 이용하여 우리의 데이터셋인 키와 윙스팬을 각각 표준화하는 코드, 그리고 표준화된 키와 윙스팬 데이터의 산점도를 그리는 코드이다. 이를 차례로 시행시켜보고, 표준화가 잘 이루어졌는지 확인해보자.

```
def norm(x):
    """
    표준화한 데이터를 반환하는 함수

    매개변수 (Parameters)
    ----------
    x : array_like, shape-(N,)

    반환 값 (Returns)
    -------
    normed_x : array_like, shape-(N,)
    """
    return (x - x.mean()) / x.std()
```

```
normed_height = norm(height)
normed_wingspan = norm(wingspan)
```

```
fig, ax = plt.subplots()
ax.scatter(normed_height, normed_wingspan)
ax.grid()
```

라이브러리, 데이터셋 준비	선형 회귀 복습	Loss Landscape 시각화	경사하강법 실행 함수, 손실함수 구현	모델 클래스 구현	모델 학습 시키기(1)	데이터셋 표준화	모델 학습 시키기(2)	표준화한 데이터 복구

Step 8. 경사하강법을 통해 모델 학습시키기(2)

이제, Step 6과 동일한 과정을 통해 표준화한 데이터에 대해 경사하강법을 진행해보자. Step 6에서 설정했었던 num_epoch값과 learning_rate 값은 그대로 해보아도 좋지만, 확실한 변화를 보기 위해 num_epoch = 100, learning_rate = 0.1의 큰 값을 넣어 해보는 것을 추천한다. 이상적인 m^*, b^* 값인 true_params 값 또한 새롭게 표준화한 데이터에 맞추어, true_params_normed라는 이름으로 바꾸어 새롭게 계산하여 반영해야 함을 잊지 말자.

경사하강법을 진행해나가면서, m값, b값, 손실함수($\mathcal{L}_{MSE}$) 값, (m, b)와 (m^*, b^*)의 차이 변화를 noggin 라이브러리를 이용하여 네 개의 그래프로 시각화해보자. 다음으로는 최종적인 dist_from_target 값을 출력해보고, loss landscape를 이용한 모델 파라미터 및 손실함수 값 변화도 시각화해보고, 산점도에 새로운 모델과 이상적인 모델을 함께 표시해보기도 하자. 마지막으로, 이번에도 초기 m, b 값에 모델이 얼마나 의존하는지 파악하기 위해 여러 개의 모델을 동시에 학습시킨 결과를 시각화해보자. 조금 귀찮더라도, 이후의 실습들을 해결하는 데에도 도움이 될 것이니 한 번씩 더 해보길 바란다. Step 6에서와 비슷한 과정인 만큼 책에는 별도로 스켈레톤 코드를 넣지 않았고, 이번에는 스스로 코드를 작성해보는 것에 도전해보아도 좋을 것이다.

아래 그림 2.3-18[47]은 마지막 단계인, 다양한 m, b의 초깃값에 대한 loss landscape 시각화 결과 예시를 나타낸 것이다. 이제 loss landscape의 개형이 '타코쉘'이 아닌, 3.4.에서 다루었던 이차식의 형태에 가까워진 점이다. 우리가 거친 표준화 작업이, 예상대로 손실함수의 m, b에 대한 의존도 차이를 줄여주었음을 확인해볼 수 있다. 그 결과, 경사하강법이 진행됨에 따라 우리가 바라던 대로 손실함수 값이 순조롭게 0에 가까워짐을 시각적으로 확인할 수 있으며, 이는 초기의 m, b 값에도 크게 의존하지 않음 또한 확인 가능하다.

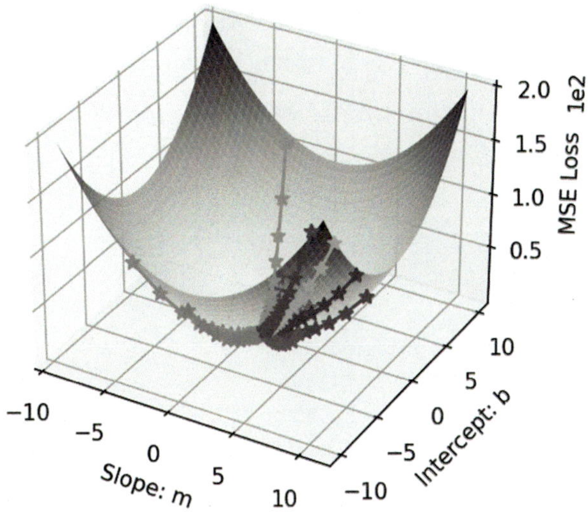

그림 2.3-18 Step 8 실행 결과: 여러 학습 과정에서의 loss landscape

라이브러리, 데이터셋 준비	선형 회귀 복습	Loss Landscape 시각화	경사하강법 실행 함수, 손실함수 구현	모델 클래스 구현	모델 학습 시키기(1)	데이터셋 표준화	모델 학습 시키기(2)	표준화한 데이터 복구

Step 9. 표준화한 데이터를 통해 얻은 모델을 원래 데이터에 맞게 조정하기

Step 8을 진행하며 순조로움을 느꼈겠지만, 아직 우리에게는 한 가지 문제가 남아있다. 새롭게 구한 선형 모델은 표준화된 키와 표준화된 윙스팬의 관계를 설명하는 모델로, 표준화된 키 데이터를 입력하면 표준화된 윙스팬의 예상값을 반환해주는 모델이다. 다만,

47) 코드 실행 결과

우리가 궁극적으로 원했던 것은 표준화하지 않은 키 데이터로 표준화하지 않은 예상 윙스팬 데이터를 얻는 작업이므로, 이를 수행하기 위해서는 약간의 보정 작업을 거쳐야 한다.

우리가 얻은 모델은, $\bar{x}$, $\bar{y}$를 각각 관측된 키와 윙스팬 평균, $\text{Std}[x]$, $\text{Std}[y]$를 관측된 키와 윙스팬 표준편차라고 할 때, $\hat{x} = \frac{x-\bar{x}}{\text{Std}[x]}$, $\hat{y} = \frac{y-\bar{y}}{\text{Std}[y]}$의 관계를 $\hat{y} = m\hat{x} + b$로 설명하는 모델이다. 아래의 함수 processed_predictions는 우리의 표준화된 데이터에 대한 모델과 사용한 데이터의 평균, 표준편차를 알고 있을 때, 새로운 키를 입력하면 예상되는 윙스팬 값을 바로 반환해주는 함수이다. 위의 $\hat{x}$, $\hat{y}$에 대한 수식과 모델의 수식을 잘 정리해서, 어떤 연산을 통해 함수를 완성할 수 있을지 생각하고 코드를 완성해보자.

```
def processed_predictions(
    model,
    new_x,
    height_mean=height.mean(),
    height_std=height.std(),
    wingspan_mean=wingspan.mean(),
    wingspan_std=wingspan.std(),
):
    """
    한 개, 혹은 더 많은 개수의 키(단위: inch)가 주어질 때, 입력받은 표준화된 데이터에 대한
    모델을 이용하여 예상되는 윙스팬(단위: inch)를 반환하는 함수

    매개변수 (Parameters)
    ----------
    model : Callable[[array_like], Tensor]
        표준화된 데이터에 대해 학습된 모델

    new_x : array_like, shape-(N,)
        N개의 새로운 키 데이터(단위: inch)

    height_mean : float
        학습에 사용된 데이터셋의 키 평균값(단위: inch)

    height_std : float
        학습에 사용된 데이터셋의 키 표준편차(단위: inch)
```

```
    wingspan_mean : float
        학습에 사용된 데이터셋의 윙스팬 평균값(단위: inch)

    wingspan_std : float
        학습에 사용된 데이터셋의 윙스팬 표준편차(단위: inch)

    반환 값 (Returns)
    -------
    numpy.ndarray, shape-(N,)
        N개의 윙스팬 예상값(단위: inch)

    주의사항
    -----
    모델의 결과물을 mygrad tensor 형태가 아닌 numpy array 형태로 받아 사용해야 함
    방법이 기억나지 않는다면, 실습 3을 참고.
    """
    # x를 이용하여 x̂를 구하고, 모델을 통해 ŷ를 구한 후, 다시 ŷ를 y로 바꾸기
    # 여기에 코드 작성
```

이제 경사하강법을 통한 선형 회귀 모델 학습 과정 구현이 끝났다. 마지막으로, 표준화를 통해 얻은 모델과 위의 함수를 활용하여 얻는 최종적인 모델을 산점도와 함께 시각화해 보자. 그래프를 그리기 위해, numpy의 linspace 함수를 활용하여, x값(키)들을 촘촘하게 선정하고, 이에 따른 y값(윙스팬)들을 계산하여 함께 나타내어주면 된다.

```
fig, ax = plt.subplots()
ax.scatter(height, wingspan)

x = np.linspace(height.min(), height.max(), 1000)
# 모델을 통해 최종적으로 얻는 y 계산
# 여기에 코드 작성

ax.plot(x, y, color="orange", lw=4, label="Learned Model")

m, b = ordinary_least_squares(height, wingspan,)
ax.plot(x, m * x + b, c="red", label="Ideal Fit")
ax.grid(True)
ax.legend()
ax.set_xlabel("Height [inches]")
ax.set_ylabel("Wingspan [inches]")
```

위 코드를 잘 완성하면, 아래 그림 2.3-19[48]와 같은 그래프를 얻을 수 있다. 이상적인 모델과 비슷한 모델을, 경사하강법으로부터 얻어낸 것이다!

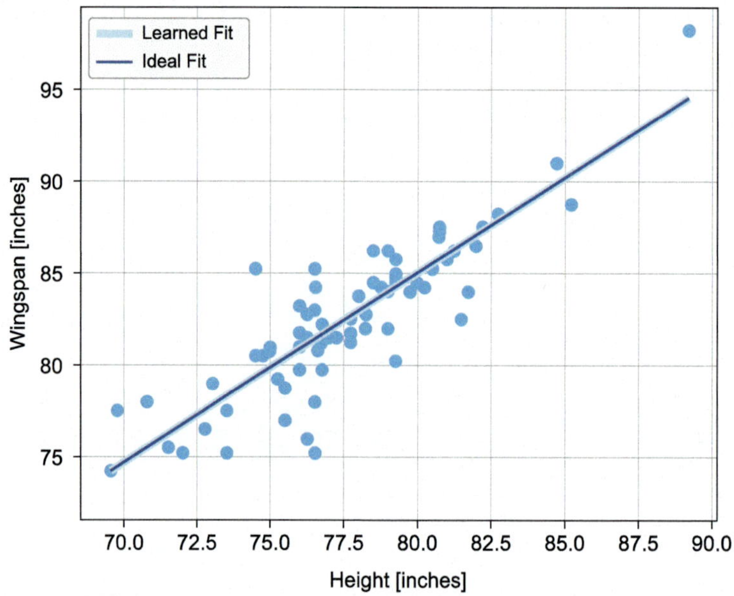

그림 2.3-19 Step 9 실행 결과: 산점도와 선형 회귀 모델

배운 내용 되돌아보기

라이브러리, 데이터셋 준비	선형 회귀 복습	Loss Landscape 시각화	경사하강법 실행 함수, 손실함수 구현	모델 클래스 구현	모델 학습 시키기(1)	데이터셋 표준화	모델 학습 시키기(2)	표준화한 데이터 복구

이번 실습에서는 실습 3에서 배운 자동미분 라이브러리를 활용하여, 경사하강법을 통해 선형 회귀 모델을 학습시켜보았다. 실습에서 배운 내용들을 가볍게 정리해보자.

- ☐ 선형 회귀 모델을 세우고, 모델을 평가하기 위한 손실함수를 MSE로 작성해보았다. 물론, 선형 회귀 모델이 아닌 모델에 대해서도 이 실습을 변형하여 적용할 수 있다.

48) 코드 실행 결과

- ☐ 손실함수가 실제로 최솟값을 갖는 모델 파라미터의 이상적인 값을 미리 계산해 두었다.
- ☐ 모델 파라미터에 따른 손실함수의 값을 그래프로 나타내는 loss landscape를 시각화했다.
- ☐ 모델을 python 클래스 형태로 코딩하여, 모델 파라미터를 초기화 및 수정하고 모델의 예측값을 반환(return)하는 '순전파'를 진행할 수 있도록 했다. (순전파가 무엇인지는 다음 절에서 배운다.)
- ☐ Mygrad 라이브러리의 자동미분 기능을 활용하여 경사하강법을 코딩으로 구현하였고, 이를 활용하여 모델을 학습시켜보았다. 이 과정에서 '역전파'를 진행하였다. (역전파가 무엇인지도 다음 절에서 배운다.) 이때, 학습률 등의 하이퍼파라미터는 이 모델에 적합할 값으로 대략적인 값을 예상하여 사용하였다.
- ☐ 모델을 학습시키며, 실시간으로 모델 파라미터 값과 손실함수 값, 그리고 구한 모델 파라미터 값과 이상적인 모델 파라미터 값의 차이가 어떻게 변화하는지 실시간으로 확인해보았다. 또한, loss landscape에 손실함수 값 변화를 궤적으로 나타내어보았다.
- ☐ 모델의 학습 결과가 만족스러운지 여러 방법을 사용하여 판단해보았고, 그 원인을 선형 모델의 기울기값과 y-절편 값의 의미와 관련지어 생각해보았다. 이를 개선하기 위한 방법으로 데이터의 표준화를 도입하였다.
- ☐ 데이터를 표준화시킨 이후 같은 방법으로 경사하강법을 진행하였고, 표준화하지 않은 경우와 대조해보았다.
- ☐ 표준화한 데이터로 학습을 시켰지만, 최종적인 결과로는 표준화되지 않은 데이터를 얻기 위해 데이터를 다시 처리해주었다. 그 결과, 이상적인 선형 회귀 모델과 매우 유사한 모델을 얻을 수 있었다.

3절. 경사하강법을 마무리하며

머신러닝의 기본적인 틀은 모델을 평가하기 위한 손실함수를 구성하고, 주어진 데이터에 대해 손실함수가 최솟값을 갖도록 모델 파라미터 값을 조정해나가는 과정이다. 이번 절에서는 손실함수의 최솟값을 찾으며 모델 파라미터 값을 조정해나가는 대표적인 방식인 '경사하강법'에 대해 공부하였다. 경사하강법은 함숫값이 가장 급격하게 감소하는 방향으로 모델 파라미터를 조금씩 조정해나가는 방법으로, 하이퍼파라미터인 경사하강법을 시작하는 위치(첫 번째 w_{old} 값), 학습률, 종료조건을 미리 설정해두고 진행하면 된다.

이들을 응용하여 두 개의 실습을 해결해보았다. 실습 3에서는 경사하강법을 구현하는 데 도움을 주는 라이브러리 MyGrad의 다양한 기능을 다루어보았고, 실습 4에서는 이를 응용하여 2절에서 배운 선형 모델을 경사하강법으로 학습시켜보았다. 이로써 우리는 본격적으로 신경망을 공부할 사전 준비를 마쳤다. 이제 다음 절에서 본격적으로 신경망, 그리고 딥러닝이란 무엇인지 알아보고, 직접 구현까지 해보자.

4 신경망(Neural Network)

4.0 학습 목표

그동안 우리는 경사하강법에 의해 학습할 모델의 형태를 '선형'으로 한정하였다. 따라서, 선형 관계를 갖지 않는 데이터에 대해서는 학습을 진행할 수 없었다. 또한, 인간이 모델의 형태를 지정해주었기에 머신러닝의 일부만을 살펴본 셈이었다.

그래서 앞으로 우리는 선형 모델이 아닌, 보편적인 수학적 모델에 대해 학습을 진행할 것이다. 입력 데이터와 출력 결과 사이의 관계가 복잡하더라도 그 복잡한 규칙성을 설명할 수 있는 수학 모델이 바로 '신경망'이다. 선형 모델에서는 학습을 진행할 때, 직선이라는 형태는 변하지 않고 단지 직선의 기울기와 y절편만 조정할 수 있었다. 그러나 신경망에서는 학습을 진행할 때, 아무것도 정해지지 않은 '무'의 형태에서 인간이 예측할 수 없는 완전히 새로운 형태로 발전한다. 마치 아무 모양이 없는 점토 덩어리를 열심히 주물러 예술품을 만들어내는 것과 같다고 볼 수 있다.

신경망은 어떻게 학습하길래, 어떠한 복잡한 규칙성도 설명할 수 있을까? 당장 이차함수 x^2, 삼각함수 $\cos x$, $\sin x$, 지수함수 e^x, 로그함수 $\ln x$ 만 해도 서로 모양이 너무 달라서 학습을 통해 함수의 형태를 결정한다는 것 자체가 막연하게 느껴질 것이다. 그러나 놀랍게도, 신경망을 학습시키는 방법은 선형 모델을 학습시켰던 방법과 크게 다르지 않다. 우리가 이미 잘 알고 있는 경사하강법을 이용하면, 복잡한 규칙성도 충분히 설명하는 모델을 얻을 수 있다.

4.1 신경망 활용의 이점: Universal Approximation Theorem

신경망은 입력(input) 데이터와 출력(output) 데이터 사이의 관계를 하나의 함수 관계로 연결하여 표현해주는 인공지능 모델로, 머신러닝 분야에서 활발히 사용되는 모델 중 하나이다. 물론 신경망으로 표현된 그 함수가 100% 정확하지는 않을 수 있지만, 이를 이용하면 충분한 근사치를 얻을 수 있다는 사실이 Universal Approximation Theorem에 의해 증명된 바 있다. 조금 더 자세히 살펴보면 다음과 같다.

φ	비상수(nonconstant), 유계(bounded), 단조 증가(monotonically-increasing)[49] 인 연속함수인 어떤 비선형 함수
I_m	$\mathbb{R}^m$의 옹골(Compact) 부분집합($\mathbb{R}^m$이 유클리드 공간이므로 닫힌 유계 부분집합과 동치)
$C(I_m)$	I_m에서 $\mathbb{R}$로 가는 연속함수의 공간
f	$C(I_m)$에 속하는 φ와 독립인 임의의 함수

위 표의 조건을 만족하는 적당한 φ를 잡아서, 함수 F를 $F(\{v_i\}, \{\mathbf{w}_\mathrm{i}\}, \{b_i\};\mathbf{x}) = \sum_{i=1}^{N} v_i \varphi(\mathbf{x} \cdot \mathbf{w}_\mathrm{i} + b_i)$로 정의했다고 하자. 이때, $\{v_i\}$와 $\{b_i\}$는 각각 $v_i, b_i \in \mathbb{R}$인 N개의 실수 상수이고, $\{\mathbf{w}_\mathrm{i}\}$는 $\mathbf{w}_\mathrm{i} \in \mathbb{R}^\mathrm{m}$인 N개의 실벡터이다. 그러면 위 표의 조건을 만족하는 임의의 f에 대해서는 항상 임의의 $\varepsilon > 0$에 대해 적당한 파라미터 $\{v_i\}$, $\{\mathbf{w}_\mathrm{i}\}$, $\{b_i\}$가 존재하여 $|F(\mathbf{x}) - f(\mathbf{x})| < \varepsilon$을 만족한다.

이렇게만 보면, 이 정리가 너무 어렵게 느껴질 것이다. 그러나 이 이론이 담고 있는 의미는 생각보다 간단하다. 다시 쉽게 이야기해보자면, 적당한 비선형 함수 φ를 사용하면, $F(\{v_i\}, \{\mathbf{w}_\mathrm{i}\}, \{b_i\};\mathbf{x}) = \sum_{i=1}^{N} v_i \varphi(\mathbf{x} \cdot \mathbf{w}_\mathrm{i} + b_i)$가 임의의 함수 f에 매우 가까워지도록 만드는 파라미터 $\{v_i\}$, $\{\mathbf{w}_\mathrm{i}\}$, $\{b_i\}$를 항상 찾을 수 있다.

즉, 입력값 $\mathbf{x}$에 $\mathbf{w}_\mathrm{i}$, b_i를 이용한 선형 연산과 φ를 이용한 비선형 연산을 진행한 후 v_i를

49) 단조 증가 함수는 정의역 전체에서 x값이 증가함에 따라 함숫값이 감소하지 않는 함수이다. 다시 말해, 정의역의 임의의 원소 x_1, x_2에 대해 $x_1 \leq x_2$이면 $f(x_1) \leq f(x_2)$를 만족하는 함수 f는 단조 증가 함수이다.

이용한 선형 연산을 다시 진행해주면, 모델 파라미터 학습을 통해 어떠한 수학 모델로도 발전 가능한, 우리가 지금 원하는 형태의 모델이 되는 것이다.

하지만 모든 이론이 그렇듯이, Universal Approximation Theorem에도 한계가 있다. 그것은 바로 데이터의 차원이 커지면 커질수록 근사 함수를 구현하기 위한 파라미터의 수가 기하급수적으로 빠르게 늘어나 실제 모델을 찾는 학습 과정(Learning)이 너무나 오래 걸린다는 것이다. 이러한 한계에도 불구하고, 신경망은 현대 머신러닝 모델 구현의 핵심 요소로써 매우 유용하게 사용되고 있다.

참고로, 이 정리는 1989년 조지 시벤코(George Cybenko)에 의해 처음 증명되어 시벤코 정리라고도 부른다. 이때는 $\varphi(x)=\dfrac{1}{1+e^{-x}}$에 대해서 처음 증명되었는데, 이 함수를 시그모이드(Sigmoid) 함수라고 부른다.[50)]

4.2 신경망의 구조

위에서 구한 근사함수 모델 $F(\{v_i\}, \{\mathbf{w}_\mathrm{i}\}, \{b_i\};\mathbf{x})=\sum_{i=1}^{N} v_i\varphi(\mathbf{x}\cdot\mathbf{w}_\mathrm{i}+b_i)$의 형태를 모식도로 나타내보면 신경망의 아이디어로 쉽게 넘어갈 수 있다.

일단 간단히 f가 일변수함수이고, 그에 따라 $\mathbf{x}$가 벡터가 아닌 상수인 경우에 대해 살펴볼 것이다. $N=5$일 때의 모식도는 그림 2.4-1과 같이 노드(Node)와 간선(Edge)로 이루어진 방향 그래프(Directed Graph)로 나타낼 수 있다. 각 동그라미와 네모가 노드에 해당하고, 각 노드를 이어주는 선을 간선이라고 부르며, 각 간선에서 향할 수 있는 방향이 정해져 있기 때문에 방향 그래프이다. 참고로, 간선의 양방향으로 모두 이동할 수 있는 그래프를 무방향 그래프(Undirected Graph)라고 부른다.

50) Cybenko, G., 〈Approximation by Superpositions of a Sigmoidal Function.〉, 《Mathematics of Control, Signals, and Systems》 vol. 2, no. 4, Springer Science+Business Media, 1989, pp.303-314.

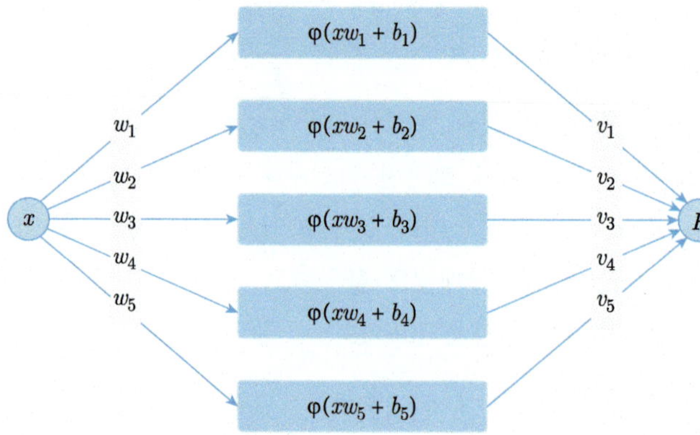

그림 2.4-1 Universal Approximation Theorem 근사함수 모델 모식도(1)

그림 2.4-1에서 가운데의 5개의 노드는 입력값 x에 w_i를 곱하고, 편향 b_i을 더한 후 비선형 함수 φ를 통과시키는 역할을 한다. 여기서 일반적으로, 입력값에 곱해주는 w를 '가중치(weight)'라고 부르고, 더해주는 b를 '편향(bias)'라고 부른다.

편향 $\{b_i\}$를 가중치 중 하나로 취급할 수도 있다. 이때, 모델의 입력값은 1과 x 두 개로 생각해야 하고, 모식도는 그림 2.4-2와 같이 그릴 수 있다.

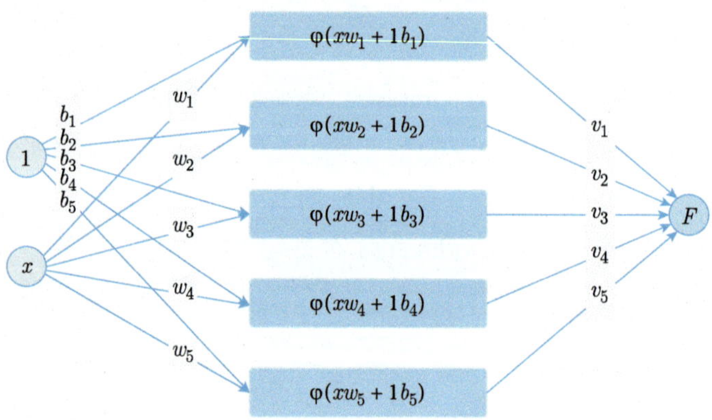

그림 2.4-2 Universal Approximation Theorem 근사함수 모델 모식도(2)

이제 약간 확장하여 f가 다변수(이변수) 함수이고, 그에 따라 $\mathbf{x} = (x_{1,} x_2)$ 일 때를 살펴보자. 위에서 살펴본 예시들과 같이 노드의 개수 $N = 5$일 때의 모식도는 그림 2.4-3과 같이 나타난다.

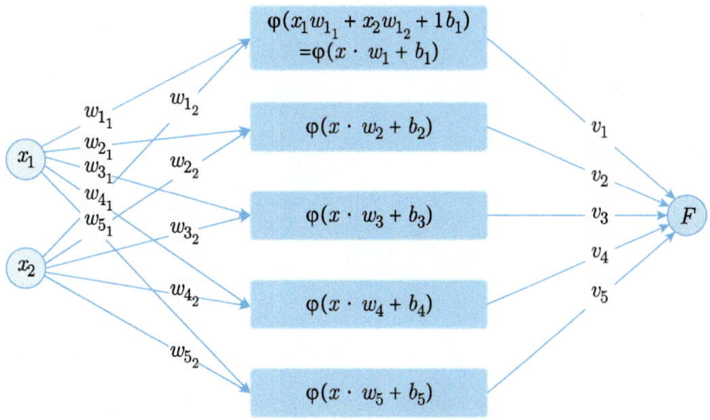

그림 2.4-3 Universal Approximation Theorem 근사함수 모델 모식도(3)

4.2.1 신경망의 구조

이제 본격적으로 신경망의 구조에 대해 알아보자. 기본적인 형태의 신경망 또한 위의 모델과 같이 방향 그래프로 나타낼 수 있다. 즉, 노드와 간선으로 이루어진, 방향이 정해져 있는 그래프이다. 신경망의 특별한 점은 신경망 전체에 걸쳐 한 방향으로만 데이터가 전달된다는 점이다. 이 점이 생물체의 신경계와 닮았기 때문에 신경망이라는 이름을 붙였다. 또 각 노드에서 노드로 데이터가 전달되는 점이 생물체에서 신경세포인 뉴런에서 뉴런으로 자극이 전달되는 것과 닮았기 때문에 각 노드를 뉴런(Neuron)이라고 부른다. 그림 2.4-4는 기본적인 형태의 신경망을, 그림 2.4-5는 서로 연결되어 있는 생물체의 뉴런을 나타낸 그림이다.

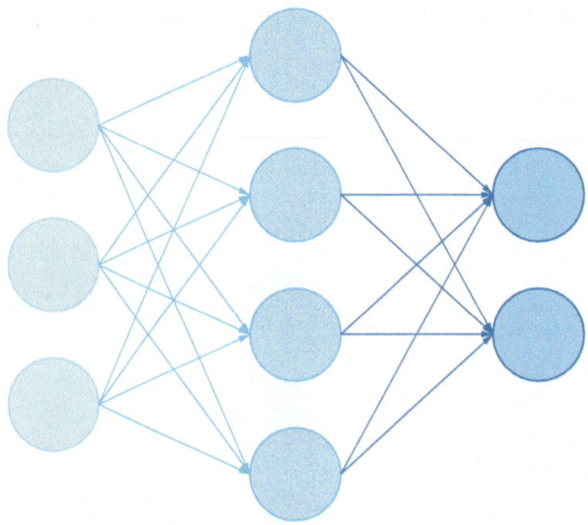

그림 2.4-4 신경망(Neural Network)

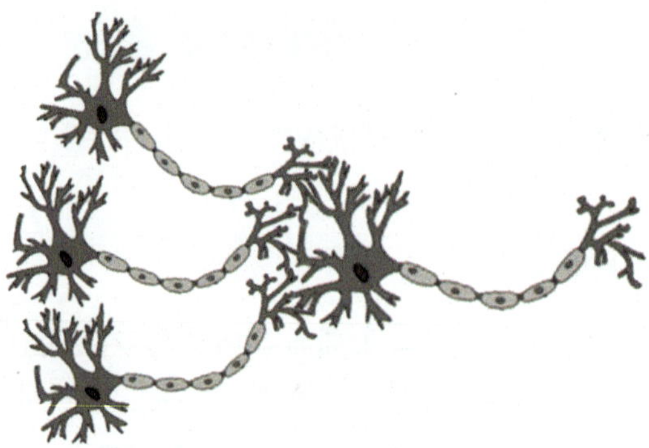

그림 2.4-5 생물체의 뉴런(Neuron)[51]

같은 선상에 있는 노드들을 통틀어 각각의 계층(Layer)이라고 부른다. 그림 2.4-6에서 볼 수 있듯이, 처음 입력되는 부분은 입력층(Input Layer), 출력되는 부분은 출력층(Output Layer)이다. 그리고 두 층을 제외한 가운데에 속한 부분은, 입력을 받아 어떠한 처리를 가한 후 출력하는 비슷한 역할을 수행하며, 모델 내에 숨겨진 부분이라 하여 은닉층(Hidden Layer)이라고 한다.

51) 그림 2.4-5 출처: 원본 이미지를 편집하여 제작. 원본 이미지 출처: Halberdo, 〈File: Neuron-no labels2.png〉, 《Wikipedia》, 〈https://en.wikipedia.org/wiki/File:Neuron-no_labels2.png〉, 개제 22:13, 15 June 2009, 방문 날짜 2022.02.27

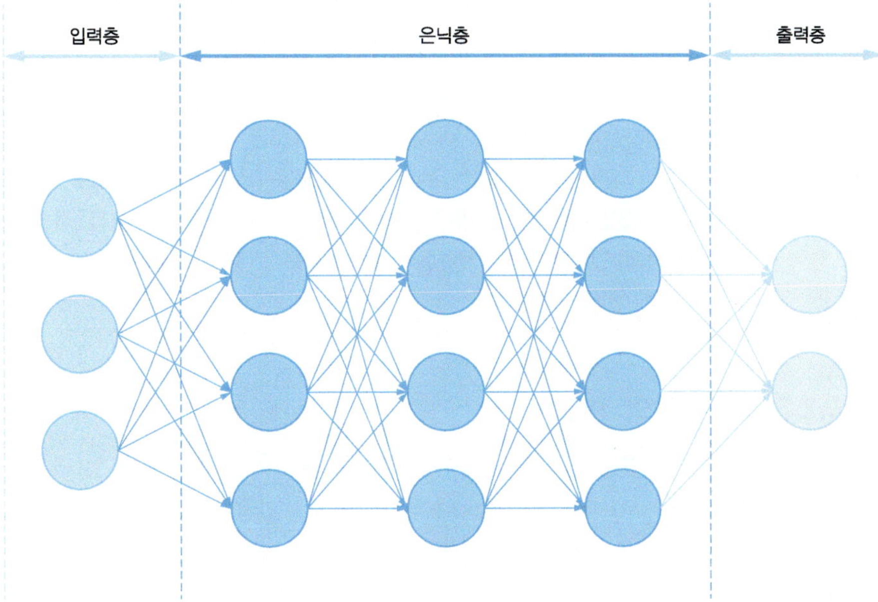

그림 2.4-6 신경망의 계층 구조

위에서 살펴본 Universal Approximation Theorem의 모델은 은닉층이 한 개인 신경망으로 볼 수도 있다. 은닉층의 개수가 2개 이상으로 늘어난 신경망을 심층 신경망(Deep Neural Network)이라고 부르며, 일반적으로 층수가 수십, 수백 개인 심층 신경망에 대한 머신러닝을 딥러닝이라고 한다.

심화 학습 4-1

계층 구조의 장점[52)]

우리는 앞에서 Universal Approximation Theorem 모델이 보편적인 수학 함수를 표현할 수 있다고 배웠는데, 왜 층수가 더 많은 신경망을 만들어야 할까?

우선, 이론적으로는 은닉층 하나로도 충분히 복잡한 함수를 표현할 수 있다. 하지만 은닉층 하나짜리 신경망을 실제 학습에 사용하기 위해서는 뉴런의 개수가 무척 많아야 한다. 그런데 은닉층의 수를 더 늘려 심층 신경망을 구성하면 같은 함수를 훨씬 적은 수의 뉴런으로 모델링할 수 있다. 따라서 동일한 양의 데이터에 대해 더 빨리 높은 성능을 낼 수 있다.

52) 오렐리앙 제롱, 《핸즈온 머신러닝(2판): 사이킷런, 케라스, 텐서플로 2를 활용한 머신러닝, 딥러닝 완벽 실무》, 한빛미디어, 2020. 402-403쪽

또한, 계층 구조를 이용하면 '전이 학습(Transfer Learning)'이 가능하다. 일반적인 신경망의 학습에서, 초반의 계층에서는 주로 비슷한 종류의 데이터에서 동일하게 나타나는 저수준 구조를 학습하고, 후반의 계층에서 디테일한 부분에 대한 학습이 진행된다. 예를 들어 사진에서 얼굴을 인식하는 모델의 경우, 초반 계층에서는 대부분의 사진에서 나타나는 보편적인 특징을 학습하고, 후반에서 헤어스타일과 같은 디테일한 부분에 대해 학습한다. 따라서 미리 학습 과정을 거친 높은 성능의 신경망이 있다면 일부 계층을 다른 문제를 해결할 때에 그대로 가져와 재사용할 수 있게 된다.

4.2.2 각 뉴런의 역할

각 뉴런에서 하는 일은 신경망의 종류, 계층의 종류에 따라 다르지만, 기본적으로 동일한 규칙을 갖고 있다. 첫 번째로, 각 뉴런에 들어가는 값은 여러 개가 가능하지만 내보내는 값은 오직 하나이다. 두 번째로, 각각의 들어가는 값에는 가중치가 곱해진다. 물론 입력층의 뉴런은 들어가는 값이 없는 뉴런이므로 가중치도 없다. 세 번째로, 내보내는 값은 활성함수(Activation Function)를 통과한다. 신경망에 입력된 데이터는 이러한 규칙에 따라 뉴런을 통과하면서 전파된다.

그림 2.4-7를 보면, 은닉층의 뉴런으로 여러 값이 들어오고, 은닉층의 뉴런에서 계산한 하나의 값이 다음 계층의 여러 뉴런으로 다시 들어가면서 값이 전파되는 과정을 살펴볼

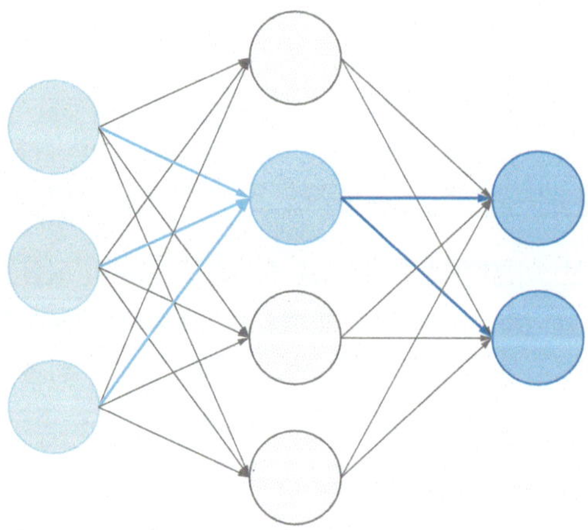

그림 2.4-7 뉴런 하나의 역할

수 있다. 입력층에서 데이터를 입력한 후, 모델의 은닉층과 출력층의 뉴런들을 한 방향으로 차례로 통과하면서 계산을 누적하여, 모델의 최종 출력값(함숫값)을 구하는 과정을 순전파(Forward Propagation)라고 한다.

그림 2.4-7에서의 은닉층 뉴런이 하는 일을 자세히 살펴보자. 그림 2.4-8을 보면, 뉴런에 들어오는 값에 가중치가 곱해지고, 뉴런에서 내보내는 값은 활성함수를 통과한다.

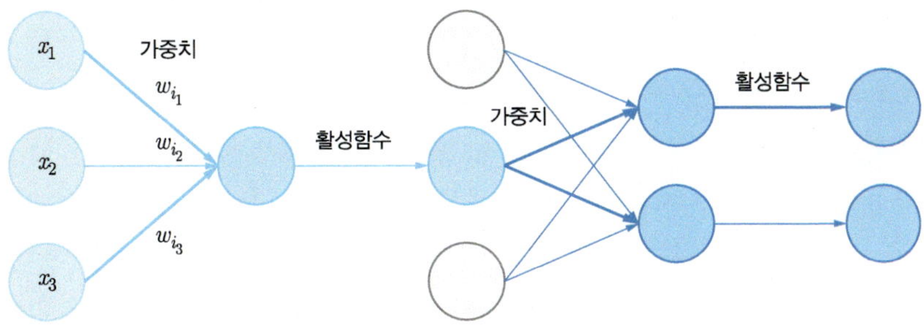

그림 2.4-8 뉴런 하나의 역할(2)

4.2.2.1 가중치 곱

먼저 가중치를 곱해주는 과정에 대해 살펴보자. 가중치를 곱해주는 가장 일반적인 방식은 신경망 모식도 그림 2.4-8과 같이 모든 입력 데이터 특성에 대해 가중치를 곱하여 더해주는 것이다. 이는 밀집층(Dense Layer)이라고 하며, 뉴런들끼리 완전하게 연결된 신경망의 구조이므로 완전연결 계층(Fully-connected Layer)이라고도 부른다.

입력 데이터의 요소들과 그에 대응되는 가중치들을 각각의 배열 $\mathbf{x}$(그림 2.4-8에서 $\mathbf{x}=[x_1,\ x_2,\ x_3]$) 와 $\mathbf{w_i}$(그림 2.4-8에서 $\mathbf{w_i}=[w_{i_1},\ w_{i_2},\ w_{i_3}]$)로 생각하자. 이때, 밀집층에서 가중치를 곱해주는 연산은 둘의 내적(행렬곱으로도 표현 가능)인 $\mathbf{x}\cdot\mathbf{w_i}$(그림 2.4-8에서 $\mathbf{x}\cdot\mathbf{w_i}=x_1w_{i_1}+x_2w_{i_2}+x_3w_{i_3}$)로 표현할 수 있다. 이 밀집층에서 $\mathbf{x}$와 $\mathbf{w_i}$는 각각 벡터(1차원 배열)여야만 한다. 실습을 통해 우리는 신경망 모델을 프로그래밍하는 과정에서 밀집층을 직접 설계해보기도 하고, MyNN 라이브러리에서 제공하는 함수를 이용해보기도 할 것이다.

만약 학습하려는 데이터가 2차원 이상의 데이터이면, 1차원의 데이터로 평평하게 만들어 신경망에 넣어주어야 한다. 이렇게 다차원의 데이터를 1차원으로 풀어쓰는 과정을 벡터화(vectorization, 혹은 flatten)라고 하며, 벡터화 과정에서는 여러 행의 데이터를 하나의 행으로 이어서 합쳐주기 때문에, 데이터가 가진 공간적인 정보가 무시되는 문제점이 있다. 따라서 가중치를 곱해주는 방식이 밀집층만 있는 것은 아니다. 다음 절인 5절에서 배울 CNN(합성곱 신경망, Convolutional Neural Network)은 이미지 데이터를 1차원 데이터로 평평하게 펴지 않고도 학습을 진행할 수 있는 유용한 신경망이다. 지금은 일단 밀집층과는 다른 방식으로 가중치를 곱해주는 방식도 존재한다는 것만 알고 넘어가자.

4.2.2.2 활성함수

다음으로 활성함수에 대해 알아보자. 활성함수는 뉴런에서 최종적인 값을 내보내기 전에 통과시켜주는 함수이다. Universal Approximation Theorem에서는 비선형 함수 φ가 바로 이 활성함수의 역할을 하였다. 대표적인 활성함수로는 시그모이드 함수, ReLU 함수, 소프트맥스(Softmax) 함수가 있다. 이 활성함수들의 특징은 뒤의 '더 알아보기 1'에서 살펴볼 수 있다.

그렇다면 활성함수가 필요한 이유는 무엇일까? 가중치를 곱해주는 단계까지는 입력값에 대한 선형결합이다. 따라서 위에서 살펴보았던 Universal Approximation Theorem에서 활성함수 φ가 없었다면, 함수 $F(\mathbf{x})$는 $F(\{v_i\}, \{\mathbf{w}_\mathrm{i}\}, \{b_i\};\mathbf{x}) = \sum_{i=1}^{N} v_i(\mathbf{x} \cdot \mathbf{w}_\mathrm{i} + b_i)$로 정의되어 선형 함수에 불과했을 것이다. 이 경우, 보편적인 수학 모델이 아니라 선형 모델밖에 될 수 없다. 그러나 비선형 함수인 활성함수를 통과함으로써 신경망은 보편적인 수학 모델을 표현할 수 있고, 입력과 출력 사이의 복잡한 규칙성을 나타낼 수 있게 된다.

또한, 활성함수가 없다면 신경망의 층수를 늘려 심층 신경망을 구성하는 의미가 없어진다. 선형결합을 여러 번 반복하는 연산은 한 번의 선형결합으로도 같은 결과를 얻을 수 있기 때문에, 선형결합만으로 이루어진 심층 신경망의 경우에는 같은 결과를 도출하는 1층(One Layer) 신경망을 항상 만들 수 있다. 하지만 활성함수가 존재하기 때문에 신경망의 층수를 증가시키는 것이 큰 의미를 가지고, 적절한 신경망의 층수를 지정해주는 것 또한 학습을 성공시키는 데 중요한 역할을 한다.

참고로, 신경망의 층수를 따질 때에는 전체 층의 개수를 세기도 하고, 가중치를 갖는 층의 개수로 세기도 한다. 이 책의 이론과 실습에서는 가중치를 갖는 층의 개수만을 신경망의 층수로 따질 것이다. 즉, 입력층을 제외한 층의 개수로 생각하면 된다. 예를 들어, 위에서 살펴본 그림 2.4-1부터 그림 2.4-3까지의 Universal Approximation Theorem의 근사함수 모델은 2층(Two Layer) 신경망이다.

4.3 신경망의 학습

신경망이 하나의 수학 함수(모델) $F(\mathbf{x})$로 표현되기 때문에, 선형회귀 문제에 대해 했던 것과 동일하게 학습을 진행할 수 있다. 선형 모델에 대해 진행했던 학습의 단계를 생각해보자. 그림 2.4-9에서 볼 수 있듯이, 모델을 선형 모델 $F(m, b; x) = mx + b$로 정의한 후, 잔차제곱합을 손실함수로 정의하고, 손실함수를 최소화하는 방향으로 학습하기 위해 경사하강법을 사용하였다. 그리고 프로그래밍 단계에서, 경사하강법을 사용할 때 필요한 편미분 계수를 계산하기 위해 자동미분 라이브러리의 .backward( ) 메서드를 사용하였다.

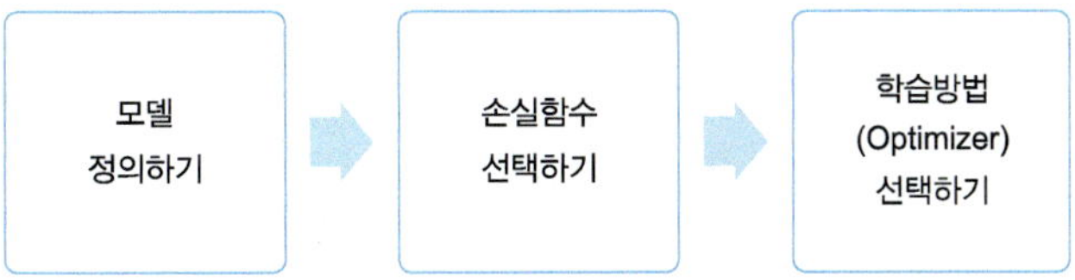

그림 2.4-9 머신러닝에서 학습의 단계

신경망에 대한 학습의 단계도 선형 모델에서의 학습과 동일하다. 신경망의 층수 및 각 층의 종류, 활성함수 등을 정의하여 신경망 모델을 세웠다면, 손실함수와 손실함수를 최소화하기 위한 학습 방법을 결정하면 된다.

선형회귀 문제에서 우리는 잔차제곱합과 평균제곱오차를 손실함수의 예로 살펴보았다. Universal Approximation Theorem의 근사함수 $F(\mathbf{x})$를 학습할 때에는 어떤 손실함수를 사용하는 것이 적절할까? 우리의 목적이 $|F(\mathbf{x}) - f(\mathbf{x})| < \varepsilon$을 만족하는 $F(\mathbf{x})$를 찾는 것이므로, 잔차의 절댓값을 사용하는 것이 자연스러울 것이다. 그 외에도 머신러닝의 다양한 문제 상황에 따라 다양한 손실함수들이 사용되며, 각자의 문제 상황에 따라 적절한 손실함수를 선택하여 사용하는 것이 필요하다. 앞으로 교차 엔트로피(cross entropy) 손실함수를 추가로 살펴볼 것이다.

다음으로, 손실함수를 최소화하는 방향으로 학습을 진행해야 한다. 우리는 그동안 최소점을 찾아가기 위해 경사하강법(GD; Gradient Descent)을 이용하여 손실함수를 최소화하는 모델 파라미터를 찾아보았다. 하지만 경사하강법은 최소점이 아닌 지점에서 멈추거나 적당한 해를 찾는 데 오래 걸리는 등 단점들이 있었다. 따라서 연구원들은 경사하강법의 단점을 개선하여 학습의 성능을 높일 수 있는 다양한 알고리즘을 개발하였다. 손실함수를 최소화하는 모델 파라미터를 찾아내는 이러한 최적화 알고리즘을 통틀어 Optimizer(옵티마이저)라고 부른다. 문제 상황에 따라 가장 높은 성능을 낼 수 있는 적절한 Optimizer를 사용하는 것이 필요하다. 앞으로 SGD, Adam 등의 Optimizer를 추가로 사용해볼 것이다. 이 책에서는 각각의 Optimizer에 대해 깊게 배우지는 않는다. 대신 추후 다른 연구나 프로젝트 등을 위해 새로운 Optimizer를 적용하고 싶어질 때 각자 공부해보기를 바란다.

대부분의 Optimizer는 경사하강법을 기반으로 하기 때문에 편미분 계수를 바탕으로 학습을 진행한다. 따라서, 편미분 계수를 계산해야 한다. 신경망을 이루는 수많은 가중치들의 편미분 계수를 쉽게 구하기 위한 방법으로는 연쇄법칙을 활용한 오차역전파법(Error Backpropagation)이 있다. 도함수는 극한(lim)으로 정의되어 있기 때문에, 일반적으로 컴퓨터가 미분계수를 구하기 위해서는 미분계수의 근사값을 구하는 방식인 수치 미분을 이용한다. 그러나 수많은 가중치에 대해 수치 미분을 진행하기에는 시간이 많이 든다. 반면, 오차역전파법을 이용하면 학습에 필요한 모든 편미분 계수를 효율적으로 구할 수 있다. 자동미분 라이브러리 MyGrad를 이용한 경사하강법을 구현할 때 사용했던 Tensor.backward( ) 메서드도 오차역전파법을 기반으로 한다.

오차역전파법은 연쇄법칙(Chain rule)을 기반으로 하는 방법이다. 신경망이 모식도 그림 2.4-10과 같은 구조로 이루어져 있다고 하자.

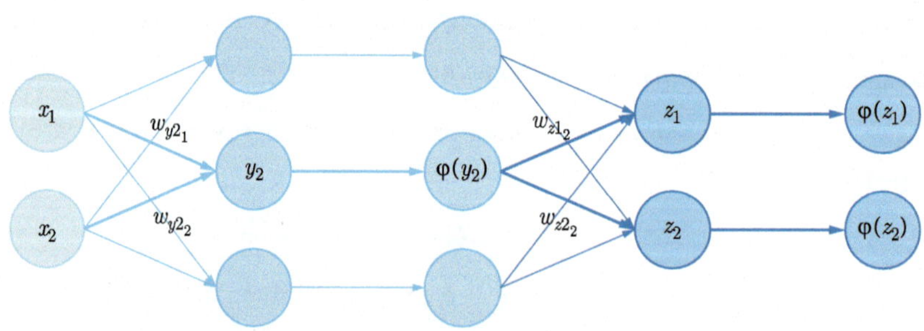

그림 2.4-10 오차역전파법을 이해하기 위한 신경망의 예시

우리가 학습을 진행하기 위해 필요한 것은 손실함수 $\mathcal{L}(\varphi(z_1),\ \varphi(z_2))$를 가중치로 편미분한 편미분 계수들이다. 우리는 신경망의 입력값들에 가중치들을 곱하고 활성함수를 통과시키는 작업을 하면서 순방향으로 전파(순전파) 하였다. 이제 가중치 업데이트를 위해서는 손실함수의 편미분 계수들을 역방향으로 전파(역전파) 하면서 가중치 편미분 계수가 구해질 때마다 가중치를 업데이트해주면 된다.

편미분 계수들을 역전파한다는 것의 의미를 자세히 살펴보자. 그림 2.4-11에서는 그림 2.4-10의 화살표들을 역방향으로 따라가면서 편미분 계수들이 어떻게 전달되는지 살펴볼 수 있다. 편미분 계수들이 역방향으로 전달될 때, 연쇄법칙에 따라 다른 편미분 계수들이 곱해지면서, 다음 편미분 계수를 구하는 데에 사용된다.

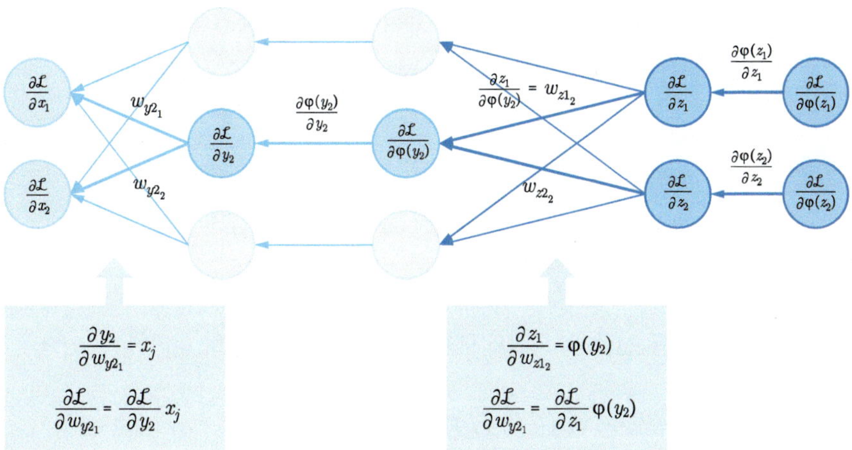

그림 2.4-11 오차역전파법의 원리

역전파 과정을 나타낸 그림 2.4-11을 보면, 출력층에서부터 입력층으로 향하면서 편미분 계수의 연산이 이루어진다.

연쇄법칙에 따라, $\frac{\partial \mathcal{L}}{\partial z_1}$, $\frac{\partial \mathcal{L}}{\partial z_2}$에 각각 가중치 값 w_{z1_2}, w_{z2_2}을 곱한 후 더하면 손실함수를 은닉층 출력값 $\varphi(y_2)$으로 편미분한 편미분 계수가 된다. 즉, $\frac{\partial \mathcal{L}}{\partial \varphi(y_2)} = \frac{\partial \mathcal{L}}{\partial z_1} w_{z1_2} + \frac{\partial \mathcal{L}}{\partial z_2} w_{z2_2}$이다. ($z_1 = \varphi(y_1) w_{z1_1} + \varphi(y_2) w_{z1_2} + \varphi(y_3) w_{z1_3}$이므로 $\frac{\partial z_1}{\partial \varphi(y_2)} = w_{z1_2}$이고,

$\frac{\partial z_2}{\partial \varphi(y_2)} = w_{z2_2}$이다. 따라서 연쇄법칙에 따라 위 식이 성립함을 알 수 있다.)

또한 연쇄법칙에 따라, $\frac{\partial \mathcal{L}}{\partial z_1}$, $\frac{\partial \mathcal{L}}{\partial z_2}$에 은닉층 출력값 $\varphi(y_2)$가 곱해지면 각각 손실함수를 가중치 w_{z1_2}, w_{z2_2}로 편미분한 편미분 계수가 된다. 즉, $\frac{\partial \mathcal{L}}{\partial w_{z1_2}} = \frac{\partial \mathcal{L}}{\partial z_1}\varphi(y_2)$이고, $\frac{\partial \mathcal{L}}{\partial w_{z2_2}} = \frac{\partial \mathcal{L}}{\partial z_2}\varphi(y_2)$이다. ($z_1 = \varphi(y_1)w_{z1_1} + \varphi(y_2)w_{z1_2} + \varphi(y_3)w_{z1_3}$이므로 $\frac{\partial z_1}{\partial w_{z1_2}} = \varphi(y_2)$이다. 따라서 연쇄법칙에 따라 위 식들이 성립함을 알 수 있다.)

이렇게 편미분 계수는 역방향으로 전달되면서 그 앞 뉴런의 편미분 계수를 구하는 데 사용되기도 하고, 경사하강법에 사용할 가중치로 편미분한 편미분 계수를 구하는 데 사용되기도 한다. 그리고 역전파를 통해 새로운 편미분 계수를 구하는 연산은 덧셈과 곱셈처럼 단순한 연산들의 조합만으로 가능하다.

심화 학습 4-2

밀집층의 역전파

위 그림에서의 밀집층의 연산을 식으로 나타내면 다음과 같다.

$$\mathbf{z} = [z_1, z_2] = [\varphi(y_1)w_{z1_1} + \varphi(y_2)w_{z1_2} + \varphi(y_3)w_{z1_3},\ \varphi(y_1)w_{z2_1} + \varphi(y_2)w_{z2_2} + \varphi(y_3)w_{z2_3}]$$

이를 선형대수학에서 배운 행렬곱으로 더 간단히 나타낼 수 있다.

$Y = (\varphi(y_1)\ \varphi(y_2)\ \varphi(y_3))$, $W = (\mathbf{w_{z1}}\ \mathbf{w_{z2}}) = \begin{pmatrix} w_{z1_1} & w_{z2_1} \\ w_{z1_2} & w_{z2_2} \\ w_{z1_3} & w_{z2_3} \end{pmatrix}$라고 하면 z_1, z_2는 행렬곱 $Z = (z_1\ z_2) = YW$로 얻을 수 있다.

이때, 밀집층의 역전파는

$$\frac{\partial \mathcal{L}}{\partial Y} = \begin{pmatrix} \frac{\partial \mathcal{L}}{\partial \varphi(y_1)} & \frac{\partial \mathcal{L}}{\partial \varphi(y_2)} & \frac{\partial \mathcal{L}}{\partial \varphi(y_3)} \end{pmatrix} = \begin{pmatrix} \frac{\partial \mathcal{L}}{\partial z_1} & \frac{\partial \mathcal{L}}{\partial z_2} \end{pmatrix} \begin{pmatrix} w_{z1_1} & w_{z1_2} & w_{z1_3} \\ w_{z2_1} & w_{z2_2} & w_{z2_3} \end{pmatrix} = \frac{\partial \mathcal{L}}{\partial Z} W^T$$

$$\frac{\partial \mathcal{L}}{\partial W} = \begin{pmatrix} \frac{\partial \mathcal{L}}{\partial w_{z1_1}} & \frac{\partial \mathcal{L}}{\partial w_{z2_1}} \\ \frac{\partial \mathcal{L}}{\partial w_{z1_2}} & \frac{\partial \mathcal{L}}{\partial w_{z2_2}} \\ \frac{\partial \mathcal{L}}{\partial w_{z1_3}} & \frac{\partial \mathcal{L}}{\partial w_{z2_3}} \end{pmatrix} = \begin{pmatrix} \varphi(y_1) \\ \varphi(y_2) \\ \varphi(y_3) \end{pmatrix} \begin{pmatrix} \frac{\partial \mathcal{L}}{\partial z_1} & \frac{\partial \mathcal{L}}{\partial z_2} \end{pmatrix} = Y^T \frac{\partial \mathcal{L}}{\partial Z}$$

으로 짧게 표현이 가능하다.

4.4 순전파와 역전파의 반복

우리는 신경망에 데이터를 입력하여 순전파(Forward Propagation)를 진행한 후, 손실함수(오차)에 대해 역전파(Back Propagation)를 진행하며 Optimizer를 통해 가중치를 업데이트하는 방식으로 학습이 이루어짐을 배웠다. 그림 2.4-12와 같이 데이터에 대해 순전파와 역전파를 거쳐 가중치 업데이트가 1회 일어나는 것을 1 iteration(반복)이라고 한다.

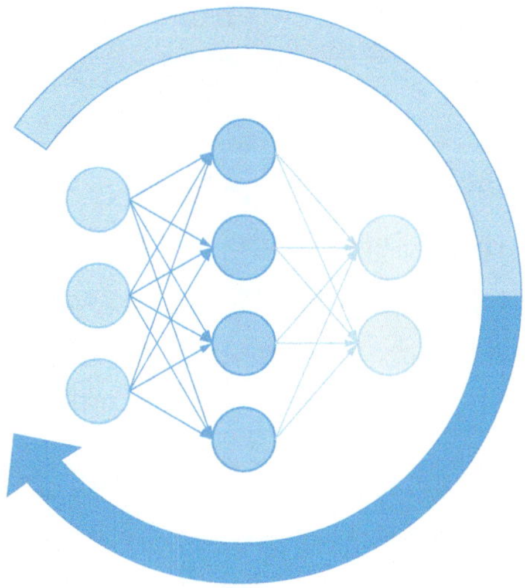

그림 2.4-12 1 iteration

전체 데이터셋이 총 D개의 데이터로 이루어져있을 때, 신경망에 한 번에 하나의 개별 데이터를 입력하여 학습한다면, 총 D번의 iteration을 거쳐야 모든 데이터에 대한 가중치 업데이트가 이루어질 것이다. 그리고 3절의 실습 4에서는 데이터셋 전체를 한 번에 모델에 입력하여 학습했기 때문에, 1번의 iteration만으로 모든 데이터에 대한 가중치 업데이트가 이루어졌다.

그러나 실제 신경망의 학습에서는 일반적으로 입력 데이터 M개를 묶어 한 번에 입력해준다. 이렇게 한 번에 입력해주는 데이터 묶음을 batch(배치)라고 부르며, 데이터의 개수

M을 batch size라고 부른다. 그림 2.4-13을 보면 batch size와 batch의 개수 사이의 관계가 이해가 잘 될 것이다. batch를 구성할 때에는 전체 데이터에서 일부 데이터를 랜덤하게 추출하는 방식으로 구성한다.

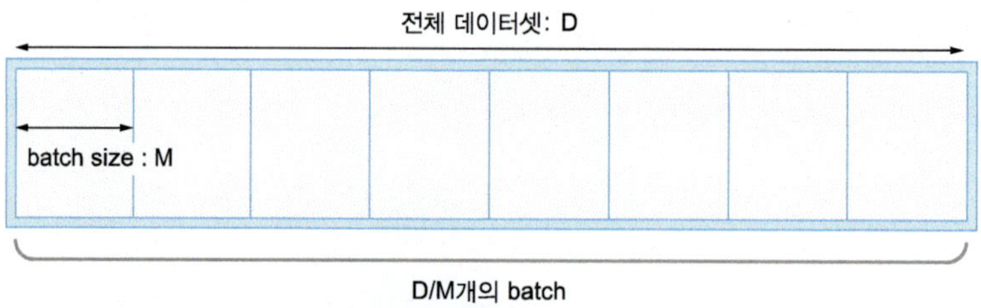

그림 2.4-13 batch

batch size가 M인 batch를 한 번에 입력해준다는 것은, 배열의 형태로 M개의 데이터를 한 번에 보내되, batch를 이루는 각각의 데이터에 대해서는 독립적인 순전파를 진행하는 것을 의미한다. 그리고 순전파 진행 후에는 독립적으로 각각 손실함수를 계산하는 것이 아니라, 손실함수의 평균을 가지고 한 번에 오차역전파법을 진행하게 된다. 이렇게만 들어서는 이해가 되지 않을 수 있지만, 실습5를 진행하고 나면 쉽게 이해될 것이다.

이렇게 D개의 전체 데이터를 batch size가 M인 batch로 쪼개어 신경망에 입력해주게 되면, 전체 데이터 D개를 전부 학습에 사용하기 위해서는 D/M번의 iteration이 필요하다. D/M번의 iteration을 진행하여 전체 데이터에 대한 가중치 업데이트가 1회 일어나는 것을 1 epoch(에포크)라고 한다. 그림 2.4-14에서 1 epoch가 여러 번의 iteration으로 이루어져 있음을 확인할 수 있다. iteration과 epoch의 차이와 batch의 의미는 딥러닝에 있어서 중요한 개념이므로 잘 이해하고 넘어가길 바란다.

그림 2.4-14 1 epoch

심화 학습 4-3

batch의 이점

데이터를 batch로 묶어 학습하는 방법은 큰 이점을 가진다.

1) 데이터를 하나씩 학습시키는 것과 비교하면 다음의 두 가지 이점을 가진다.
   첫째, batch를 사용함으로써 최적의 가중치를 향해 연속적이고 부드럽게 이동할 수 있다. 손실함수의 그래디언트는 데이터 별로 상당히 큰 차이가 있을 수 있다. 따라서 개별 데이터에 대해 가중치 업데이트를 각각 진행할 경우에는 가중치가 역동적으로 움직이는 문제가 발생할 수 있다. 그러나 batch size가 M인 batch의 평균적인 손실 함수에 대해 생각하는 경우, 가중치 업데이트의 역동성이 완화되어 좀 더 안정적이게 된다.

   둘째, batch를 사용하여 순전파를 한 번에 진행함으로써 계산 절차를 줄일 수 있다. Numpy, MyGrad 등의 각종 라이브러리에서 제공하는 벡터화된 연산을 이용하면, 행렬곱을 이용하여 입력된 데이터 batch 배열에 가중치를 한 번에 곱해주는 일괄적이고 독립적인 연산이 가능하다.

2) 데이터 전체를 batch로 분할하지 않고 통째로 학습시키는 것과 비교하면 다음의 이점을 가진다.
   데이터 전체를 한 번에 신경망에 입력해주는 경우, 데이터셋을 이루는 모든 데이터에 대한 오차를 메모리에 전부 저장해야 한다. 이로 인해 메모리 공간을 많이 사용하여 학습 속도가 저하된다. 그러나 batch로 분할하여 학습하면 메모리 공간 절약에 의해 학습 속도가 향상된다.

4.5 하이퍼파라미터

3절에서 우리는 세 가지 종류의 하이퍼파라미터인 가중치의 초깃값과 학습률, 그리고 학습의 종료조건(혹은 반복 횟수)에 대해 알아보았다. 이외에도 신경망의 딥러닝 과정에서 학습의 성공 여부와 성능에 영향을 미치는 하이퍼파라미터는 다양하게 존재한다. 위에서 잠깐씩 언급했듯이, 은닉층의 깊이와 은닉층의 뉴런 개수, 활성함수, 손실함수, Optimizer의 종류, batch size 등이 하이퍼파라미터로써 학습의 성능에 큰 영향을 미친다. 그 외에도 다양한 하이퍼파라미터가 존재하며, 이들을 적절히 선택하는 것이 딥러닝을 이용한 연구의 핵심이라고 할 수 있다. 하지만 이 책의 목적은 교양 수준의 딥러닝 지식을 전달하는 것이기 때문에, 하이퍼파라미터를 튜닝하는 방법들에 관해서는 다루지 않을 것이다.

더 알아보기 1

몇 가지 손실함수와 활성함수

1. 활성함수(Activation function)의 종류

앞서 살펴보았듯, 우리는 신경망의 구축에 있어 '활성함수'를 사용한다. 활성함수는 우리가 궁극적으로 표현하고 싶은 함수관계에 비선형 요소를 더해주어, 더욱 복잡한 함수를 구현 가능하게 해준다. 머신러닝에서 해결해야 하는 문제의 특성 등에 따라 우리는 적절한 활성함수를 골라 사용할 수 있어야 한다. 이번에는 대표적인 활성함수들인 항등함수, 시그모이드 함수, ReLU 함수, 소프트맥스 함수에 대해 조금 더 자세히 살펴보자.

■ 항등함수

항등함수는 입력을 그대로 출력하는 함수로, 식으로 나타내면 다음과 같다.

$$\varphi_{identity}(x) = x$$

즉, 항등함수를 사용하면 출력 신호는 입력 신호에서 변형을 거치지 않은 그대로가 되는 것이다. 항등함수는 선형 함수이기에 앞서 언급했던 활성함수 사용의 이유와 부합하지 않다고 느껴질 수 있으나, 주로 신경망의 출력층에서만 사용되어 별도의 계산과정을 추가하지 않기 위한 용도로 사용된다. 앞 절에서 해결했던 실습 4에서도 별도의 활성함수를 사용하지 않았던 것 같지만, 항등함수를 활성함수로 사용했다고 볼 수 있다. 항등함수는 실습 4와 같은 회귀(regression) 문제를 풀 때 주로 활성함수로 사용된다.

■ 시그모이드(sigmoid) 함수

시그모이드 함수는 앞서 언급했듯, 다음과 같은 식으로 표현되는 함수이다.

$$\varphi_{sigmoid}(x) = \frac{1}{1+e^{-x}}$$

이 함수는 Universal Approximation Theorem이 처음으로 증명된 대상이기도 하며, 과거 머신러닝 문제를 해결할 때 많이 사용되어왔다. 함수의 그래프 개형을 한 번 그려보

자. 물론 미적분을 활용하여 대략적인 개형을 그려볼 수도 있지만, 이때까지 실습들에서 배운 그래프 그리기 기법을 활용해보자. 함수는 아래의 코드를 실행시켜 import 할 수 있다.

```
from mygrad.nnet.activations import sigmoid
```

numpy의 linspace 함수, 그리고 matplotlib 라이브러리를 활용하여 시그모이드 함수를 그려볼 수 있다. 아래 코드를 적절히 완성해보고, 개형을 나타내어보자.

```
import matplotlib.pyplot as plt
import mygrad as mg
import numpy as np
%matplotlib notebook
from mygrad.nnet.activations import sigmoid

# 여기에 코드 작성
```

그래프 개형을 잘 그렸다면, 그림 2.4-15[53]와 같은 개형이 나타날 것이다.

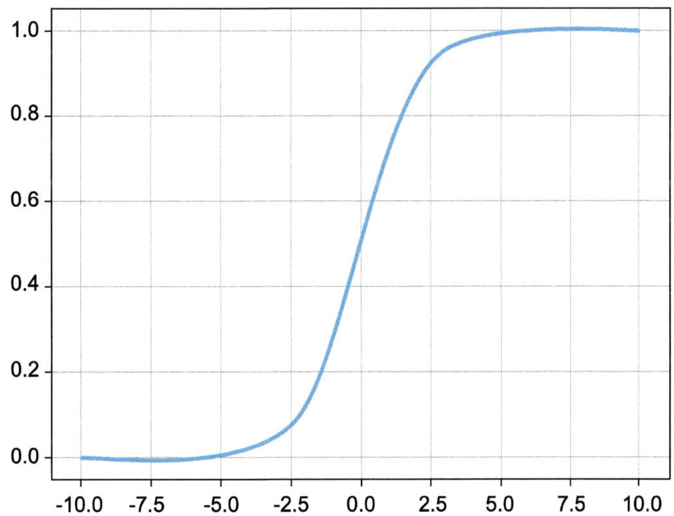

그림 2.4-15 시그모이드 함수 개형

53) 코드 실행 결과

그래프는 S자형 곡선으로, x가 $-\infty$이나 ∞으로 가까워질 때의 극한값이 각각 0, 1임을 확인할 수 있다. 신경망의 하나의 노드에서 가중치 곱을 통해 계산한 결과에 시그모이드 함수를 취하면 0과 1 사이의 값을 반환하도록 하는 것이다. 따라서, 출력값이 0에 가까운지 1에 가까운지를 판단하여 대상을 두 개의 카테고리로 분류(classification)하는 문제의 풀이에 많이 활용된다.

하지만 시그모이드 함수는 심층 신경망을 이용하는 딥러닝에서는 잘 사용하지 않는다. 시그모이드 함수의 그래프 개형을 보면, $x=0$ 주위에서는 함숫값의 변화가 크게 나타나지만, x가 많이 커지거나 작아지는 경우 함숫값의 변화가 미미하게 나타남을 확인할 수 있다. 이는 함숫값이 0과 1에 가까워질수록 활성함수의 미분계수가 0에 가까워짐을 의미한다. 심층 신경망에서 역전파를 진행할 때는 이러한 미분계수들이 연속적으로 곱해지는 과정이 시행되는 점을 기억해보자. 0에 가까운 값이 반복적으로 곱해지면, 우리가 역전파 과정에서 구하고자 하는 손실함수의 기울기가 0에 가까워지며 모델 파라미터가 잘 갱신되지 않게 되는 문제점이 발생하는 것이다. 이러한 문제를 기울기 소실(Gradient Vanishing)이라고 한다.

■ ReLU 함수

ReLU 함수는 시그모이드 함수에서 발생한 기울기 소실 문제를 해결해준 함수로, 심층 신경망에서 많이 활용되는 함수이다. 함수식은 아래와 같다.

$$\varphi_{relu}(x) = \begin{cases} 0\ ,\ x < 0 \\ x\ .\ x \geq 0 \end{cases}$$

이번에도 개형을 먼저 그려보자. ReLU 함수는 아래의 코드로 import할 수 있다.

```
from mygrad.nnet.activations import relu
```

개형을 그리는 코드는 시그모이드 함수와 거의 유사하므로, 직접 작성해보자. 적절히 완성된 그래프의 개형은 그림 2.4-16[54]과 같다.

54) 코드 실행 결과

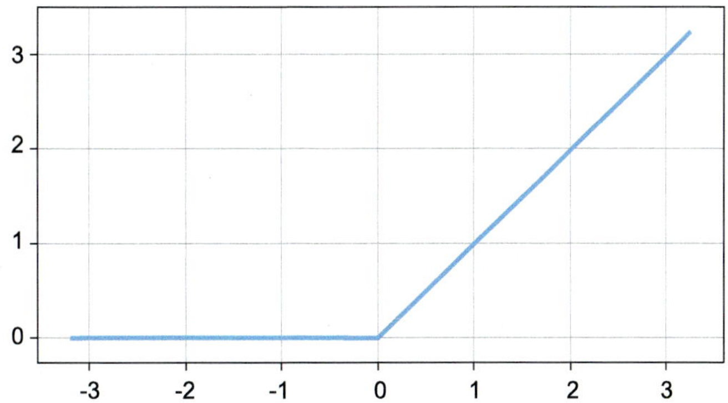

그림 2.4-16 ReLU 함수 개형

ReLU는 Rectified Linear Unit의 약자로, 전기 회로에서 특정 방향으로는 전류가 흐르지 않도록 차단하는 것을 의미하는 '정류'가 포함된 단어이다. 함수의 개형을 보면 알 수 있듯, 음수인 함숫값이 나타나지 않도록 $x < 0$인 부분에서 함숫값을 0으로 설정한 것으로부터 이 이름이 유래하였다. 이 함수는 Vinod Nair와 Geoffrey E.Hinton의 논문[55)]에서 처음 제안되었고, 앞서 언급했듯 기울기 소실 문제를 해결해주었기에 현재까지도 심층 신경망을 이용하는 딥러닝에서 많이 사용되고 있는 활성함수이다. ReLU 함수도 몇 가지 문제점을 가지고 있으며, 이를 개선하기 위해 변형된 ReLU 함수인 leaky Relu, Parametric Relu, Randomized ReLU, ELU 등이 있다.[56)] 이 부분은 딥러닝 입문서인 이 책에서는 깊게 다루지 않기에 궁금하다면 스스로 공부해보기 바란다.

■ 소프트맥스(softmax) 함수

소프트맥스 함수는 여러 개의 입력을 받아 동일한 개수만큼의 출력을 만들어내는 함수로, 대상을 여러 개의 클래스로 분류하는 다중 클래스 분류(classification) 문제를 해결하기 위해 구성한 신경망의 출력층에서 주로 사용되는 함수이다. n차원 벡터를 입력으로

55) V. Nair and G. Hinton, "Rectified Linear Units Improve Restricted Boltzmann Machines," Proceedings of the 27th International Conference on Machine Learning, pp. 807-814, 2010

56) Park, Sung-Wook, and Do-Yeon Kim. "Comparison of Image Classification Performance by Activation Functions in Convolutional Neural Networks." Journal of Korea Multimedia Society, vol. 21, no. 10, 한국멀티미디어학회, Oct. 2018, pp. 1142-1149, doi:10.9717/KMMS.2018.21.10.1142.

받아 출력 또한 n차원 벡터로 나타낸다고도 볼 수 있다. 그 형태를 먼저 살펴보자. 입력 신호가 x_1, ..., x_n으로 주어질 때, 출력이 y_1, ..., y_n이라고 하면, $y_k(k=1, 2, ..., n)$는 다음과 같이 표현된다.

$$y_k = \frac{e^{x_k}}{\sum_{i=1}^{n} e^{x_i}} = \frac{e^{x_k}}{e^{x_1} + \ldots + e^{x_n}}$$

식을 살펴보면, 지수함수는 항상 양수를 함숫값으로 가지므로, 소프트맥스 함수값은 항상 0 이상 1 이하의 값을 가짐을 쉽게 확인할 수 있다. 또한, y_1부터 y_n까지 모든 y_k를 합하면 1이 나오는 것 또한 확인 가능하다. 0 이상의 1 이하의 값, 총합이 1이라는 성질은 확률의 성질과일치한다. $x_i < x_j$이면 $y_i < y_j$이라는 대소관계 또한 유지된다. 이에, 우리는 소프트맥스 함수를 거친 값을 확률로 해석하여 다중 클래스 분류 문제를 해결하는 경우가 많다. 신경망을 통해 하나의 대상이 각 n개의 클래스에 속하게 될 가능성의 척도를 계산하도록 하고, 소프트맥스 함수를 활성함수로 사용하면 그 척도를 확률로 볼 수 있게 되는 것이다. 예를 들어, 데이터가 5개의 클래스에 속할 확률을 소프트맥스 함수를 거쳐 [0.1, 0.3, 0.03, 0.5, 0.07]로 얻는다면, 숫자들 중 0.5가 가장 크기에 우리는 이 데이터가 네 번째 클래스에 속한다고 분류해볼 수 있는 것이다. 다섯 숫자(확률)를 더하면 1이 나오는 점에도 주목하자.

2. 손실함수의 종류

손실함수는 그 함숫값이 작을수록 우리가 세운 모델이 정확하다는 의미를 가지며, 따라서 모델의 성능을 평가하게 해주는 함수이다. 경사하강법을 시행할 때 이 손실함수의 값이 작아지게 하려면 어떤 모델 파라미터를 어떻게 변화시켜야 하는지 계산하므로, 머신러닝에 있어 정말 중요하다고 볼 수 있다. 대표적인 손실함수인 오차제곱합, 평균 제곱 오차, 오차 절댓값의 합, 그리고 교차 엔트로피 함수를 살펴보자.

■ 오차제곱합(SSE), 평균 제곱 오차(MSE), 오차 절댓값의 합

오차제곱합(SSE, Sum of Squares for Error)은 손실함수로써 가장 많이 사용되는 함수이다. 이는 2절 선형 회귀에서 다루었던 잔차제곱합과 같은 의미로, 모델을 통해 예측된 값과 모델이 예측하기를 기대했던 실제 값의 차이를 제곱하여 더한 것이다. 이 값이 작을

수록 모델의 예측이 정확하다는 의미이므로, 손실함수의 의미와 잘 맞는다고 볼 수 있다. 모델을 통해 예측된 값들을 y_i, 실제 값들을 t_i, 예측값의 총 개수를 n이라 할 때 식으로는 다음과 같이 표현할 수 있다.

$$\mathcal{L}_{SSE} = \sum_{i=1}^{n} (y_i - t_i)^2$$

이때의 n은 우리에게 익숙한 선형 회귀 문제를 푸는 경우에는 데이터셋에 포함된 데이터의 총 개수일 것이다. 모델의 출력값이 벡터인 경우에는, 벡터의 각 성분값을 y_i라고 할 수 있으며 n은 벡터의 차원과 같아진다. 예를 들어, 모델의 출력값이 [0.2, 0.5, 0.3]이고, 실제 값이 [0, 1, 0]이라면, 오차제곱합은 $(0.2-0)^2+(0.5-1)^2+(0.3-0)^2=0.38$으로 계산해볼 수 있다.

오차제곱합을 데이터의 개수 n으로 나눈 것을 평균 제곱 오차(MSE, Mean Squared Error)이라 하며, 오차제곱합과 거의 동일하기에 마찬가지로 손실함수의 역할에 적합하다. 유사하게, 모델 예측값과 실제 정답의 차이를 제곱하는 대신 절댓값을 붙여 사용하기도 하며, 이 두 함수를 식으로 나타내면 아래와 같다.

$$\mathcal{L}_{MSE} = \frac{1}{n} \sum_{i=1}^{n} (y_i - t_i)^2$$

$$\mathcal{L}_{absolute} = \sum_{i=1}^{n} |y_i - t_i|$$

■ 교차 엔트로피 오차

교차 엔트로피 오차(CEE, Cross Entropy Error)는 앞서 살펴본 활성함수의 한 종류인 소프트맥스 함수와 함께 사용하는 경우가 많다. 소프트맥스 함수가 사용되는 다중 클래스 분류 문제에서의 손실함수로 주로 사용되는 것이다.

예시를 먼저 하나 생각하자. 데이터를 $n=5$개의 클래스(순서대로 1번부터 5번이라 지칭하겠다)로 분류하는 상황에서, 소프트맥스 함수를 거친 결과 각각의 클래스에 속할 확률이 $y_1=0.1$, $y_2=0.3$, $y_3=0.03$, $y_4=0.5$, $y_5=0.07$로 구해졌다고 하자. 이때 신경망의 출력은 5차원 벡터인 [0.1, 0.3, 0.03, 0.5, 0.7]이 된다. 이때, 데이터가 실제로 속하는 클래스는 4번 클래스이라고 하자. 정답 레이블 $t=[t_1, t_2, t_3, t_4, t_5]$는 이 데이터가 속하는 네 번째 성분만 1이고, 다른 성분들은 0으로 두어 [0, 0, 0, 1, 0]으로 구성해볼 수 있다.[57] 이때, 교차 엔트로피 오차는 다음과 같은 식으로 표현된다.

$$\mathcal{L}_{CEE} = -\sum_{i=1}^{n} t_i \log y_i$$

이 식에서의 log는 밑이 e인 자연로그이다. 식을 계산하며 교차 엔트로피 오차의 의미를 생각해보자. $t_i = 0$인 $i = 1, 2, 3, 5$에서는 더해지는 항이 0이 되고, $t_4 = 1$이므로 실질적으로 이 함숫값은 $-\log y_4$가 된다. 정답이 아닌 클래스에 속할 확률은 이 함수에 영향을 주지 못하고, 정답인 클래스를 정답이라고 판단할 확률만이 함숫값에 영향을 주는 것이다. 이때, y_4는 소프트맥스 함수를 거친 값으로 0과 1 사이의 값이기에, log를 취하면 음수가 된다. log 함수는 증가함수, 즉 $-\log$ 함수는 감소함수이므로(그림 2.4-17 참고), 모델이 예측한 값이 0에 가까울수록 $\mathcal{L}_{CEE}$ 값은 커지게 되고, 1에 가까울수록 $\mathcal{L}_{CEE}$ 값은 작아지게 되는 것이다. 우리가 원하는 '좋은 모델'은 정답을 잘 구하는 모델, 즉 y_4 값을 1에 매우 가깝게 예측하는 모델이다. y_4 값이 1에 가까워질수록 $\mathcal{L}_{CEE}$ 값은 0에 가까운 작은 값이 된다. 따라서 교차 엔트로피 오차 값을 줄여나가는 방향으로 학습을 진행하면 그 모델은 '좋은 모델'에 가까워질 것이며, 우리는 교차 엔트로피 오차가 손실 함수로 적합함을 생각해볼 수 있다.

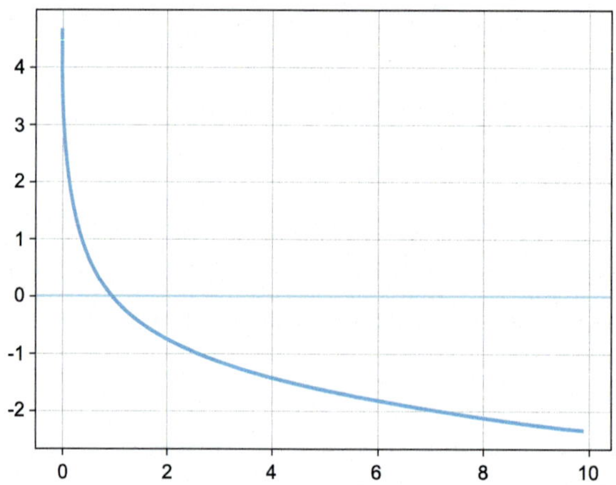

그림 2.4-17 $y = -\log x$의 그래프

57) 이러한 방식을 one-hot 인코딩(one-hot encoding)이라고 한다.

더 알아보기 2

특성 스케일링(Feature Scaling), 데이터의 전처리 기법

모델 학습 단계 이전에 데이터를 적정 방식으로 가공하는 단계를 데이터 전처리 (Data Preprocessing)이라고 한다. 데이터의 전처리 기법 중, 특성 스케일링(Feature Scaling), 혹은 정규화(Normalization)라고 부르는 기법에 대해 알아보자.

특성 스케일링에 대해 이해하기 위한 예시로, 어떤 사람의 키와 몸무게 값을 받아서 여성인지 남성인지 예측하는 신경망 모델을 구현한다고 생각해보자. 보편적으로, 키와 몸무게가 작을수록 여성일 확률이 높을 것이다. 실제 데이터도 마찬가지의 양상을 보인다.

표 2.4-1 남성과 여성의 키와 몸무게

키(m)	몸무게(kg)	성별
180	83	남
170	73	남
175	78	남
170	64	여
163	52	여
154	45	여
165	70	남
160	55	여
173	71	남

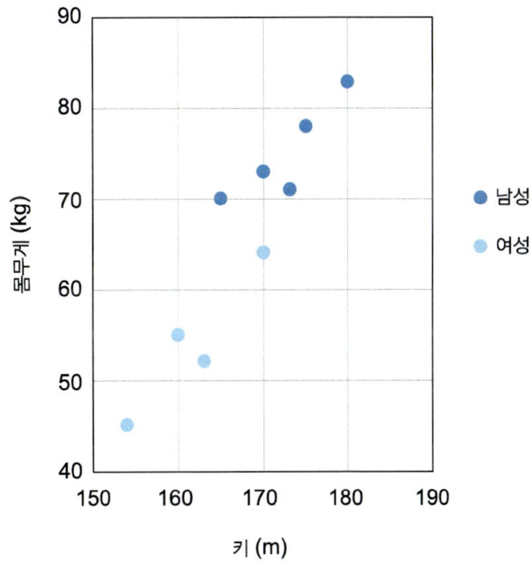

그림 2.4-18 남성과 여성의 키와 몸무게 분포

표 2.4-1의 데이터를 키와 몸무게를 축으로 갖는 평면 위에 나타내본다면, 그림 2.4-18과 같을 것이다. (x축이 키, y축이 몸무게이고, 진한 파란색 점이 남성, 하늘색 점이 여성이다.) 그래프를 보면 키와 몸무게의 스케일(규모, scale)이 너무 다르다는 것을 쉽게 파악

할 수 있다. 키 값이 몸무게 값의 2~3배 정도 되는 양상을 보인다.

이 경우, 머신러닝 모델은 단위 없이 값만 가지고 판단하기 때문에, 모델이 성별을 판단하는 요인으로 키 값을 몸무게 값보다 중요하게 판단하게 되는 문제가 발생할 수 있다. x축과 y축 값의 스케일이 더 크게 차이 난다면 중요도 또한 더 차이 나게 반영될 것이다. 예를 들어 키의 단위는 m인데, 몸무게의 단위가 g이었다면 몸무게 값이 키의 몇백배가 되어 몸무게 값을 더 중요한 요인으로 판단했을 것이다.

변수의 스케일이 달라서 생기는 또 다른 문제로는 손실을 최소화하기 위해 경사하강법을 진행할 때 수렴 속도가 느려지는 문제가 있다. 앞선 실습 4에서 그려보았던 loss landscape를 떠올려보자. loss landscape는 각 모델 파라미터 값을 축으로 한 손실함수의 그래프였고, 이 그래프의 최소점을 찾아 내려가는 것이 경사하강법의 목적이었다. 이번에는 신경망의 순전파를 생각해보자. 각 뉴런에서는 입력되는 데이터 각각에 가중치가 곱해지기 때문에 최종적인 손실함수의 식에서 각 가중치(w_i)에는 입력 데이터 값(x_i)이 곱해져 있게 된다. 따라서 각 가중치(모델 파라미터)를 축으로 하는 loss landscape를 그리면, 각 가중치의 계수가 1인 loss landscape와 비교했을 때 가중치 w_i의 축에 대해서 $\frac{1}{x_i}$배 축소된 형태의 그래프가 그려진다.[58] 즉, 입력 데이터간의 스케일 차이가 크면 스케일이 작은 w에 대해 w축의 기울기가 상대적으로 완만해져서 수렴 속도가 느려지기 때문에, 입력 데이터간의 스케일을 비슷하게 만들어주어야 수렴 속도를 높일 수 있다. 편향(bias)을 1이라는 입력 데이터의 가중치로 보는 관점을 사용하면 실습 4에서 살펴본 표준화의 필요성도 같은 맥락으로 이해할 수 있을 것이다.

따라서, 데이터를 모델에 입력해주기 전에 각 특성들이 서로 같은 스케일을 갖도록 맞추어 조정해주는 작업이 필요하다. 이를 위한 전처리 작업을 특성 스케일링(혹은 정규화)이라고 부른다. 가장 대표적인 특성 스케일링 방법은 두 가지가 있다.

1. 최소-최대 정규화(Min-Max Normalization)

최솟값과 최댓값을 각각 0과 1로 변환하고, 그 사이의 값들은 비율을 유지하면서 0과 1 사이의 값으로 변환하기 위한 방법이다.

58) 고등 수학에서 배운 개념이다.

데이터 X에 대한 최소-최대 정규화 수식은 다음과 같다. min은 데이터의 최솟값, max는 데이터의 최댓값을 의미한다.

$$X' = \frac{X - \min}{\max - \min}$$

이 방법은 모든 특성들을 같은 범위인 [0.1]로 변환할 수 있어 스케일을 동일하게 만들어 준다. 범위가 확실히 고정되어 있는 데이터의 경우에 특히 사용하기 좋은 방법이다.

그러나 이상치가 있는 경우에는 별로 좋지 않은 스케일링 방법이다. 예를 들어 어떤 한 특성에 대해 10개의 데이터가 [0, 0, 1, 1, 1, 2, 2, 2, 3, 100]이라면, 최소-최대 정규화의 결과가 [0, 0, 0.01, 0.01, 0.01, 0.02, 0.02, 0.02, 0.03, 1]이 된다. 하나의 데이터를 제외한 나머지가 전부 0에 가까운 쪽으로 쏠리게 되기 때문에 모델에서 받아들이는 특성의 중요도가 줄어들게 된다.

2. Z-점수 정규화(Z-score Nomalization)

표준화 (Standardization) 라고도 잘 알려져 있는 방법이다. 앞선 실습 4에서 데이터의 중심을 원점으로 이동시키기 위한 목적으로 표준화를 사용한 바 있었다.

데이터 X에 대한 최소-최대 정규화 수식은 다음과 같다. μ는 평균, σ는 표준편차를 의미한다.

$$Z = \frac{X - \mu}{\sigma}$$

이 방법은 모든 특성들을 0을 중심으로 하고 대칭적인 분포를 갖도록 변환할 수 있다. 특정 경계 내로 모든 데이터들을 강제하지 않기 때문에. 스케일이 정확히 동일하지는 않지만, 이상치가 있더라도 그 영향을 최소-최대 정규화보다는 적게 받는다는 장점이 있다.

실습 5 Universal Function Approximator 학습시키기

우리는 앞에서 배웠던 Universal Approximation Theorem에 의거하여 보편적인 함수 f의 근사함수 F의 모델을 $F(\{v_i\}, \{\mathbf{w}_\mathrm{i}\}, \{b_i\};\mathbf{x}) = \sum_{i=1}^{N} v_i \varphi(\mathbf{x} \cdot \mathbf{w}_\mathrm{i} + b_i)$로 세우고 학습을 진행해볼 것이다. 학습용 데이터셋을 $\mathbf{x}$와 $\mathbf{x}$에 대응되는 truth 데이터 $f(\mathbf{x})$의 데이터 쌍들로 구성한 후, 경사하강법을 이용하여 적절한 모델 파라미터 $\{v_i\}$, $\{\mathbf{w}_\mathrm{i}\}$, $\{b_i\}$를 구함으로써 보편적인 수학적 함수 f의 근사함수를 학습시킬 수 있다.

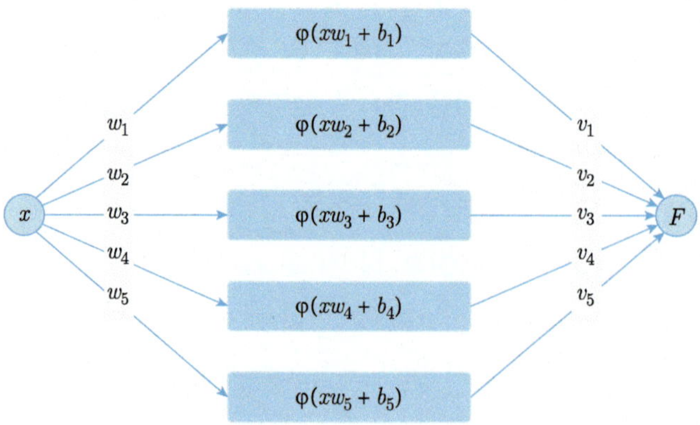

그림 2.4-19 근사함수 모델의 모식도

이번 실습에서는 일변수 함수인 $f(x) = \cos(x)$, $x \in [-2\pi, 2\pi]$의 근사함수를 구해볼 것이다. 일변수 함수이므로 모델의 모식도는 그림 2.4-19과 같다. 우리는 경사하강법을 통해 적당한 모델 파라미터 $\{v_i\}$, $\{w_i\}$, $\{b_i\}$를 구함으로써 $F(\{v_i\}, \{w_i\}, \{b_i\};x) = \sum_{i=1}^{N} v_i \varphi(x \cdot w_i + b_i)$를 구하는 것을 목표로 할 것이다. 여기서 f가 일변수 함수이기 때문에 x, w_i는 벡터가 아닌 스칼라가 되었다. 그러나 추후에 고차원 벡터(길이가 긴 1차원 배열)를 입력받는 모델에 대해서도 확장하기 위해, x, w_i를 스칼라가 아닌 벡터(길이가 1인 1차원 배열)라고 생각하고 프로그래밍해보자.

주의 여기서 세 종류의 모델 파라미터 각각의 개수이자 뉴런의 개수인 N은 하이퍼파라미터에 속한다. 즉, 학습을 통해 컴퓨터가 직접 적절한 값을 찾아가는 것이 아니라, 인간이 직접 시행착오를 통해 적절히 찾아 지정해주어야 한다.

라이브러리 준비	모델(클래스) 정의하기			손실함수 작성	경사하강법 함수 작성	모델 학습 시키기	학습 과정 관찰하기		
	batch 개념 짚어보기	근사함수 수식 구현	모델 클래스 구현				손실 변화	근사함수 변화	뉴런별 학습 결과

그동안의 실습에서 꾸준히 사용해온 대표적인 라이브러리들을 미리 import 한 후 본격적인 실습을 시작해보자.

```
import matplotlib.pyplot as plt

import mygrad as mg
import numpy as np

%matplotlib notebook
```

라이브러리 준비	모델(클래스) 정의하기			손실함수 작성	경사하강법 함수 작성	모델 학습 시키기	학습 과정 관찰하기		
	batch 개념 짚어보기	근사함수 수식 구현	모델 클래스 구현				손실 변화	근사함수 변화	뉴런별 학습 결과

Step 1. 모델(클래스) 정의하기 : 순전파

우리가 가장 먼저 할 일은 Universal Approximation Theorem에 따라 구하게 될 근사함수 $F(x)$의 형태를 모델(클래스)로 정의해주는 것이다. 선형모델에 비해 구현하기 까다롭지만, MyGrad와 Numpy 라이브러리의 벡터화된 연산을 이용하면 짧고 간단한 코드를 작성할 수 있다.

batch의 개념 짚고 넘어가기

우리는 4절의 이론에서 언급한 바와 같이, 입력 데이터를 랜덤하게 M개씩 묶어 batch $\{x_j\}_{j=1}^{M}$로 구성한 후, batch를 이루는 개별적인 데이터에 대해 독립적으로 순전파를 진행할 것이다. 즉, M개의 데이터를 모델에 한 번에 전달하여 대응되는 M개의 예측을 한 번에 산출할 것이다.

batch 내 개별 데이터에 대한 함숫값 $F(\{v_i\}, \{w_i\}, \{b_i\};x_j)$를 구할 때 사용되는 연산은 batch 내의 다른 데이터들에는 영향을 받지 않는 독립적인 연산임을 꼭 명심하자. 각 예측은 대응되는 입력 데이터에 대해서만 이루어지기 때문에 다음의 값들에만 의존한다.

- 모델 파라미터: $\{v_i\}, \{w_i\}, \{b_i\}$
- 데이터 x_j

하나의 batch 당 M개의 독립적인 예측을 진행해야 한다고 하면 흔히 for문 등의 반복문을 떠올릴 것이다. 그러나 batch를 이루는 입력 데이터 M개를 shape-(M,1)인 NumPy 배열로 정의하면 NumPy의 벡터화된 연산을 사용하여 순전파를 한 번에 진행할 수 있다.

근사함수 수식을 코딩으로 구현하기

이제 근사함수 $F(\{v_i\}, \{w_i\}, \{b_i\};x) = \sum_{i=1}^{N} v_i \varphi(x \cdot w_i + b_i)$의 식을 batch size가 M인 batch에 대해 어떻게 코딩할지 고민해보자.

먼저, $x \cdot w_i$는 MyGrad 라이브러리의 matmul을 이용하여 계산할 수 있다. 이 문제에서 x와 w_i는 1차원 벡터이다. 따라서 $x \cdot w_i$은 벡터 간의 내적을 뜻하지만, 동시에 행벡터와 열벡터의 행렬곱으로도 생각할 수 있기 때문에 matmul 연산을 사용할 수 있다.

그림 2.4-19을 보면, $\{w_i\}$는 은닉층의 뉴런 N개에 대한 가중치이다. 행렬곱을 이용하여 N개의 w_i에 대해 $x \cdot w_i$를 한 번에 계산해보자. 1차원 행벡터 x를 1차원 열벡터 w_i N개를 열에 대해 늘어놓은 행렬 W와 행렬곱하면 다음과 같다.

$$(x)(w_1 \ w_2 \ \cdots \ w_N) = (x \cdot w_1 \ x \cdot w_2 \ \cdots \ x \cdot w_N)$$

결과적으로, N개의 $x \cdot w_i$값이 담긴 shape-(1,N)인 행렬을 얻게 된다.

이제 batch를 이루는 M개의 입력 데이터 x_j에 대해 위의 행렬곱을 한 번에 계산해보자. 1차원 행벡터 x_j를 행에 대해 늘어놓은 행렬 X를 1차원 열벡터 w_i N개를 열에 대해 늘어놓은 행렬 W와 행렬곱하면 다음과 같다.

$$\begin{pmatrix} x_1 \\ x_2 \\ \vdots \\ x_M \end{pmatrix} (w_1\, w_2 \cdots w_N) = \begin{pmatrix} x_1 \cdot w_1 & x_1 \cdot w_2 & \cdots & x_1 \cdot w_N \\ x_2 \cdot w_1 & x_2 \cdot w_2 & \cdots & x_2 \cdot w_N \\ \vdots & \vdots & \ddots & \vdots \\ x_M \cdot w_1 & x_M \cdot w_2 & \cdots & x_M \cdot w_N \end{pmatrix}$$

결과적으로, MN개의 $x_j \cdot w_i$값이 담긴 shape-(M, N) 인 행렬을 얻게 된다.

결국, X에 shape-$(M,1)$, W에 shape-$(1,N)$의 적절한 모양의 배열만 넣어주면 한번의 행렬곱(mg.matmul) 계산으로 원하는 결과를 얻을 수 있음을 알 수 있다. 따라서 $F(\{v_i\}, \{w_i\}, \{b_i\};x) = \sum_{i=1}^{N} v_i \varphi(x \cdot w_i + b_i)$ 에서 $x_j \cdot w_i$ 부분을 구하는 코드는 다음과 같다.

```
mg.matmul(x, w)
```

> **참고** x와 $\mathrm{w_i}$가 k차원 벡터가 되어도 코드는 동일하게 작성할 수 있다. 그 이유가 무엇인지 한 번 생각해보자. x와 $\mathrm{w_i}$가 k차원 벡터인 예시는 실습 6과 실습 7에서 살펴볼 것이다.

그 다음으로는 브로드캐스팅 성질을 이용한다. 우리는 스칼라 b_i가 shape-(M,N)인 행렬의 i번째 열 전체에 각각 더해지길 바란다.

$$\begin{pmatrix} x_1 \cdot w_1 + b_1 & x_1 \cdot w_2 + b_2 & \cdots & x_1 \cdot w_N + b_N \\ x_2 \cdot w_1 + b_1 & x_2 \cdot w_2 + b_2 & \cdots & x_2 \cdot w_N + b_N \\ \vdots & \vdots & \ddots & \vdots \\ x_M \cdot w_1 + b_1 & x_M \cdot w_2 + b_2 & \cdots & x_M \cdot w_N + b_N \end{pmatrix}$$

$\{b_i\}$를 shape-$(1,N)$인 행렬로 정의해주면, Numpy와 MyGrad의 브로드캐스팅 성질에 의해 다음의 코드 한 줄로 해결이 된다. 즉, $x_j \cdot w_i + b_i$ 부분을 구하는 코드는 다음과 같다.

```
mg.matmul(x, w)+b
```

그 다음, 우리는 행렬의 각 원소에 대한 시그모이드 함숫값을 구해야 한다.

$$\begin{pmatrix} \varphi(x_1 \cdot w_1 + b_1) & \varphi(x_1 \cdot w_2 + b_2) & \cdots & \varphi(x_1 \cdot w_N + b_N) \\ \varphi(x_2 \cdot w_1 + b_1) & \varphi(x_2 \cdot w_2 + b_2) & \cdots & \varphi(x_2 \cdot w_N + b_N) \\ \vdots & \vdots & \ddots & \vdots \\ \varphi(x_M \cdot w_1 + b_1) & \varphi(x_M \cdot w_2 + b_2) & \cdots & \varphi(x_M \cdot w_N + b_N) \end{pmatrix}$$

Numpy와 MyGrad에서 수학 연산을 하는 함수에 Numpy 배열 혹은 MyGrad 텐서를 넣어주면 행렬의 모든 원소에 수학 연산을 각각 적용한 행렬을 얻을 수 있다. sigmoid 함수는 앞서 살펴본대로 mygrad.nnet.activations에서 import 할 수 있다. 따라서 $\varphi(x_j \cdot w_i + b_i)$ 부분을 구하는 코드는 다음과 같다.

```
sigmoid(mg.matmul(x, w)+b)
```

마지막으로 우리는 위에서 구한 행렬의 각 행별로 i번째 원소에 v_i를 곱한 후 ($i = 1, 2, \cdots, N$)에 대해 다 더해주어야 한다. 그래서 최종적으로 다음과 같은 shape-(M,1) 인 행렬을 구하기를 바란다.

$$\begin{pmatrix} \sum_{i=1}^{N} v_i \varphi(x_1 \cdot w_i + b_{i)} \\ \sum_{i=1}^{N} v_i \varphi(x_2 \cdot w_i + b_{i)} \\ \vdots \\ \sum_{i=1}^{N} v_i \varphi(x_M \cdot w_i + b_{i)} \end{pmatrix}$$

이 행렬을 행렬곱 형태로 나타내면 다음과 같다. $\{v_i\}$는 shape-(N,1)인 배열로 정의해 주어야 함을 확인할 수 있다.

$$\begin{pmatrix} \varphi(x_1 \cdot w_1 + b_1) & \varphi(x_1 \cdot w_2 + b_2) & \cdots & \varphi(x_1 \cdot w_N + b_N) \\ \varphi(x_2 \cdot w_1 + b_1) & \varphi(x_2 \cdot w_2 + b_2) & \cdots & \varphi(x_2 \cdot w_N + b_N) \\ \vdots & \vdots & \ddots & \vdots \\ \varphi(x_M \cdot w_1 + b_1) & \varphi(x_M \cdot w_2 + b_2) & \cdots & \varphi(x_M \cdot w_N + b_N) \end{pmatrix} \begin{pmatrix} v_1 \\ v_2 \\ \vdots \\ v_N \end{pmatrix} = \begin{pmatrix} \sum_{i=1}^{N} v_i \varphi(x_1 \cdot w_i + b_{i)} \\ \sum_{i=1}^{N} v_i \varphi(x_2 \cdot w_i + b_{i)} \\ \vdots \\ \sum_{i=1}^{N} v_i \varphi(x_M \cdot w_i + b_{i)} \end{pmatrix}$$

이로써 batch size가 M인 입력데이터 $\{x_j\}_{j=1}^{M}$에 대해 $F(\{v_i\}, \{w_i\}, \{b_i\}; x) =$

$\sum_{i=1}^{N} v_i \varphi(x \cdot w_i + b_i)$을 한 번에 계산하는 벡터화 연산 코드를 찾아낼 수 있다.

```
out1 = sigmoid(mg.matmul(x, w) + b)  # shape-(M,N)
model_out = mg.matmul(out1, v)       # shape-(M,1)
```

model_out이 shape-(M,1)인 텐서이므로, batch size가 M인 경우 대응되는 예측값이 총 M개의 독립적인 값으로 나타난다는 것을 확인할 수 있다.

모델(클래스) 정의하기

이제, 아래의 Model 클래스를 완성해보자. 모델 파라미터 $\{w_i\}$, $\{b_i\}$, $\{v_i\}$가 어떤 형태이고 왜 그런 형태여야 하는지 이해한 것을 바탕으로, 파라미터를 초기화하는 initialize_params( ) 메서드를 작성할 수 있을 것이다. 그리고 model_out의 식을 어떻게 프로그래밍하는지 이해했다면, __call__( ) 메서드를 작성할 수 있을 것이다. 우리가 완성해야 하는 Model 클래스가 실습 4에서 작성해보았던 LinearModel 클래스와 구성이 크게 다르지 않으므로 주석을 보며 스스로 작성해보자. (load_parameters 메서드는 학습 과정에 필요한 메서드는 아니고, Step 5에서 학습 과정을 시각적으로 확인하는 데 사용하기 위해 정의해둔 메서드이다.)

> **참고** 만약 f가 k변수 함수로 확장되어도 동일한 코드를 사용할 수 있다. 스스로 고민하고 이해해보자.

```
from mygrad.nnet.initializers import normal
from mygrad.nnet.activations import sigmoid

class Model:

    def initialize_params(self, num_neurons: int):
        """
        모델 파라미터 값인 'self.w', 'self.b', 'self.v'를 랜덤하게 초기화
        'mygrad.nnet.initializers.normal' 함수를 사용하여 w, b, v에 텐서 값을 초기화
        표준정규분포 ~N(0,1)을 따른다는 가정하에 초기화가 진행되도록
```

```
        self.w : shape-(1, N)
        self.b : shape-(N,)
        self.v : shape-(N, 1)

        매개변수 (Parameters)
        ----------
        num_neurons : int
            뉴런의 개수. 하이퍼파라미터
        """
        # 표준정규분포(standard normal distribution)를 따르는 텐서 값으로
        # 'self.w', 'self.b', 'self.v' 초기화
        # 여기에 코드 작성

    def __init__(self, num_neurons: int):
        """
        클래스 생성 시 실행되어 뉴런 개수 N을 입력받아 파라미터를 초기화하는 역할.

        매개변수 (Parameters)
        ----------
        num_neurons : int
            뉴런의 개수
        """
        # self.N 초기화 : 'num_neurons'
        self.N = num_neurons

        # 'self.w', 'self.b', 'self.v' 초기화 : 'self.initialize_params()' 이용
        self.initialize_params(num_neurons)

    def __call__(self, x):
        """
        입력 데이터에 따른 모델의 순전파(Forward Propagation)를 수행
        모델을 이용하여 'x'에 따른 예측값을 계산

        매개변수 (Parameters)
        ----------
        x : array_like(numpy.ndarray 혹은 mygrad.Tensor 등), shape-(M, 1)
            M개의 입력 데이터 (하나의 batch)

        반환 값 (Returns)
        -------
```

```
        prediction : mygrad.Tensor, shape-(M, 1)
            근사함수의 형식에 따라 구한 M개의 예측값을 담은 텐서
        """
        # 여기에 코드 작성

    @property
    def parameters(self):
        """
        모델 파라미터를 튜플 형태로 전부 가져올 수 있는 유용한 함수
        데코레이터 @property를 붙였기에 메서드가 아닌 속성처럼 사용해야 함
        즉, model.parameters()가 아닌 model.parameters로 호출

        반환 값 (Returns)
        -------
        Tuple[Tensor, ...]
            모델의 학습 가능한 모델 파라미터들을 모아놓은 튜플
        """
        # 여기에 코드 작성

    def load_parameters(self, w, b, v):
        self.w = w
        self.b = b
        self.v = v
```

	모델(클래스) 정의하기						학습 과정 관찰하기		
라이브러리 준비	batch 개념 짚어보기	근사함수 수식 구현	모델 클래스 구현	손실함수 작성	경사하강법 함수 작성	모델 학습 시키기	손실 변화	근사함수 변화	뉴런별 학습 결과

Step 2. 손실함수 작성하기

모델을 정의했으므로 우리는 순전파를 통해 초기 근사함수 $F(x)$의 값을 얻을 수 있다. 초기 근사함수 $F(x)$는 임의로 지정한 모델 파라미터에 의해 정의된 함수이므로, 당연히 $f(x) = \cos(x)$와 차이가 클 것이다. 그러나 우리는 Universal Approximation Theorem에 의해, 근사함수 $F(\mathbf{x})$가 임의의 $\varepsilon > 0$에 대해 $|F(\mathbf{x}) - \mathrm{f}(\mathbf{x})| < \varepsilon$를 만족하도록 만드는 모델 파라미터 값들이 반드시 존재한다는 것을 알고 있다. 따라서, 손실함수를

$\mathcal{L}(x) = |F(x) - f(x)| = |F(\{v_i\}, \{w_i\}|$로 정의하여, 손실함수 값이 0에 가까워지도록 학습하는 것이 자연스럽다.

그런데 우리는 batch size가 M인 batch를 모델에 한 번에 입력해줄 것이므로, M개의 손실함수 값 $\mathcal{L}(x_j) = |F(\{v_i\}, \{w_i\}, \{b_i\}; x_j) - \cos(x_j)|$, $(j = 1, \cdots, M)$을 한 번에 얻게 된다. 우리는 이렇게 얻은 M개의 손실에 대해 평균을 구하여, 평균적인 손실을 학습에 사용할 것이다. 앞선 이론의 심화 학습 4-3에서 알아봤듯이, batch 전체의 평균적인 손실을 학습에 사용하면 모델의 가중치를 더 연속적이고 부드럽게 이동시킬 수 있다. (참고로, 이와 같은 잔차절댓값의 평균도 2절 선형회귀의 심화 학습 2-2에서 배운 '경험적인 위험도'의 예시이다.)

$$L(\{v_i\}, \{w_i\}, \{b_i\}; \{x_j\}) = \frac{1}{M}\sum_{j=1}^{M} \mid F(\{v_i\}, \{w_i\}, \{b_i\}; x_j) - \cos(x_j) \mid$$

다음 코드의 주석을 잘 보고, 손실함수를 작성해보자. MyGrad의 수학 연산 함수들을 이용하여 단 한 줄의 코드로 완성해보자.

```
def loss_func(pred, true):
    """
    매개변수 (Parameters)
    ----------
    pred : mygrad.Tensor, shape=(M,)
    true : mygrad.Tensor, shape=(M,)

    반환 값 (Returns)
    -------
    mygrad.Tensor, shape=()
        batch size가 M인 batch의 예측값(prediction)에 대한 평균 손실
    """
    # 여기에 코드 작성
```

<table>
<tr><td rowspan="2">라이브러리 준비</td><td colspan="3">모델(클래스) 정의하기</td><td rowspan="2">손실함수 작성</td><td rowspan="2">경사하강법 함수 작성</td><td rowspan="2">모델 학습 시키기</td><td colspan="3">학습 과정 관찰하기</td></tr>
<tr><td>batch 개념 짚어보기</td><td>근사함수 수식 구현</td><td>모델 클래스 구현</td><td>손실 변화</td><td>근사함수 변화</td><td>뉴런별 학습 결과</td></tr>
</table>

Step 3. 경사하강법 함수 작성하기 : 역전파

모델 파라미터에 해당하는 텐서들과 학습률을 매개변수로 받아 경사하강법을 진행하는 함수를 작성해보자. 우리는 실습 3과 실습 4에서 이미 이 함수를 작성해본 적이 있다. 이번 문제 상황에서도 경사하강법 함수를 동일하게 사용 가능하다.

```
def gradient_step(tensors, learning_rate):
    """
    경사하강법 공식에 따라 gradient-step을 실행

    매개변수 (Parameters)
    ----------
    tensors : Union[Tensor, Iterable[Tensors]]
        단일 텐서, 혹은 텐서로 이루어진 iterable(리스트, 튜플 등) 모두 가능
        만약 특정 tensor에 대한 'tensor.grad'가 'None'인 경우, 업데이트를 건너 뜀

    learning_rate : float
        매 gradient-step에서의 학습률. 양수

    참고
    -----
    함수에서 진행되는 모든 경사하강은 tensor 내에서 바로 반영되므로, 반환 값이 없음
    """
    # 여기에 코드 작성
```

<table>
<tr><td rowspan="2">라이브러리 준비</td><td colspan="3">모델(클래스) 정의하기</td><td rowspan="2">손실함수 작성</td><td rowspan="2">경사하강법 함수 작성</td><td rowspan="2">모델 학습 시키기</td><td colspan="3">학습 과정 관찰하기</td></tr>
<tr><td>batch 개념 짚어보기</td><td>근사함수 수식 구현</td><td>모델 클래스 구현</td><td>손실 변화</td><td>근사함수 변화</td><td>뉴런별 학습 결과</td></tr>
</table>

Step 4. 학습시키기 : 순전파와 역전파의 반복

데이터 준비하기

함수 $f(x)$의 근사함수를 구하는 상황이므로 데이터셋을 준비하는 것이 무척 간단하다. 학습용 데이터셋은 $(x_n, y_n^{(true)})$쌍으로 구성하면 되는데, 이 문제 상황에서는 $y_n^{(true)} =$

$\cos(x_n)$이다. 예를 들어 구간 $[-2\pi, 2\pi]$에서 근사함수를 구하고 싶다면, 구간 $[-2\pi, 2\pi]$를 균등하게 1000개 정도의 구간으로 나눈 배열을 입력되는 x 데이터(train_data)로 사용하고, cos 연산을 적용하는 함수를 true_f로 정의한 후, train_data 배열을 true_f에 통과하여 얻어진 배열을 truth 데이터로 사용하면 될 것이다.

이때, 학습용 데이터를 이루는 x_n값들은 NumPy 배열이나 MyGrad의 상수 텐서로 정의하여 .backward( ) 메서드의 수행과정에서 불필요한 편미분 계수가 계산되지 않도록 해야한다. (실습 3에서 충분히 이해했으리라 생각한다.)

학습시키기

학습시키기에 앞서 train_data와 truth를 잘 정의해주어야 한다. 또한 Step 1에서 정의한 Model 클래스의 객체 model을 생성하여 모델 파라미터들이 초기화되도록 해야 한다.

주석을 잘 보고 데이터와 모델을 준비해보자.

```
# shape-(1000,1)인 학습용 데이터셋 {x_n} 정의하기
# Numpy 배열이나 MyGrad의 상수 텐서로 정의해야 함
# 배열의 이름은 train_data로 지정하기
# 여기에 코드 작성

# true_f(x) 정의하기
# x를 입력받아 np.cos(x)를 반환하는 함수로 정의하면 됨
# y의 truth를 true_f(train_data) 와 같이 구할 수 있도록
# 여기에 코드 작성

# 위에서 작성한 Model 클래스 이용하여 model 객체 생성하기
# 하이퍼파라미터인 뉴런 개수 num_neurons=10 으로 시작
# 여기에 코드 작성
```

학습시키기 전, 초기화된 상태의 model은 우리가 근사하고자 하는 목표 함수인 $f(x) = \cos(x)$와 크게 다르다. 아래 코드를 완성하여 함수 f와 학습시키기 전의 근사함수 모델 F가 어떻게 다른지 살펴보자. 그림 2.4-20은 코드를 실행했을 때 나타날 수 있는 결과 중 하나이다. model 객체를 선언할 때마다 모델 파라미터가 새롭게 초기화되기 때문에 F의 그래프는 코드를 실행할 때마다 달라진다.

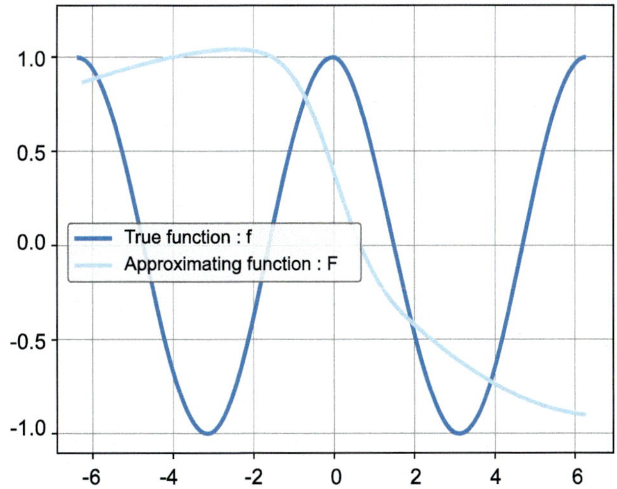

그림 2.4-20 함수 f와 근사함수 F 비교(학습 전)[59]

```
# "True function: f" 와 근사함수인 "Approximating function: F"를 같은 축 상
  에 그래프로 나타내기
# 위에서 정의한 true_f 함수와 초기화된 model 객체를 잘 활용하기
# 두 그래프가 각각 어떤 그래프인지 알아보기 위해 label 설정은 필수, 색상 설정은 자유롭게

fig, ax = plt.subplots()
# 여기에 코드 작성
ax.grid()
ax.legend();
```

이제 본격적으로 학습을 진행할 것이다. 하이퍼파라미터인 batch size, 학습률, epoch 수 등을 지정해준 상태에서 학습을 시작한다. 매 epoch마다 랜덤 batch 별 학습을 진행하기 위해서 batch를 먼저 정해주고, 각 batch에 대해 한 번에 학습을 진행하는 방식으로 프로그래밍하면 된다.

```
# 하이퍼파라미터인 batch_size = 25 로 정하기
# 따라서 총 batch의 개수는 1000/25 = 40개
# 여기에 코드 작성
```

59) 코드 실행 결과

```
# 하이퍼파라미터인 learning_rate = 0.01로 정하기
# 여기에 코드 작성

# 하이퍼파라미터인 epoch 수 1000으로 정하기
for epoch_cnt in range(1000):
    # 랜덤 batch 구성하기
    # train_data 배열을 실제로 섞을 필요는 없음
    # 대신 랜덤으로 섞인 index 배열을 가지고 있으면,
    # 그 index 배열에 따라 train_data 배열의 원하는 요소에 접근이 가능

    # 0부터 시작하는 index 배열 (idxs) 선언하기
    # 배열의 길이는 train_data의 길이와 같아야 함
    idxs = np.arange(len(train_data))

    # np.random.shuffle()을 이용하여 idxs 배열 랜덤하게 섞기
    # 반환하는 값 없이 입력된 배열을 바로 섞어 줌
    np.random.shuffle(idxs)

    for batch_cnt in range(0, len(train_data) // batch_size):

        # 랜덤하게 섞인 idxs 배열을 이용하여 batch_cnt번째 batch 구성하기
        # batch_cnt * batch_size 번째 idxs부터 (batch_cnt + 1) *
          batch_size - 1 번째 idxs까지를 사용하여 batch를 구성하면 됨
        batch_indices = idxs[batch_cnt * batch_size : (batch_cnt + 1)
          * batch_size]
        batch = train_data[batch_indices]

        # truth : batch에 대한 f(x) 값
        # 여기에 코드 작성

        # prediction : batch에 대한 F(x) 값
        # 여기에 코드 작성

        # loss : 앞서 작성한 loss_func() 이용하여 truth와 prediction에 대한
          loss 계산
        # 여기에 코드 작성

        # 경사하강법 진행에 필요한 모든 편미분 계수를 얻기 위해
        # loss에 대해 .backward() 메서드 실행
        # 여기에 코드 작성
```

```
# 앞서 작성한 gradient_step() 이용하여 model.parameters에 대해 경사하강
  한 번 실행
# 여기에 코드 작성
```

학습시킨 후의 model은 원래함수인 $f(x) = \cos(x)$와 꽤 비슷해진다. 아래 코드를 완성하여 학습시킨 후의 근사함수 모델 F가 원래함수 f와 얼마나 가까워졌는지 살펴보자. 학습이 잘 되었다면 학습 후의 결과는 그림 2.4-21과 거의 똑같게 나타날 것이다.

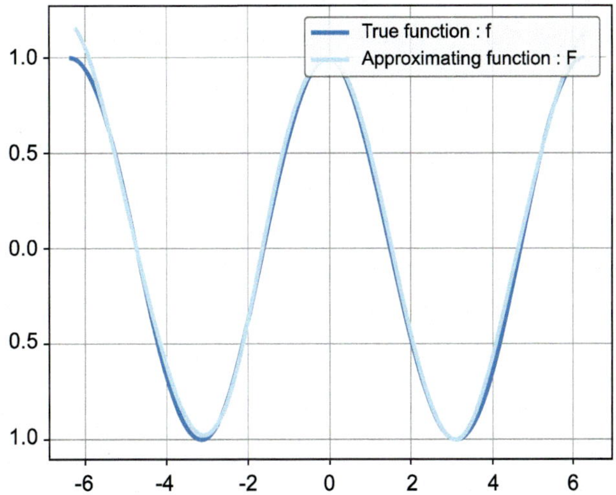

그림 2.4-21 함수 f와 근사함수 F 비교(학습 후)[60]

```
# 원래함수인 "True function: f"와 근사함수인 "Approximating function: F"를 같
  은 축 상에 그래프로 나타내기
# 위에서 정의한 true_f 함수와 초기화된 model 객체를 잘 활용하기
# 두 그래프가 각각 어떤 그래프인지 알아보기 위해 label 설정은 필수, 색상 설정은 자유롭게

# 여기에 코드 작성
```

60) 코드 실행 결과

라이브러리 준비	모델(클래스) 정의하기			손실함수 작성	경사하강법 함수 작성	모델 학습 시키기	학습 과정 관찰하기		
	batch 개념 짚어보기	근사함수 수식 구현	모델 클래스 구현				손실 변화	근사함수 변화	뉴런별 학습 결과

Step 5. 학습 과정 다양하게 관찰하기

학습 진행에 따른 손실의 변화를 실시간으로 관찰하기

학습이 진행됨에 따라 손실이 어떻게 변화하는지 확인하기 위해 noggin 라이브러리의 create_plot 함수를 사용해볼 것이다. 다음의 코드와 같이 create_plot( ) 함수는 plotter, fig, ax를 반환한다. 여기서 metrics=["loss"]로 설정해주었기 때문에, plotter는 학습 과정을 진행하는 동안 2초마다 손실의 변화를 추적하는 역할을 한다.

```
from noggin import create_plot

plotter, fig, ax = create_plot(metrics=["loss"])

# 그래프의 y축 값(loss)의 범위를 0과 1 사이 범위로 제한
# 초기 모델 F(x)가 어떻게 초기화되었는가에 따라 초기 loss가 지나치게 큰 경우도 발생할 수
있기 때문
ax.set_ylim(0, 1)
```

이제 위에서 진행했던 학습을 다시 진행할 것이다. 그런데 이번에는 Step 4의 학습 코드의 적절한 위치에 아래의 두 코드를 넣어 다시 실행해보자. epoch를 반복하는 과정, batch 별 학습을 반복하는 과정이 진행되는 각 for문에 넣으면 된다. 그러면 학습 중에 loss를 추적할 수 있게 된다.

```
plotter.set_train_batch({"loss": loss.item()}, batch_size=batch_size)
plotter.set_train_epoch()
```

마지막으로 학습이 끝난 위치에 다음 코드를 추가해줌으로써, 누락된 데이터가 빠짐없이 기록되도록 할 수 있다.

```
plotter.plot()
```

코드를 잘 추가하여 다시 학습을 진행하면, 그림 2.4-22와 같이 학습이 진행됨에 따라 손실이 점차 작아지는 것을 실시간으로 확인할 수 있을 것이다.

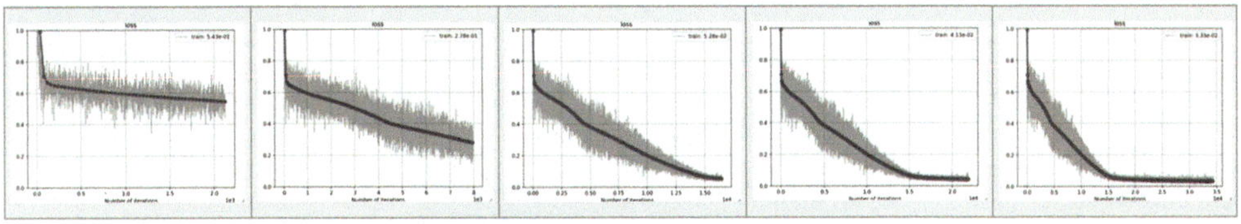

그림 2.4-22 손실 그래프[61)]

근사함수 $F(x)$의 변화를 실시간으로 관찰하기

학습이 진행됨에 따라 모델 $F(x)$가 어떻게 변화하는지 확인하기 위해 matplotlib 라이브러리의 animation 모듈 내에 있는 FuncAnimation 함수를 사용해볼 것이다. $F(x)$가 $f(x)$에 점점 가까워지는 것을 확인할 수 있을 것이다. FuncAnimation 함수의 사용법은 딥러닝에 대해 배우는 데 필수적인 내용은 아니기 때문에, 주어지는 코드를 그대로 사용하여 그래프의 모습만 확인해보아도 충분하다.

그런데, 아래에 주어질 코드를 사용하기 위해서는 학습 과정 중의 모델 파라미터 쌍들을 여러 차례 저장한 params 리스트를 준비해야 한다. 따라서 Step 4의 학습 코드에서 적절한 위치를 찾아 아래 두 코드를 넣은 후 다시 학습을 진행해야 한다.

```
# 모델 파라미터 쌍들을 저장하는 리스트 선언
params = []

# 매 epoch 마다 저장하기에는 너무 많으므로, 10 epoch 마다 저장
# model.parameters 속성을 이용하여 모델 파라미터를 불러옴
# 10의 배수인 epoch이면 params 리스트에 그 순간의 모델 파라미터 append
if epoch_cnt % 10 == 0:
    params.append([p.data.copy() for p in model.parameters])
```

61) 코드 실행 결과

이제 params 리스트까지 준비가 되었다면, 아래의 코드를 그대로 실행하여 근사함수 $F(x)$가 함수 $f(x)$에 어떻게 가까워져 가는지 확인할 수 있다. 그림 2.4-23과 같이 근사함수 F가 함수 f에 가까워지는 과정을 반복하여 확인할 수 있을 것이다.

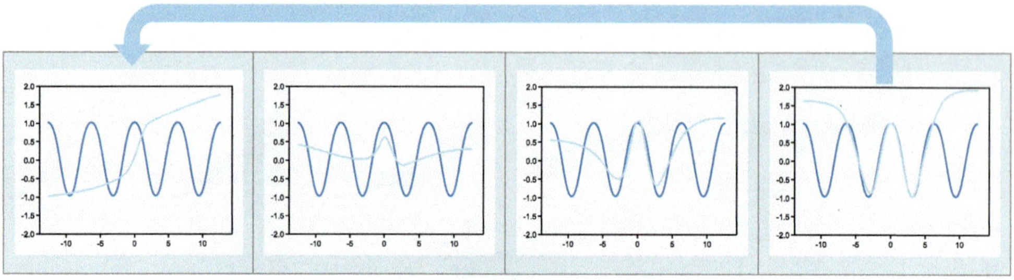

그림 2.4-23 함수 f와 근사함수 F 비교(학습 과정 반복)[62]

```
from matplotlib.animation import FuncAnimation

x = np.linspace(-4 * np.pi, 4 * np.pi, 1000)

fig, ax = plt.subplots()
ax.plot(x, np.cos(x))
ax.set_ylim(-2, 2)
_model = Model(model.N)
_model.load_parameters(*params[0])
(im,) = ax.plot(x.squeeze(), _model(x[:, np.newaxis]).squeeze())

def update(frame):
    # ax.figure.canvas.draw()
    _model.load_parameters(*params[frame])
    im.set_data(x.squeeze(), _model(x[:, np.newaxis]).squeeze())
    return (im,)

ani = FuncAnimation(
    fig,
    update,
    frames=range(0, len(params)),
```

62) 코드 실행 결과

```
    interval=20,
    blit=True,
    repeat=True,
    repeat_delay=1000,
)
```

각 뉴런 별 학습 결과 그래프로 나타내기

이번에는 학습을 진행한 $N=10$개의 뉴런으로부터 얻는 각각의 결과값을 그래프로 나타내어 보자. 즉, $i=1, \cdots, N$의 N개의 뉴런에 대해 구간 $x \in [-2\pi, 2\pi]$에서 $\varphi(x \cdot w_i + b_i)$의 그래프가 어떻게 나타나는지 그래프로 그려보면 된다. 각 뉴런의 결과까지만 확인하는 것이므로 이 식에서 v_i는 미포함한다.

$N=10$개의 뉴런으로부터 얻는 결과값을 하나의 그래프로 나타내기 위해, subplot이 열 ncols=2, 행 nrows=model.N//2개인 그래프를 생성할 것이다. 따라서, axes는 원소가 2*(N//2)개인 배열이 된다. 또한 model.parameters[0] (배열 $\{w_i\}$)와 model.parameters[1] (배열 $\{b_i\}$)은 원소가 N개인 배열이다. N개의 뉴런에 대응되는 각각의 축에 대해, 정의역 x와 각각의 모델 파라미터들로부터 얻어지는 (x, sigmoid(x * w + b))를 plot하면 우리가 원하는 결과를 얻을 수 있다.

다음의 코드를 완성하여 원하는 $N=10$개의 그래프를 그려보자. 코드를 잘 작성하면 그래프가 그림 2.4-24와 같이 나타날 것이다. 참고로, 코드에 나온 flatten( ) 함수는 다차원 배열을 1차원으로 풀어쓰는 역할을 해주는 함수로, 이론에서 잠깐 나왔던 벡터화(Vectorization)를 수행하는 함수이다. 또한 zip( ) 함수는 Python의 내장함수로, 여러 개의 iterable한 객체들이 전달되었을 때 각 객체의 요소들을 순서대로 하나씩 뽑아 튜플의 형태로 묶어주는 역할을 한다. 특히 for문에서 활용하기 유용한 함수이다. flatten( )과 zip( ) 함수를 꼭 이용해야만 구현할 수 있는 것은 아니지만, 알고 있으면 더 쉽게 프로그래밍하는 데 도움이 될 것이다.

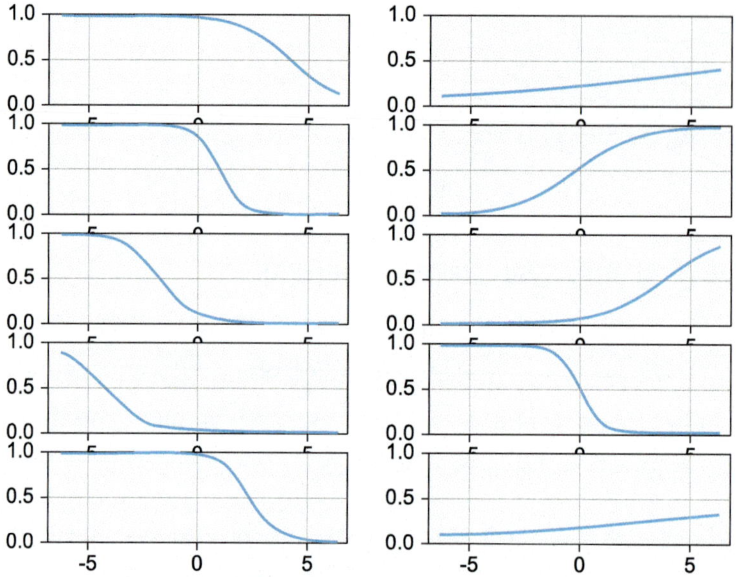

그림 2.4-24 뉴런 10개의 결과[63)]

```
fig, axes = plt.subplots(ncols=2, nrows=model.N // 2)
x = np.linspace(-2 * np.pi, 2 * np.pi) # 디폴트 : 50개 구간

for ax, w, b in zip(axes.flatten(), model.parameters[0].flatten(),
model.parameters[1].flatten()):
    # 여기에 코드 작성
    ax.grid("True")
    ax.set_ylim(0, 1)
```

마지막으로 각 뉴런에서 얻어진 결과에 v_i를 곱해준 값들을 하나의 그래프에 plot하고, 이들을 모두 합한 것을 굵은 검은 점선으로 plot 해보자. 먼저, $i=1, \cdots, N$의 N개의 뉴런에 대해 구간 $x \in [-2\pi, 2\pi]$에서 $v_i \varphi(x \cdot w_i + b_i)$의 그래프가 어떻게 나타나는지 그래프로 그려보면 된다. 그리고 이들을 모두 합한 그래프를 함께 그려서, 이 그래프의 모양이 원래 함수 $f(x) = \cos(x)$와 얼마나 가까운지 확인해보자. 코드를 잘 작성한다면 그림 2.4-25와 같은 10개의 실선 그래프와 1개의 굵은 점선 그래프를 확인할 수 있을 것

63) 코드 실행 결과

이고, 굵은 점선 그래프는 $f(x) = \cos(x)$와 매우 유사하게 나타날 것이다.

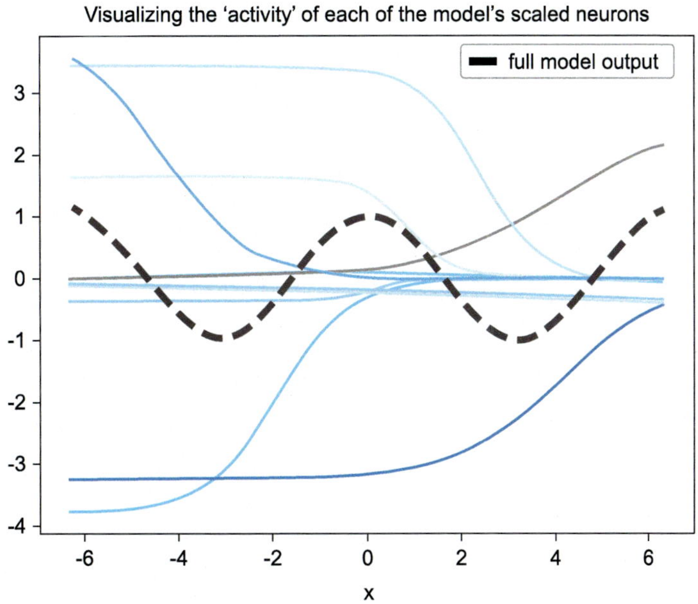

그림 2.4-25 뉴런 10개의 결과값에 대한 가중치 연산[64]

```
fig, ax = plt.subplots()
x = np.linspace(-2 * np.pi, 2 * np.pi)
F = mg.linspace(0,0)

# 하나의 축 위에 모든 그래프를 plot
W = model.parameters[0]
B = model.parameters[1]
V = model.parameters[2]
for w, b, v in zip(W.flatten(), B.flatten(), V.flatten()):
    # 여기에 코드 작성
    F += v * sigmoid(x * w + b)
```

64) 코드 실행 결과

```
# v * sigmoid(x * w + b)를 모두 합한 것을 함께 plot
ax.plot(
    x,
    F,
    color="black",
    ls="--",
    lw=4,
    label="full model output",
)

ax.legend()
ax.set_xlabel(r"$x$")
```

배운 내용 되돌아보기

라이브러리 준비	모델(클래스) 정의하기			손실함수 작성	경사하강법 함수 작성	모델 학습 시키기	학습 과정 관찰하기		
	batch 개념 짚어보기	근사함수 수식 구현	모델 클래스 구현				손실 변화	근사함수 변화	뉴런별 학습 결과

이번 실습에서는 Universal Approximation Theorem에 의거하여 함수 $f(x) = \cos(x)$의 근사함수 $F(x)$의 모델을 $F(\{v_i\}, \{w_i\}, \{b_i\}; x) = \sum_{i=1}^{N} v_i \varphi(x \cdot w_i + b_i)$로 세우고 학습을 진행하였다. 우리가 학습시킨 모델은 입력층과 출력층의 뉴런 수가 모두 1인 매우 간단한 형태의 신경망 모델이었지만, 앞으로 작성할 다양한 형태의 신경망의 기본이 되는 중요한 개념들이 많이 나왔다.

- ☐ batch의 개념을 적용하여 밀집층의 순전파를 직접 프로그래밍하였다. 근사함수 수식을 코딩으로 구현한 결과는 딱 한 줄이었지만, 그 한 줄이 잘 성립하는 코드인지를 확인하기 위해 배열의 연산을 하나씩 따라가며 자세히 살펴보았다.
- ☐ 이렇게 작성한 순전파 코드를 바탕으로 모델(클래스)를 정의하였다. 하이퍼파라미터인 은닉층의 뉴런 개수는 사용자가 입력하도록 하였고, 모델 파라미터는 표준정규분포를 따르도록 초기화하였다.
- ☐ 손실함수를 잔차 절댓값의 평균으로 정의하였다. batch에 대해 평균적인 손실을 구

하여 학습에 사용함으로써 batch의 이점을 한 번 더 확인하였다.

☐ 경사하강법 함수는 실습 3과 실습 4에서 작성했던 함수와 동일하게 다시 작성하며 복습하였다.

☐ 근사하고자 하는 목표 함수가 $f(x)=\cos(x)$로 명확히 주어졌기 때문에, x 데이터 (train_data) 만 정해주면 cos 함수를 이용하여 데이터셋의 y 데이터(truth)를 쉽게 얻을 수 있었다. 이때, x 데이터들에 대한 편미분 계수가 계산되지 않도록 x를 상수 취급해야 했다.

☐ 학습을 진행할 때는 랜덤 batch를 구성하여 각 batch에 대해 iteration을 진행해야 했다. 이때, 랜덤 batch는 랜덤하게 섞인 인덱스 배열을 이용하여 train_data 배열에 랜덤하게 접근하는 방식으로 사용하였다.

☐ 1 iteration 동안 실제(truth)값과 모델의 순전파로 얻은 예측(prediction)값을 손실 함수에 대입한 후, 손실함수에 대해 자동미분을 이용한 경사하강법을 진행하여 모델 파라미터를 1회 업데이트하였다. 모든 batch에 대해 iteration을 진행하는 epoch를 총 1000회 진행함으로써 모델을 효과적으로 학습시켰다.

☐ 학습 전과 후의 목표 함수 $f(x)$와 근사함수 $F(x)$를 비교해보았고, 학습이 진행됨에 따라 $F(x)$가 $f(x)$에 가까워지는 과정을 관찰해보기도 했다.

☐ 학습이 진행됨에 따라 손실 loss가 실시간으로 감소하는 것을 noggin 라이브러리를 이용하여 관찰하였다.

☐ 학습이 완료된 후, 은닉층의 각 뉴런들이 어떤 결과를 도출하는지 확인해보았다. 또한, 각 뉴런에서 도출한 결과에 가중치 연산을 한 결과와 그렇게 구한 모든 함수를 합한 결과를 함께 시각화함으로써 뉴런 단위로 학습 결과가 어떻게 나타났는지 살펴보았다.

실습 6 좌표평면 위의 점이 어떤 소용돌이 그래프에 속할지 분류하기

그림 2.4-26에는 서로 다른 세 색상의 점들로 이루어지는 소용돌이 3개가 표시되어있다. 여기에 추가로 별 모양의 점이 주어질 때, 우리는 쉽게 이 점은 가장 연한 하늘색의 소용돌이에 속할 것이라고 답할 수 있을 것이다. 이번 실습에서는 신경망을 이용하여, 좌표평면 위의 새로운 점이 순서쌍으로 주어질 때, 그 점이 어느 소용돌이에 속하는 것이 가장 적절할지 예상하는 모델을 학습시켜볼 것이다. 실습 전체적으로, 실제로 코드를 실행하면 나타나는 그림의 노란색, 빨간색, 파란색은 본 책에서 각각이 가장 연한 파란색, 두 번째로 연한 파란색, 파란색으로 인쇄되었다.

앞선 실습 5에서 1차원 입력 데이터를 다루었다면, 이번에는 2개의 숫자로 구성되는 2차원 입력 데이터를 다루어보는 것이다. 신경망의 기본적인 원리를 앞선 이론 부분에서 충분히 이해하고, 설명을 천천히 따라가다 보면 어렵지 않게 구현할 수 있을 것이다. 덧붙여, 실습 5의 내용이 잘 기억나지 않는다면 다시 한 번 읽어보는 것을 추천한다.

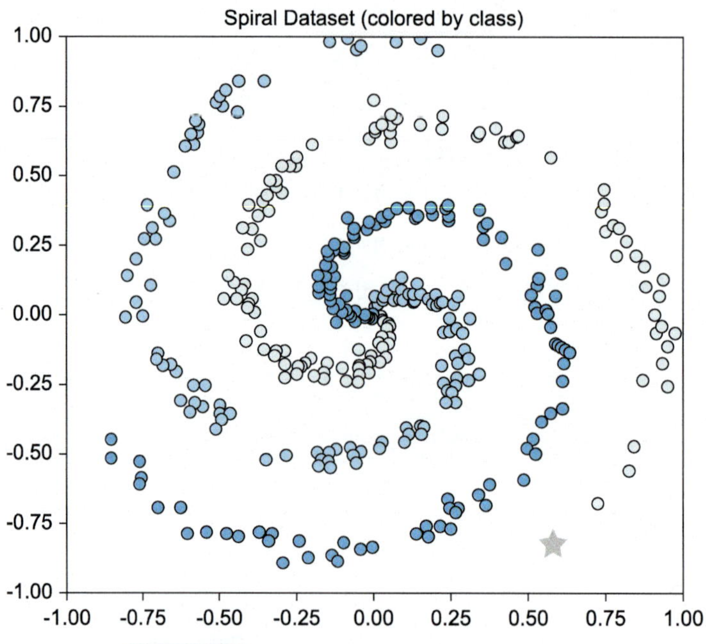

그림 2.4-26 실습 6에서 해결해야 하는 문제

Step 1. 필요한 라이브러리 import 하기, 데이터 가져오기

이번 실습을 진행하는 데 필요한 라이브러리를 import 하고, 실습 1(셋업) 과정에서 다운로드한 클래스인 ToyData의 객체 data를 생성하여 데이터셋을 구축하자. ToyData 클래스는 객체 생성 시, 우선 입력받은 개수만큼의 소용돌이를 표현하는 데이터를 만든다. 이 데이터는 특정 소용돌이에 속한 있는 점의 좌표와 그 점이 속한 소용돌이 정보이다. 본 실습에서는 그림 2.4-26처럼 3개의 소용돌이를 사용할 것이지만, 다른 숫자를 사용해 보는것도 좋다. 생성된 소용돌이의 모양을 그림 2.4-26처럼 그래프에 나타내려면, 메서드 load_data( )를 사용하면 된다. 이제, 모델을 학습시키는 데 사용할 학습용 데이터셋 xtrain과 ytrain, 모델 파라미터를 평가하는 데 사용할 테스트용 데이터셋 xtest, ytest로 나누어 저장해주자. 아래 코드를 그대로 시행하고, 우선 위의 그림처럼 소용돌이가 잘 나타나는지 확인해보자.

```
import mygrad as mg
from mygrad.nnet.initializers.he_normal import he_normal

from datasets import ToyData
import numpy as np

import matplotlib.pyplot as plt
%matplotlib notebook
```

```
# 사용할 소용돌이 데이터셋 구축
num_tendril = 3 # 데이터에 포함된 소용돌이의 개수 지정.
data = ToyData(num_classes=num_tendril)
# 데이터셋 분류하기
xtrain, ytrain, xtest, ytest = data.load_data()
# 소용돌이 형태를 좌표평면 위에 나타내기
fig, ax = data.plot_spiraldata()
```

좌표평면에 그래프를 나타내어 소용돌이 데이터의 형태를 확인했다면, 이제 학습에 사용될 데이터가 어떻게 구성되는지도 살펴보자. 이를 위해 xtrain과 ytrain의 type( )을 확인하고, 각각이 어떤 정보를 저장하고 있는지 확인해보자.

```
# xtrain, ytrain의 type() 확인하기
# 여기에 코드 작성
# xtrain, ytrain 출력하기
# 여기에 코드 작성
```

위의 코드를 적절히 완성하면, xtrain과 ytrain은 둘 다 numpy의 ndarray 형태임을 확인해볼 수 있다. xtrain은 점들의 순서쌍으로 구성된 배열이며, ytrain은 xtrain의 점이 속하는 소용돌이의 종류를 숫자 0, 1, 2(소용돌이가 3개이므로)로 표현하는 배열이다. 예를 들어, 학습에 사용되는 데이터가 3개이고 그래프 상에서 빨간색 소용돌이(0으로 표현)에 속하는 점 좌표가 (1.1, 2.1), 노란색 소용돌이(1로 표현)에 속하는 점이 (0, −4.7), 파란색 소용돌이(2로 표현)에 속하는 점이 (−2.9, 1.3)이라면, xtrain은 [[1.1, 2.1], [−2.9, 1.3], [0, −4.7]], ytrain은 [0, 2, 1]로 구성되게 된다.

라이브러리, 데이터셋 준비	학습의 큰 틀 구상	모델 클래스 구현	손실함수 정의	경사하강법 함수 작성	학습 정확도 함수 작성	모델 학습시키기

Step 2. 학습의 큰 틀 구상하기

이번 실습에서 우리가 궁극적으로 얻어야 하는 결과는 한 점이 어떤 소용돌이에 속하는지 분류된 결과이기에, 모델을 통해 얻게 될 결과는 0, 1, 2의 숫자 중 하나일 것이라고 생각하기 쉽다. 하지만 딥러닝에서 분류(classification) 문제를 해결할 때는 보통 분류할 카테고리의 개수만큼의 출력을 벡터의 형태로 얻도록 한다. 우리에게 주어진 새로운 점이 각 카테고리에 포함될 가능성의 척도를 숫자로 나타내는 것이다. 이 가능성을 0 이상이고 총합이 1이도록 조절한다면, 이를 확률과 비슷한 의미로 생각할 수 있다. 가령, 출력 결과가 [1, 0, 0]이면 이 점이 0번 소용돌이에 속한다고 확신할 수 있을 것이고, 출력 결과가 [0.2, 0.3, 0.5]이면 2번 소용돌이에 속할 가능성이 가장 높다고 판단하는 것이다. 이와 같은 결과를 얻기 위해, 우리는 2개의 층으로 된 신경망(입력층을 제외하고 1개의 은닉층과 출력층을 가짐)을 구축할 것이다. 은닉층, 그리고 출력층으로 전달되는 과정의 가중치 곱 계산에 걸쳐 한 점이 각 소용돌이에 포함될 가능성의 척도를 구할 것이고, 이후 출력층의 활성함수를 통해 이 척도가 확률과 같은 성질을 갖도록 가공할 것이다. 우선 전체적인 과정을 담아낸 아래 그림 2.4-27과 2.4-28을 살펴보고, 세부적인 구조를 파헤쳐보자.

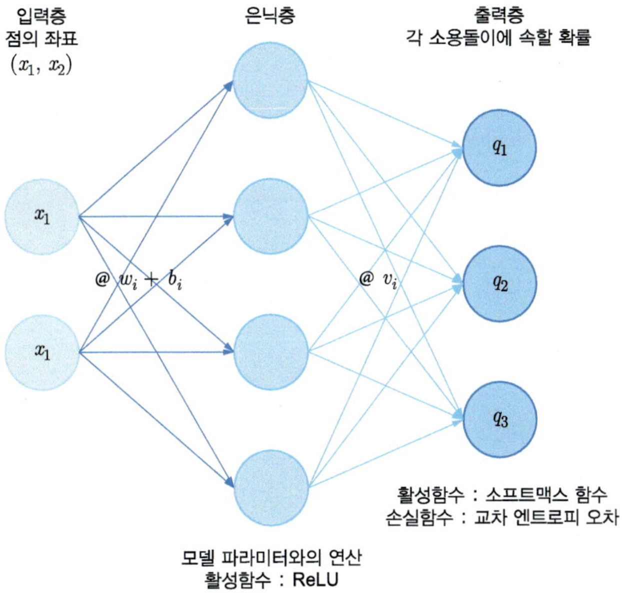

그림 2.4-27 실습 6에서 사용할 신경망의 구조(1)

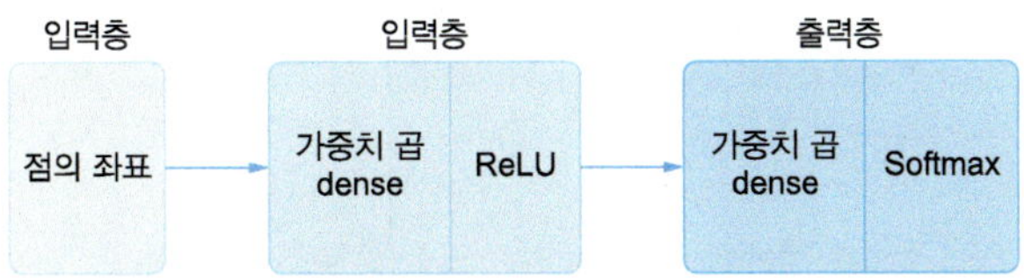

그림 2.4-28 실습 6에서 사용할 신경망의 구조(2)

우선, 출력 결과를 얻기 위한 신경망의 수학적 구조를 설계해보자. 입력 데이터를 2차원 벡터인 $\mathbf{x}$, 원하는 결과를 $\mathbf{y}_{\text{pred}} = [y_0,\ y_1,\ y_2]$이라고 하고, 모델 파라미터는 벡터인 $\mathbf{v}_\mathrm{i}$, $\mathbf{w}_\mathrm{i}$와 스칼라인 b_i 이라고 할 때, $\mathbf{y}_{\text{pred}} = F(\{\mathbf{v}_\mathrm{i}\},\ \{\mathbf{w}_\mathrm{i}\},\ \{b_i\}\,;\mathbf{x}) = \sum_{i=1}^{N} \mathbf{v}_\mathrm{i}\,\varphi(\mathbf{x}\cdot\mathbf{w}_\mathrm{i} + b_i)$으로 근사식을 표현할 수 있다. 실습 5에서와 마찬가지로, N은 뉴런의 개수이다. 이때,

$\mathbf{w}_i$는 $\mathbf{x}$와 동일하게 2차원 벡터이며, $\mathbf{v}_i$는 우리가 원하는 결과와 동일한 차원을 가져야 하므로 3차원 벡터이어야 할 것이다.

이번에도 학습을 진행할 때는 데이터를 batch로 나눌 것이다. 모델을 클래스로 구현할 때 하나의 batch에 대한 순전파를 동시에 진행시켜주기 위해, 위의 근사식을 바탕으로 하는 계산 과정을 구상해보자. 하나의 batch에 포함되는 데이터의 개수를 M개라고 할 때, 입력 데이터 $\mathbf{x}$는 이제 M개의 데이터를 모은 shape-(M, 2)의 행렬 X가 될 것이다. 하나의 batch에 속하는 입력 데이터를 $\mathbf{x}_1$, $\mathbf{x}_2$, ..., $\mathbf{x}_\mathrm{M}$이라고 하면, 이들 각각을 행벡터로 두었을 때 X는

$$X=\begin{pmatrix}\mathbf{x}_1\\ \mathbf{x}_2\\ \vdots\\ \mathbf{x}_\mathrm{M}\end{pmatrix}$$

로 표현되는 것이다.

아래의 Step 3에서는 순전파 과정에서 이루어지는 연산을 행렬곱으로 표현하여 코드로 작성하게 될 것이다. 실습 5에서 진행했던 과정과 크게 다르지 않으나, 아직 낯설 수 있으니 한 번만 더 따라가보자. 우선 shape-(M, 2)의 행렬 X와 2차원 열벡터 $\mathbf{w}_\mathrm{i}$ N개를 열에 대해 늘어놓은 shape-(2, N)의 행렬 $W=(\mathbf{w}_1\ \mathbf{w}_2\ \ldots\ \mathbf{w}_\mathrm{N})$를 행렬곱하면, shape-($M$, N)인 아래의 행렬을 얻게 된다.

$$XW=\begin{pmatrix}\mathbf{x}_1\\ \mathbf{x}_2\\ \vdots\\ \mathbf{x}_\mathrm{M}\end{pmatrix}(\mathbf{w}_1\ \mathbf{w}_2 \cdots \mathbf{w}_\mathrm{N})=\begin{pmatrix}\mathbf{x}_1\cdot\mathbf{w}_1 & \mathbf{x}_1\cdot\mathbf{w}_2 & \cdots & \mathbf{x}_1\cdot\mathbf{w}_\mathrm{N}\\ \mathbf{x}_2\cdot\mathbf{w}_1 & \mathbf{x}_2\cdot\mathbf{w}_2 & \cdots & \mathbf{x}_2\cdot\mathbf{w}_\mathrm{N}\\ \vdots & \vdots & \ddots & \vdots\\ \mathbf{x}_\mathrm{M}\cdot\mathbf{w}_1 & \mathbf{x}_\mathrm{M}\cdot\mathbf{w}_2 & \cdots & \mathbf{x}_\mathrm{M}\cdot\mathbf{w}_\mathrm{N}\end{pmatrix}$$

다음으로, XW의 계산 결과로 얻은 행렬의 각 j번째 열의 원소 전부에 b_j를 더하고, 그 직후 행렬의 모든 원소에 대한 활성함수값을 구해야 한다. 그 결과는 아래와 같을 것이다.

$$\begin{pmatrix}\varphi(\mathbf{x}_1\cdot\mathbf{w}_1+b_1) & \varphi(\mathbf{x}_1\cdot\mathbf{w}_2+b_2) & \cdots & \varphi(\mathbf{x}_1\cdot\mathbf{w}_\mathrm{N}+b_N)\\ \varphi(\mathbf{x}_2\cdot\mathbf{w}_1+b_1) & \varphi(\mathbf{x}_2\cdot\mathbf{w}_2+b_2) & \cdots & \varphi(\mathbf{x}_2\cdot\mathbf{w}_\mathrm{N}+b_N)\\ \vdots & \vdots & \ddots & \vdots\\ \varphi(\mathbf{x}_\mathrm{M}\cdot\mathbf{w}_1+b_1) & \varphi(\mathbf{x}_\mathrm{M}\cdot\mathbf{w}_2+b_2) & \cdots & \varphi(\mathbf{x}_\mathrm{M}\cdot\mathbf{w}_\mathrm{N}+b_N)\end{pmatrix}$$

이때 사용하는 활성함수 φ로는, 분류 문제에 주로 사용되는 ReLU 함수를 사용할 것이다. ReLU 함수가 무엇인지 기억이 나지 않는다면, 4절의 더 알아보기 1을 다시 읽어보자.

마지막으로, 우리가 원하는 결과였던 3차원 벡터 $\mathbf{y}_{\text{pred}}$ 또한 M개의 batch에 대해 동시에 계산하는 상황으로 확장하면, $\mathbf{x}_1, \mathbf{x}_2, \ldots, \mathbf{x}_M$에 대해 얻은 결과 $\mathbf{y}_1, \mathbf{y}_2, \ldots, \mathbf{y}_M$을 행벡터로 가지는 shape-($M$, 3)의 행렬 Y로 확장해야 할 것이다. 이때, $\mathbf{y}_\text{j} = F(\{\mathbf{v}_\text{i}\}, \{\mathbf{w}_\text{i}\}, \{b_i\}; \mathbf{x}_\text{j}) = \sum_{i=1}^{N} \mathbf{v}_\text{i}\varphi(\mathbf{x}_\text{j} \cdot \mathbf{w}_\text{i} + b_i)$이므로, 우리가 구하고자 하는 결과는 다음과 같다.

$$Y = \begin{pmatrix} \mathbf{y}_1 \\ \mathbf{y}_2 \\ \vdots \\ \mathbf{y}_\text{M} \end{pmatrix} = \begin{pmatrix} \sum_{i=1}^{N} \mathbf{v}_\text{i}\varphi(\mathbf{x}_1 \cdot \mathbf{w}_\text{i} + b_i) \\ \sum_{i=1}^{N} \mathbf{v}_\text{i}\varphi(\mathbf{x}_2 \cdot \mathbf{w}_\text{i} + b_i) \\ \vdots \\ \sum_{i=1}^{N} \mathbf{v}_\text{i}\varphi(\mathbf{x}_\text{M} \cdot \mathbf{w}_\text{i} + b_i) \end{pmatrix}$$

이 결과는 앞 단계에서 구했던 행렬과 $\mathbf{v}_\text{i}$를 행벡터로 갖는 shape-(N, 3) 행렬의 곱으로 써 구할 수 있다.

$$Y = \begin{pmatrix} \varphi(\mathbf{x}_1 \cdot \mathbf{w}_1 + b_1) & \varphi(\mathbf{x}_1 \cdot \mathbf{w}_2 + b_2) & \cdots & \varphi(\mathbf{x}_1 \cdot \mathbf{w}_\text{N} + b_N) \\ \varphi(\mathbf{x}_2 \cdot \mathbf{w}_1 + b_1) & \varphi(\mathbf{x}_2 \cdot \mathbf{w}_2 + b_2) & \cdots & \varphi(\mathbf{x}_2 \cdot \mathbf{w}_\text{N} + b_N) \\ \vdots & \vdots & \ddots & \vdots \\ \varphi(\mathbf{x}_\text{M} \cdot \mathbf{w}_1 + b_1) & \varphi(\mathbf{x}_\text{M} \cdot \mathbf{w}_2 + b_2) & \cdots & \varphi(\mathbf{x}_\text{M} \cdot \mathbf{w}_\text{N} + b_N) \end{pmatrix} \begin{pmatrix} v_1 \\ v_2 \end{pmatrix}$$

이로써 은닉층에서부터 출력층의 가중치 곱까지의 계산과정 설계가 완료되었다. 이러한 수학적 과정을 코드로 구현하는 방법은 Step 3에서 고민해보자. 이때까지 한 작업을 요약하면, 우리는 입력 데이터가 주어졌을 때 이 데이터가 세 개의 소용돌이에 속하게 될 가능성을 각각 벡터로 나타낸 것이다.

다음 단계인 출력층의 활성함수로는 4절의 더 알아보기 1에서 설명한 '소프트맥스 함수'를 이용하여 가능성의 척도를 0 이상의 총합이 1인 확률값으로 가공해줄 것이다. 가령, 하나의 입력 데이터 $\mathbf{x}_\text{j}$에 대해 계산된 가능성의 척도 $\mathbf{y}_\text{j} = (y_{j0}, y_{j1}, y_{j2})$가 주어졌을 때, 소프트맥스 함수를 거치면 $\left(\frac{e^{y_{j0}}}{e^{y_{j0}} + e^{y_{j1}} + e^{y_{j2}}}, \frac{e^{y_{j1}}}{e^{y_{j0}} + e^{y_{j1}} + e^{y_{j2}}}, \frac{e^{y_{j2}}}{e^{y_{j0}} + e^{y_{j1}} + e^{y_{j2}}}\right)$

$= (p_{j0}, p_{j1}, p_{j2}) = \mathbf{p}_j$의 결과를 얻을 수 있을 것이다. 이 세 값은 전부 0 이상 1 이하의 값을 가지며, 총합이 1이므로 확률과 유사한 성질을 가짐을 확인할 수 있다.

마지막으로, 우리 모델의 성능을 평가하기 위한 손실함수를 결정하자. 소프트맥스 함수와 주로 함께 사용되는 손실함수는 '교차 엔트로피 함수'이고, 더 알아보기 1에서 설명했듯 분류 문제를 모델이 잘 해결했는지 평가해줄 것이다. 따라서 이번 실습에서는 교차 엔트로피 함숫값을 소용돌이의 총 개수인 3으로 나눈 평균값을 손실함수로 사용할 것이다. 교차 엔트로피 함숫값 계산에 필요한 정답 레이블 $\mathbf{t}_j$는 제공된 데이터셋의 정답으로부터 쉽게 생성할 수 있다. 3차원 벡터로, 점이 속하는 소용돌이가 0번 소용돌이라면 (1, 0, 0), 1번 소용돌이라면 (0, 1, 0) 등으로 생성하면 된다.

$$\mathcal{L}(\mathbf{p}_j, \mathbf{t}_j) = \mathcal{L}((p_{j0}, p_{j1}, p_{j2}), (t_{j0}, t_{j1}, t_{j2})) = -\frac{1}{3}\sum_{i=0}^{2} t_{ji} \log p_{ji}$$

손실함수를 통한 학습은 이전의 실습들에서처럼 경사하강법을 사용하여 진행할 것이다. 앞으로 돌아가 그림 2.4-27과 그림 2.4-28을 다시 확인하고, 신경망의 전체 틀을 다시 한 번 확인해보자. 완료했다면, 이제 이 신경망을 구현하고, 학습에 필요한 요소들을 하나씩 구현해보자.

라이브러리, 데이터셋 준비	학습의 큰 틀 구상	모델 클래스 구현	손실함수 정의	경사하강법 함수 작성	학습 정확도 함수 작성	모델 학습시키기

Step 3. 모델(클래스) 정의하기

이번 단계에서는 Step 2에서 설계한 은닉층부터 출력층의 가중치 곱 단계까지를 계산하는, 즉 순전파 단계를 진행할 수 있게 하는 모델을 클래스의 형태로 설계해볼 것이다. 출력층의 활성함수인 소프트맥스 함수는 추후 Step 4에서 교차 엔트로피 함수와 결합한 형태로 사용할 것이다. 클래스의 객체를 생성할 때는 은닉층에 사용할 뉴런의 개수 num_neurons(Step 2의 설명에서 *N*), 그리고 분류의 결과 개수인 num_classes(이번 실습에서는 3으로 사용)을 입력받게 할 것이다. ReLU 함수는 더 알아보기 1에서 설명했듯, 아래 코드를 통해 mygrad 라이브러리에서 가져와 사용할 수 있다.

```
from mygrad.nnet.activations import relu
```

모델 파라미터 $\mathrm{v_i}$, $\mathrm{w_i}$(벡터)와 b_i(스칼라)를 초기화하기 위해서는 $\mathrm{v_i}$, $\mathrm{w_i}$는 He Normal[65]이라는 초기화 방법을 사용할 것이고, b_i는 전부 0으로 초기화할 것이다. He Normal 초기화 방법은 뉴런 개수가 N개일 때, 평균이 0이고 표준편차가 $\sqrt{\frac{2}{N}}$인 정규분포로부터 값을 랜덤하게 추출하는 방법으로, 활성함수로 ReLU를 사용할 때 적합한 초기화 방법으로 알려져 있다. He Normal 초기화를 실행해주는 함수의 이름은 he_normal로, 이미 Step 1에서 import해왔다. 함수의 사용법은 이 링크(https://mygrad.readthedocs.io/en/latest/nnet.html)에 들어가 직접 확인해보자.

클래스의 기본적인 구성은 이때까지의 실습에서 다루었던 것과 유사한 구조를 가지므로, 주석을 보면 전반적으로 쉽게 작성할 수 있을 것이다. 아래 코드를 완성해보자.

```
class Model:
    def __init__(self, num_neurons, num_classes):
        """
        매개변수 (Parameters)
        ----------
        num_neurons : int형
            신경망의 은닉층에 사용하게 될 뉴런의 개수, N

        num_classes : int
            분류 결과의 가짓수. 본 실습에서는 주어진 소용돌이의 총 개수로, 3을 사용
        """
        # self.N 값을 입력받은 num_neurons로 초기화
        # 여기에 코드 작성

        # self.num_classes 값을 입력받은 num_classes로 초기화
        # 여기에 코드 작성
```

65) He, Kaiming, et al., 〈Delving deep into rectifiers: Surpassing human-level performance on imagenet classification〉, 《Proceedings of the IEEE international conference on computer vision》 2015.에서 처음 제안되었다.

```
        # 메서드 'self.initialize_params()'를 호출하여 모델 파라미터인 self.w,
          self.b, self.v 초기화
        # 여기에 코드 작성

    def __call__(self, x):
        """
        설계한 모델에서, 입력된 데이터 x(위의 이론 설명에서의 행렬 X)에 대해 순전파를 진행
        하게 하는 함수.
        즉, 은닉층에서 일어나는 연산과 출력층의 가중치 곱 연산을 수행하여 반환

        매개변수 (Parameters)
        ----------
        x : array_like, shape-(M, 2)
            학습용 데이터인 점의 좌표 순서쌍을 batch 단위로 묶어놓은 것

        반환 값 (Returns)
        -------
        prediction : mygrad.Tensor형, shape-(M, num_classes)
            출력층의 활성함수로 전달하게 될 shape-(M, num_classes)인 행렬
        """
        # Step 2에서 설명한 은닉층부터 출력층의 가중치 곱까지의 행렬 연산을 구현
        # 행렬곱, 브로드캐스팅 등을 적절히 활용하여 작성(힌트: 실습 5를 참고)
        # 여기에 코드 작성

    def initialize_params(self):
        """
        self.w, self.b, self.v를 초기화
        w, v는 함수 he_normal로 구현된 초기화를 이용하고, b는 전부 0으로 초기화

        self.w : shape-(2, self.N), mygrad 라이브러리의 함수 he_normal 이용
        self.b : shape-(self.N,), 실습 3에서 다루었던 mygrad 라이브러리의 함수
                 zeros를 활용
        self.v : shape-(self.N, self.num_classes), mygrad 라이브러리의 함
                 수 he_normal 이용
        """
        # 여기에 코드 작성

    @property
    def parameters(self):
        """
        모델 파라미터들에 대한 getter를 데코레이터를 이용하여 구현
```

```
        이전의 실습들에서와 유사한 형태임을 참고

        반환 값 (Returns)
        -------
        Tuple[Tensor, ...]
            모델 파라미터인 self.w, self.b, self.v를 전부 묶은 튜플을 반환
        """
        # 여기에 코드 작성

    def load_parameters(self, w, b, v):
        self.w = w
        self.b = b
        self.v = v
```

라이브러리, 데이터셋 준비	학습의 큰 틀 구상	모델 클래스 구현	손실함수 정의	경사하강법 함수 작성	학습 정확도 함수 작성	모델 학습시키기

Step 4. 손실함수 정의하기

은닉층부터 출력층의 가중치 곱까지의 순전파 과정을 클래스 형태로 구현했으니, 이제 출력층의 활성함수와 학습에 사용할 손실함수를 구현해보자. Step 2에서 언급했듯, 이번 실습에서는 소프트맥스 함수를 활성함수로, 교차 엔트로피 함수를 손실함수로 사용할 것이다. 교차 엔트로피 함수와 소프트맥스 함수는 함께 사용되는 경우가 빈번하기에, mygrad 라이브러리에서는 이 둘을 합친 softmax_crossentropy 함수를 제공한다. 이 함수의 사용법에 대해서는 다음 링크(https://mygrad.readthedocs.io/en/latest/generated/mygrad.nnet.losses.softmax_crossentropy.html)를 참고할 수 있으며, 다음 코드를 실행하여 import할 수 있다.

```
from mygrad.nnet.losses import softmax_crossentropy
```

Step 5. 경사하강법 함수 작성하기

모델을 클래스의 형태로 구현하고, 손실함수까지 정의했으므로 우리는 손실함수의 최솟값을 찾아 경사하강법을 진행할 준비를 완료하였다. 학습 과정에서 편리하게 이용하기 위해, 경사하강법을 진행하는 아래의 함수를 적절히 완성해보자. 경사하강법 구현 함수는 앞전의 실습들에서 여러 차례 다루었기에, 어렵지 않게 할 수 있을 것이다.

```
def grad_descent(params, learning_rate):
    """
    가장 기본적인 경사하강법을 사용하여, 모델 파라미터 값을 갱신하는 함수

    매개변수 (Parameters)
    ----------
    params : Sequence[mygrad.Tensor]
        경사하강법을 이용하여 갱신하게 될 모델 파라미터들이 나열된 리스트 혹은 튜플

    learning_rate : float형
        경사하강법의 하이퍼파라미터 중 하나인 학습률

    반환 값 (Returns)
    -------
    없다
        모델 파라미터의 갱신값을 별도로 리턴하지 않고, 바로 갱신해주도록 설계
    """
    # 힌트: for문 for p in params:를 활용하여, 갱신해야 하는 매개변수들에 대해 각각
      갱신을 진행해주자
    # 여기에 코드 작성
```

Step 6. 모델의 학습 정확도를 계산하는 함수 작성하기

Step 5까지 잘 수행했다면, 이제 모델을 학습시킬 준비는 끝났다. 하지만 우리가 손실함수 값을 안다고 해서, 현재 이 모델이 어느 정도의 정확도로 점이 속한 소용돌이를 분류할 수 있는지 알 수 있는 것은 아니다. 모델의 성능 평가를 위해, 학습에 앞서 모델의 성능을 평가할 수 있는 직관적인 지표인 정확도를 계산해보자. 모델이 주어진 점을 그것이 속하는 소용돌이로 완전히 분류할 수 있다면 정확도는 1이 될 것이고, 10개 중 9개 정도를 맞게 분류할 수 있다면 정확도는 0.9가 될 것이다. 하나의 batch에 대한 모델의 예측값과 실제값들을 입력받아 이러한 정확도를 계산해주는 아래의 accuracy 함수를 완성해보자.

```
def accuracy(predictions, truth):
    """
    하나의 batch에 대한 모델의 예측값과 실제값을 비교하여, 정확도를 계산하는 함수

    매개변수 (Parameters)
    ----------
    predictions : Union[numpy.ndarray, mg.Tensor], shape=(M, D)
        M은 batch를 구성하는 데이터의 개수, D는 분류할 소용돌이의 개수(이번 실습에서는 3
        으로 사용)
        Step 3에서 정의한 모델의 __call__ 메서드에서의 출력 인자 그대로가 이 함수에 전달
        된다고 생각

    truth : numpy.ndarray, shape=(M,)
        batch를 구성하는 각각의 데이터(점)가 실제로 어떤 소용돌이에 포함되는지를 0, 1,
        ..., D-1의 숫자 중 하나로 나타내어 나열한 것
        예를 들어, batch에 3개의 데이터가 들어있고, 각각이 0번, 1번, 1번 소용돌이에 속한
        다면 truth는 [0, 1, 1]의 배열

    반환 값 (Returns)
    -------
    float형
        해당 batch에 대한 모델의 분류 정확도, 0 이상 1 이하의 실수값
```

```
"""
# 개별 데이터에 대해, predictions에서 구해진 D개의 값 중 가장 큰 값의 인덱스 확인
# 이 인덱스는 모델은 이 데이터가 어느 소용돌이에 속한다고 판단할지를 의미
# 이 인덱스, 그리고 해당 데이터의 truth 값이 같은지, 다른지 확인
# 여기에 코드 작성
```

라이브러리, 데이터셋 준비	학습의 큰 틀 구상	모델 클래스 구현	손실함수 정의	경사하강법 함수 작성	학습 정확도 함수 작성	모델 학습시키기

Step 7. 모델 학습시키기

이제, 구현한 모델을 바탕으로 경사하강법을 진행해보자. 경사하강법의 스텝이 진행됨에 따라 손실함수의 값과 Step 6에서 구현한 accuracy 함수의 값이 어떻게 변화하는지 실시간으로 확인해볼 것이다.

하이퍼파라미터 값들의 설정은 해보고 싶은 대로, 다양한 값을 넣어서 시도해보는 것을 추천한다. 여기에서는 무난한 결과를 얻을 수 있는 하이퍼파리미터 값을 소개하겠다. 은닉층의 뉴런 개수 N 값으로는 우선 3을 사용해보고, 그 값을 조금 늘려 분류 정확도가 어떻게 달라지는지 확인해보자. batch의 크기 M 값은 50 정도를 사용해보고, 학습률 값은 0.1, 학습시키는 총 epoch 수는 1000으로 사용해보자.

손실함수 값과 분류 정확도 값을 실시간으로 그래프로 나타내기 위해, 앞선 실습들에서 사용해보았던 noggin 라이브러리를 사용할 것이다. 우선, 아래 코드를 적절히 작성하여 빈 그래프 공간을 만들자. 기억이 잘 나지 않는다면, 이전 실습들의 코드를 참고해서 도전해보자.

```
# noggin 라이브러리로부터 create_plot 함수를 import
# 여기에 코드 작성
# 그래프를 그려나갈 공간 생성
plotter, fig, ax = create_plot(metrics=["loss", "accuracy"])

# Step 3에서 작성한 클래스의 객체 model을 생성
# num_neurons의 값을 적절히 설정하고, num_classes 값은 Step 1에서 설정한
  num_tendril 값과 동일하게 설정하여 초기화
```

```
# 여기에 코드 작성

# batch_size 값을 50으로 설정(다른 값으로 해도 됨)
# 여기에 코드 작성
```

이제, 아래의 주석을 천천히 읽으며 학습을 진행시키는 코드를 완성해보자. 이때, batch를 구성할 때 우리의 학습 데이터셋을 순서대로 묶지 않고, 한 번 무작위하게 순서를 바꾸어준 후 묶어주어야 학습이 잘 진행될 것이다.

```
# Step 4에서 주어진 코드를 사용하여, 우리가 사용할 손실함수를 import
# 여기에 코드 작성

# 학습률 결정
# 여기에 코드 작성

for epoch_cnt in range(1000):
    # 한 번의 epoch가 반복될 때마다 시행하는 코드

    # 학습용 데이터셋을 무작위로 재배열하기
    # 'idxs'를 무작위로 재배열하여 데이터셋의 인덱스를 어떻게 재배열할지 결정
    idxs = np.arange(len(xtrain))  # -> array([0, 1, ..., 9999])
    np.random.shuffle(idxs)

    for batch_cnt in range(0, len(xtrain) // batch_size):
        # (총 학습용 데이터셋 개수)를 (batch 크기)로 나눈 몫만큼 반복하며 시행

        # 학습용 데이터셋의 새로운 인덱스를 슬라이싱하여 그 배열을 batch_indices에 저장
        # 어느 범위까지 잘라야 할지 생각해보기
        # 힌트: 이번 for문의 iteration number인 batch_cnt를 활용
        # 여기에 코드 작성

        # 학습에 사용할 batch를 추출하기 위해, 윗 단계에서 저장한 batch_indices 위치
          의 데이터들을 모아 batch와 truth를 생성
        batch = xtrain[batch_indices]
        truth = ytrain[batch_indices]

        # 은닉층부터 출력층의 가중치 곱까지의 순전파에서 전달되는 값 구하기
        # 여기에 코드 작성

        # 출력층의 활성함수와 결합된 손실함수 값 구하기, softmax_crossentropy 함수 활용
```

```
        # 역전파를 진행하기 위해, 결과값은 tensor 형이어야 함
        # 여기에 코드 작성

        # mygrad tensor의 자동미분 함수를 활용하여 역전파 진행
        # 여기에 코드 작성

        # Step 5에서 구현한 경사하강법 함수를 이용하여 경사하강의 한 스텝 진행
        # 여기에 코드 작성

        # Step 6에서 구현한 accuracy 함수를 이용하여 정확도 계산, acc라는 이름으로 저장
        # 여기에 코드 작성

        plotter.set_train_batch(
            {"loss": loss.item(), "accuracy": acc}, batch_size=batch_size
        )
plotter.plot()
```

코드를 실행하여 성공적으로 학습이 이루어졌다면, 학습이 반복될수록 손실함수 값은 감소하고, 분류 정확도 값은 증가하는 양상이 확인될 것이다. 아래 그림 2.4-29는 N 값을 15로 설정한 경우의 한 결과로, 학습 후반에는 분류 정확도가 0.8~0.9 정도의 값을 가지는 것을 확인할 수 있다.

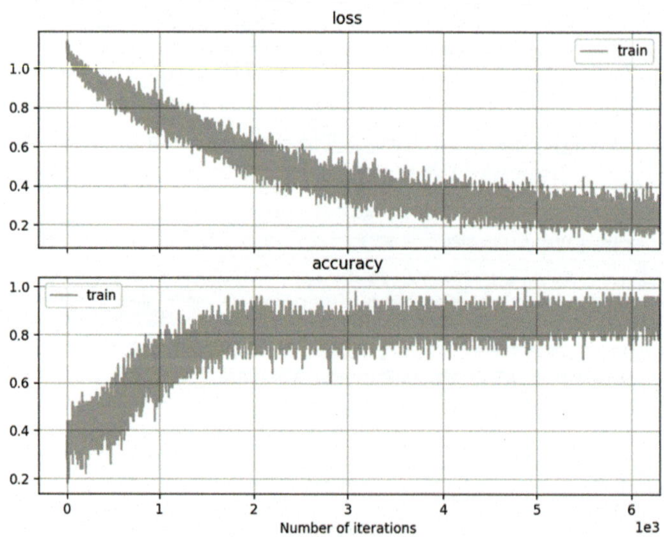

그림 2.4-29 Step 7의 출력 결과

마지막으로, 학습을 종료한 후 아래의 코드를 그대로 실행시켜보자. 아래의 코드는 학습된 모델이 현재 어느 위치의 점을 어느 소용돌이에 속하는 것으로 분류하는지를 시각화한 그림을 그려주는 코드이다.

```
def dummy_function(x):
    from mygrad.nnet.activations import softmax
    return softmax(model(x)).data

fig, ax = data.visualize_model(dummy_function, entropy=False);
```

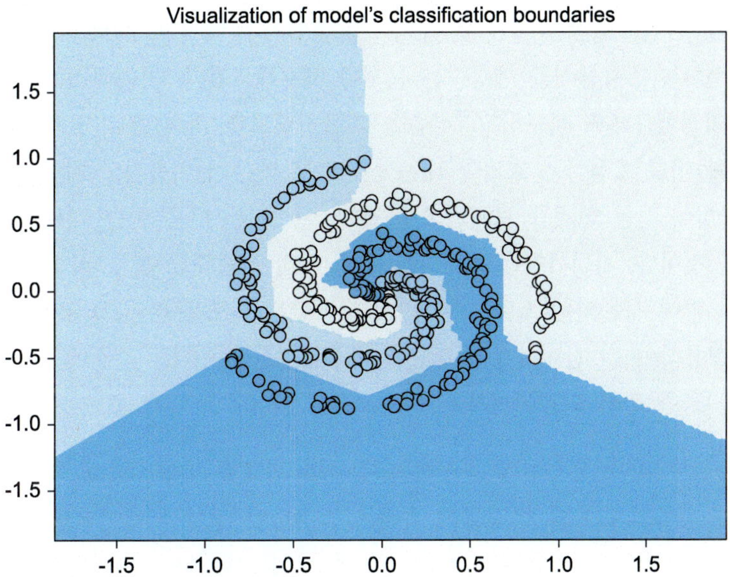

그림 2.4-30 신경망 학습 결과 시각화

그림 2.4-30은 코드 실행 결과의 예시로, 도중 분류가 조금씩 잘못 일어나지만 대체적으로 점들이 속하는 소용돌이를 구별하는 것을 확인할 수 있다. 또 한 가지의 특이한 점은 소용돌이의 정보로 주어진 점들의 외부 영역에서는 소용돌이 모양으로 분류가 이어지지 않고 단순히 선형 형태로 영역이 구분되는 점이다. 이는 머신러닝이 주어진 데이터에만 기반하여 이루어졌음을 보여주고 있다. 외부 영역에 대해서는 모델의 평가가 이루어지지 않았기에 알 수 있는 정보가 없는 것이다. 마지막으로, 다양한 하이퍼파라미터 값을

조금씩 바꾸어보면서 코드를 여러 번 실행해보고, 학습 결과가 어떻게 달라지는지 생각해보자.

배운 내용 되돌아보기

라이브러리, 데이터셋 준비	학습의 큰 틀 구상	모델 클래스 구현	손실함수 정의	경사하강법 함수 작성	학습 정확도 함수 작성	모델 학습시키기

이번 실습에서는 실습 5에 이어, 신경망을 직접 설계 및 구현하고, 이를 학습시켜보았다. 그 결과, 점들로 이루어진 몇 개의 소용돌이가 주어지고, 새로운 점이 주어졌을 때 그 점이 속하는 소용돌이를 예상하는 문제를 해결해보았다. 처음에는 모델 파라미터를 랜덤하게 지정했음에도 불구하고, 학습을 거듭하다보면 마치 우리가 직관적으로 점이 속하는 소용돌이를 예상하는 효과를 내는 신경망은 매우 신비롭기도 하고, 한편으로는 데이터에 기반하여 갖는 한계를 보이기도 하였다. 이어지는 다음 실습에서는 이 문제에 다시 접근해볼 것이다. 지금까지는 경사하강 등을 직접 구현해왔지만, 이제 어느 정도 감을 잡았을 테니 많이 사용되는 스킬을 한 번에 모아놓은 새로운 라이브러리, MyNN을 소개하고 이를 활용하여 더 간편하게 신경망을 학습시켜볼 것이다. 그 전에, 이번 실습에서 배운 내용들을 한 번씩 되짚어보자.

- ☐ 주어진 소용돌이를 구성하는 점들의 좌표를 제공받았고, 지도학습을 위한 새로운 점들의 좌표와 그것들이 속하는 소용돌이 정보를 데이터셋으로 받았다.
- ☐ 데이터셋을 학습용 데이터셋과 테스트용 데이터셋으로 나누었다.
- ☐ 입력층, 은닉층, 출력층으로 이루어지는 신경망을 구상해보았다.
- ☐ 분류(classification) 문제를 해결할 때는, 신경망의 출력은 주로 분류 결과의 가짓수만큼의 개수를 가짐을 배웠다. 이는 각 분류에 속할 가능성의 척도이다. 입력 데이터와 출력 데이터의 차원을 활용하여, 필요한 모델 파라미터의 차원을 결정하였다.
- ☐ 분류(classification) 문제를 해결할 때는 활성함수로 주로 ReLU 함수를 사용하는 것을 배웠고, 이 경우 모델 파라미터의 초기화에는 He Normal 초기화가 주로 사용됨을 배웠다.

☐ 학습을 위해 구성한 batch까지를 반영하여, 은닉층부터 출력층의 가중치 곱까지의 순전파 과정에서 일어나야 하는 연산을 수학적으로 설계하였고, 코딩을 통해 구현하였다.

☐ 은닉층과 출력층에 걸쳐 계산한 가능성 척도를 출력층의 활성함수로 사용한 소프트맥스 함수를 통해 확률과 유사하게 가공하였고, 손실함수로 교차 엔트로피 함수를 사용하여 모델을 평가하였다. 구현할 때는, 이 두 함수가 합쳐져 구현되어있는 mygrad 라이브러리의 softmax_crossentropy 함수를 활용하였다.

☐ 모델의 직접적인 분류 정확도를 계산하기 위한 accuracy 함수를 설계하였다.

☐ 경사하강법을 통해 신경망을 학습시키며, 손실함수 값과 모델의 분류 정확도 값의 변화를 확인하였다.

☐ 최종적으로 학습된 모델이 어느 위치의 점을 어느 소용돌이에 속하는 것으로 분류하는지를 시각화하였고, 학습이 잘 이루어졌는지 확인하였다.

실습 7 MyNN 라이브러리를 사용하여 실습 6 다시 해결하기

실습 6에서는 신경망의 구조를 직접 설계하고, 경사하강법을 코딩을 통해 직접 구현하여 점을 그 점이 속하는 소용돌이로 분류하는 머신러닝 문제를 해결해보았다. 이번 실습의 궁극적인 목표는 실습 6과 동일하게, 점을 분류하는 문제를 해결하는 것이다. 하지만 이번에는 머신러닝을 구현하는 데 있어서 특화되어있는 라이브러리, MyNN의 사용법을 배우고 이를 활용하여 문제를 더 간편하게 해결하보자. 이에 본 실습에서는 실습 6에서 다루었던 내용을 거의 생략하였으니, 관련 내용이 기억이 나지 않는다면 적절히 복습하도록 하자.

라이브러리, 데이터셋 준비 – 실습 6 –	학습 정확도 함수 작성 – 실습 6 –	MyNN으로 밀집 신경망 구축해보기	활성함수, 손실함수, 모델 파라미터 초기화 import – 실습 6 –	모델 클래스 설계	모델 학습시키기

Step 1. 필요한 라이브러리 import 하기, 데이터 가져오기

이번 실습을 진행하는 데 필요한 라이브러리를 import 하고, 데이터를 가져오는 과정이다. 실습 6의 Step 1과 완전히 동일한 과정을 진행하자.

라이브러리, 데이터셋 준비 – 실습 6 –	학습 정확도 함수 작성 – 실습 6 –	MyNN으로 밀집 신경망 구축해보기	활성함수, 손실함수, 모델 파라미터 초기화 import – 실습 6 –	모델 클래스 설계	모델 학습시키기

Step 2. 모델의 학습 정확도를 계산하는 함수 작성하기

실습 6의 Step 6와 동일한 함수 accuracy를 작성하자.

라이브러리, 데이터셋 준비 – 실습 6 –	학습 정확도 함수 작성 – 실습 6 –	MyNN으로 밀집 신경망 구축해보기	활성함수, 손실함수, 모델 파라미터 초기화 import – 실습 6 –	모델 클래스 설계	모델 학습시키기

Step 3. MyNN 라이브러리로 밀집 신경망 구축하는 방법 익히기

이번 실습에서, 그리고 앞으로의 실습들에서 활용하게 될 라이브러리 MyNN은 신경망을 구축하고 관리하거나 학습시키는 데 있어 필요로 하는 기본적인 기능들을 미리 만들어놓은 라이브러리이다. 이번 Step 3에서는 밀집 신경망(dense neural network)를 구축하고, 이를 이용하여 각 노드에서의 출력을 계산해보자. 이후의 Step 6에서는 라이브러리에 내장되어있는 optimizer를 활용해보는 기능도 사용해볼 것이다. 추가적으로, 이번 실습에서 소개하지 않은 MyNN 라이브러리의 다른 기능이 궁금하다면, 라이브러리에 포함되는 클래스 등의 코드가 들어있는 이 링크(https://github.com/davidmascharka/MyNN)를 확인해보자.

우선, 아래 코드를 사용하여 MyNN 라이브러리에 구축되어 있는 클래스인 dense를 import 해오자.

```
from mynn.layers.dense import dense
```

dense 클래스는 신경망에서의 하나의 밀집층을 구현해놓은 것이다. 객체를 생성할 때는, 입력 데이터와 출력 데이터의 차원을 입력하면 자동으로 가중치(weight)와 편향(bias)를 초기화해준다. 다양한 초기화 방법을 설정할 수 있으니, 필요한 방법이 있으면 라이브러리 링크를 참고하여 적절히 사용해보자. 객체를 생성한 이후, 입력해준 입력 데이터의 차원을 갖는 데이터를 이 층에 통과시켜주면 가중치와 편향을 반영한 출력값을 내어준다. 따라서 실제로 모델을 학습시킬 때, 활성함수 등은 따로 지정하여 구현해주어야 한다. 참고로, Keras라는 MyNN과 비슷한 기능의 라이브러리에서는 활성함수도 매개변수로 지정하여 사용할 수 있게 해 준다.

우선, 클래스의 객체를 하나 생성해보자.

```
# 입력 데이터의 차원 2, 출력 데이터의 차원 3인 밀집 신경망을 초기화하는 코드
# 해당 밀집 신경망의 구축에 필요한 가중치인 shape-(2, 3) mygrad 텐서와 편향
  shape-(3,) mygrad 텐서가 자동으로 초기화됨
# 기본적인 가중치 초기화 방법은 균등분포로부터의 랜덤 추출
```

```
# 기본적인 편향의 초기화 방법은 상수(0)로 초기화

dense_layer = dense(2, 3)
```

위 코드를 실행했을 때 초기화되는 신경망을 모식도로 나타내면 그림 2.4-31과 같다. 이 그림은 편향을 나타내기 위해 편향을 가중치로 생각하여 나타낸 그림이다.

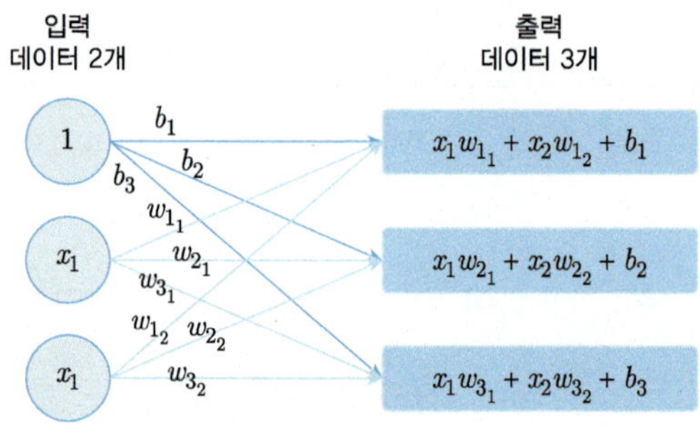

그림 2.4-31 Step 3에서 생성해본 dense_layer의 구조

이제 가중치와 편향을 확인해보고, 임의의 데이터에 대한 출력값 계산을 각각 코드로 어떻게 구현하는지 확인해보자. 모식도를 참고하여 아래 코드들의 실행 결과를 예상해본 이후, 직접 실행해보자.

```
# 생성된 객체 dense_layer의 weight를 출력
# 의도한 shape-(2, 3) 형태의 tensor가 생성되었는지 확인해보자
dense_layer.weight
```

```
# 생성된 객체 dense_layer의 bias를 출력
# 의도한 shape-(3,) 형태의 tensor가 생성되었는지 확인해보자
dense_layer.bias
```

```
# 층에 포함되는 모든 파라미터(가중치, 편향)이 튜플 형태로 저장된 'parameters'
# 이후, 모델을 학습시키는 과정에서 파라미터에 접근하는 것을 용이하게 해준다
dense_layer.parameters
```

이번에는 이 밀집층에 적절한 데이터를 입력시켜, 출력되는 값을 확인해보자. 각각의 차원이 2이고, batch 크기가 4인 test_data를 랜덤하게 생성해보자. 앞서 확인한 가중치와 편향 값으로 모델을 통해 계산되어야 하는 출력값을 예측해보고, 코드의 실행 결과와 일치하는지도 확인해보자.

```
# 랜덤하게 데이터 생성
test_data = np.random.rand(4, 2)
# 생성한 데이터 출력
print(test_data)

# 밀집층에 의한 출력값 계산
# 내부적으로 이루어지는 계산은 test_data @ weight + bias (브로드캐스팅 고려)
# 예측되는 출력 결과는 shape-(4, 3) 텐서
dense_layer(test_data)
```

라이브러리, 데이터셋 준비 - 실습 6 -	학습 정확도 함수 작성 - 실습 6 -	MyNN으로 밀집 신경망 구축해보기	활성함수, 손실함수, 모델 파라미터 초기화 import - 실습 6 -	모델 클래스 설계	모델 학습시키기

Step 4. 사용할 활성함수, 손실함수와 모델 파라미터 초기화 방식 import 하기

Step 3에서는 MyNN 라이브러리를 이용하여 밀집층을 구성하는 방법을 익혔다. 이를 활용하여 본격적인 신경망을 구현하기 이전에, 실습 6에서 사용했던 활성함수인 ReLU 함수와 모델 파라미터 초기화 방식인 he_normal을 동일하게 import 하자. 이 과정은 실습 6의 Step 3에 명시되어있다. 손실함수로 사용할, 소프트맥스 함수와 교차 엔트로피 함수가 결합된 softmax_crossentropy 함수도 import 하자. 이 과정은 실습 6의 Step 4에 명시되어있다.

라이브러리, 데이터셋 준비 - 실습 6 -	학습 정확도 함수 작성 - 실습 6 -	MyNN으로 밀집 신경망 구축해보기	활성함수, 손실함수, 모델 파라미터 초기화 import - 실습 6 -	모델 클래스 설계	모델 학습시키기

Step 5. 모델(클래스) 정의하기

이제, MyNN 라이브러리를 적절히 활용하여 우리의 모델을 클래스의 형태로 코딩해보자.

클래스의 기능은 실습 6에서와 동일하게, 모델 파라미터를 초기화하고, 순전파 과정을 시행하는 것이다. 전반적인 클래스의 구조는 이때까지 살펴본 실습들에서와 유사하다.

우리가 최종적으로 구현하고자 하는 신경망은 실습 6에서와 마찬가지로, 다음과 같은 근사식을 표현하는 것이다.

$$\mathbf{y}_{\mathrm{i}} = F(\{\mathbf{v}_{\mathrm{i}}\}, \{\mathbf{w}_{\mathrm{i}}\}, \{b_i\}; \mathbf{x}) = \sum_{i=1}^{N} \mathbf{v}_{\mathrm{i}} \varphi(\mathbf{x} \cdot \mathbf{w}_{\mathrm{i}} + b_i)$$

__init__ 메서드를 작성할 때 두 개의 밀집층을 생성하고, 이 둘을 이용하여 전체적인 순전파를 구성해보자. 거치게 되는 첫 번째 밀집층은 점의 좌표인 2개의 입력을 받아 사용할 뉴런의 개수만큼의 출력을 내도록 하자. 이를 통해 $\mathbf{x} \cdot \mathbf{w}_{\mathrm{i}} + b_i$의 연산을 구현하자. 이후, 계산된 결과(행렬) 전체에 활성함수인 ReLU 함수 φ를 취하자. 이어, 뉴런의 개수만큼의 입력을 받아 최종적으로 원하는 결과인 3개(총 소용돌이의 개수)의 출력을 내보내는 두 번째 밀집층을 연결해주면 된다. 두 번째 밀집층의 경우 편향을 두지 않도록 하고, 이 모든 연산을 이어 진행하면 위의 근사식에서의 계산을 구현할 수 있다. 이제 아래 코드를 완성해보자.

```
class Model:
    def __init__(self, num_neurons, num_classes):
        """
        모델에 포함되는 모든 층을 생성.
        생성한 층들은 클래스의 속성으로 설정한다.

        매개변수 (Parameters)
        ----------
        num_neurons : int형
            은닉층의 크기(은닉층에서 사용하게 될 뉴런의 개수)

        num_classes : int형
            출력층의 크기(점을 분류하게 될 소용돌이의 총 개수)
        """
        # 밀집층 dense1
        # 점의 좌표, 즉 두 개의 데이터를 입력받아 은닉층 뉴런 개수만큼의 출력
        # 가중치 초기화는 He-normal 초기화를 사용
        # 편향 초기화는 default인 상수(0) 초기화를 사용
```

```
        self.dense1 = dense(2, num_neurons, weight_initializer=he_normal)

        # 밀집층 dense2
        # 은닉층 뉴런 개수만큼의 데이터를 입력받아 소용돌이의 개수만큼의 출력
        # 가중치 초기화는 He-normal 초기화를 사용
        # 편향을 사용하지 않는 신경망
        self.dense2 = dense(num_neurons, num_classes, weight_
        initializer=he_normal, bias=False)

    def __call__(self, x):
        '''
        모델의 순전파를 진행
        데이터를 입력받아 은닉층에서 출력층으로 전달하는 값을 계산

        매개변수 (Parameters)
        ----------
        x : Union[numpy.ndarray, mygrad.Tensor]형, shape=(M, 2)
            M개의 데이터로 구성된 하나의 batch, 각 데이터(점의 좌표)의 차원은 2

        반환 값 (Returns)
        -------
        mygrad.Tensor형, shape=(M, num_classes)
            신경망의 은닉층에서 출력층으로 전달하게 될 shape-(M, num_classes)인 행렬
        '''
        # self.dense1과 self.dense2, relu 함수를 적절히 사용하여 작성하기
        # 여기에 코드 작성

    @property
    def parameters(self):
        """
        모델 파라미터들에 대한 getter를 데코레이터를 이용하여 구현
        이전의 실습들에서와 유사한 형태임을 참고

        반환 값 (Returns)
        -------
        Tuple[Tensor, ...]
            모델 파라미터인 dense1과 dense2의 모든 파라미터를 전부 묶은 튜플을 반환
        """
        return self.dense1.parameters + self.dense2.parameters
```

Step 6. 모델 학습시키기

이제 모델을 학습시켜보자. 우선, Step 5에서 구현한 클래스의 객체를 생성하자. 초기화 과정에서 뉴런의 개수는 15개, 분류 클래스의 개수는 Step 1에서 지정한 num_tendril로 지정해주자. 뉴런의 개수는 물론 다른 숫자를 사용해도 좋다.

```
model = Model(num_neurons=15, num_classes=num_tendril)
```

이번에는 경사하강법을 직접 코딩하여 구현하는 대신, MyNN 라이브러리에서 지원하는 확률적 경사하강법(SGD, Stochastic Gradient Descent)라는 optimizer를 사용해볼 것이다. SGD는 그 이름으로부터 짐작해볼 수 있듯, 경사하강법의 한 종류이다. 이때까지 우리가 사용했던 경사하강법은 학습용 데이터셋 전체에 대해 손실함수를 계산하여 기울기를 검토한 방법이었다. 이 방법은 데이터의 개수가 많아짐에 따라 계산량이 늘어나 학습에 걸리는 시간이 길어진다는 문제점을 해결하기 위한 방법으로, 한 번에 데이터 한 개를 랜덤으로 선택하여, 이에 대한 손실함수를 계산하고 매번 모델 파라미터를 갱신해준다. optimizer로 SGD를 사용하면, 학습용 데이터셋을 이루는 데이터 각각에 대해 한 번씩 갱신을 진행하고, 모든 데이터에 대한 갱신이 완료되면 데이터들의 순서를 바꾸어 갱신을 진행하는 것을 반복하게 된다.

아래는 SGD optimizer의 클래스를 import하고, 객체를 생성하는 코드이다. 객체 생성 과정에서 학습률은 0.1로 초기화하였다.

```
from mynn.optimizers.sgd import SGD
optim = SGD(model.parameters, learning_rate=0.1)
```

학습에 사용될 batch_size는 50으로 설정하자. 이 값과 학습률 등의 하이퍼파라미터는 적절히 다른 값을 사용해보아도 좋다.

```
batch_size = 50
```

학습을 진행하며 손실함수 값과 분류 정확도 값을 실시간으로 그래프로 나타내기 위해, 앞선 실습들에서 사용해보았던 noggin 라이브러리를 사용할 것이다. 아래 코드를 적절히 작성하여 두 그래프를 그릴 좌표평면을 만들자.

```
# noggin 라이브러리로부터 create_plot 함수를 import
# 여기에 코드 작성
# 그래프를 그려나갈 공간 생성
plotter, fig, ax = create_plot(metrics=["loss", "accuracy"])
```

이제, 아래의 주석을 천천히 읽으며 학습을 진행시키는 코드를 완성해보자. 실습 6에서와 마찬가지로, batch를 구성할 때 우리의 학습 데이터셋을 순서대로 묶지 않고, 한 번 무작위하게 순서를 바꾸어준 후 묶어주어야 학습이 잘 진행된다. 이번에는 MyNN 라이브러리를 사용하기에 우리가 직접 구현해주어야 하는 부분이 줄어든 것을 확인할 수 있을 것이다.

```
for epoch_cnt in range(5000):
    # 한 번의 epoch가 반복될 때마다 시행하는 코드
    # 학습용 데이터셋을 무작위로 재배열하기
    # 'idxs'를 무작위로 재배열하여 데이터셋의 인덱스를 어떻게 재배열할지 결정
    idxs = np.arange(len(xtrain))  # -> array([0, 1, ..., 9999])
    np.random.shuffle(idxs)

    for batch_cnt in range(0, len(xtrain) // batch_size):
        # (총 학습용 데이터셋 개수)를 (batch 크기)로 나눈 몫만큼 반복하며 시행

        # 학습용 데이터셋의 새로운 인덱스를 슬라이싱하여 그 배열을 batch_indices에 저장
        # 어느 범위까지 잘라야 할지 생각해보기
        # 힌트: 이번 for문의 iteration number인 batch_cnt를 활용
        # 여기에 코드 작성

        # 학습에 사용할 batch를 추출하기 위해, 윗 단계에서 저장한 batch_indices 위치
          의 데이터들을 모아 batch와 truth를 생성
        batch = xtrain[batch_indices]
        truth = ytrain[batch_indices]
```

```
    # 모델의 예측값(은닉층에서 출력층으로 전달되는 값) 구하기
    # 여기에 코드 작성

    # 대응되는 손실함수 값 구하기, softmax_crossentropy 함수 활용
    # 역전파를 진행하기 위해, 결과값은 tensor 형이어야 함
    # 여기에 코드 작성

    # mygrad tensor의 자동미분 함수를 활용하여 역전파 진행
    # 이 과정은 MyNN 라이브러리를 사용하는 경우에도 직접 해 주어야 함
    # 여기에 코드 작성

    # 미리 생성한 optimizer 객체를 이용하여, 모델 파라미터를 한 차례 갱신
    optim.step()

    # Step 2에서 구현한 accuracy 함수를 이용하여 정확도 계산, acc라는 이름으로 저장
    # 여기에 코드 작성

    plotter.set_train_batch({"loss" : loss.item(),
                             "accuracy" : acc},
                             batch_size=batch_size)
```

코드를 잘 작성하였다면, 실습 6에서와 마찬가지로 손실함수 값은 감소하고 분류 정확도 값은 증가하는 양상이 확인될 것이다. 정확도를 보며 학습이 잘 이루어졌는지 판단해보자. 추가적으로, 실습 6의 마지막 부분에서 학습된 모델이 점을 분류하는 경계를 색으로 시각화한 그림을 그리는 코드 또한 그대로 실행해보자. 소용돌이가 잘 분류된다면, 우리는 실습 6에서 직접 구현하던 신경망 학습을 MyNN 라이브러리를 활용하여 성공적으로 마친 것이다.

배운 내용 되돌아보기

라이브러리, 데이터셋 준비 - 실습 6 -	학습 정확도 함수 작성 - 실습 6-	MyNN으로 밀집 신경망 구축해보기	활성함수, 손실함수, 모델 파라미터 초기화 import - 실습 6 -	모델 클래스 설계	모델 학습시키기

이번 실습에서는 실습 6에서의 문제를 MyNN 라이브러리를 활용하여 다시 한번 해결해

보았다. MyNN 라이브러리는 앞으로의 실습에서도 활용될 예정이며, PyTorch 등 딥러닝을 위해 개발된 다른 라이브러리 사용에 있어서도 도움을 줄 수 있으니 이번 실습에서 배운 라이브러리의 기능들을 잘 기억해두자. 다음 절로 넘어가기 전에, 배운 내용들을 한 번씩 되짚어보자.

- ☐ MyNN 라이브러리의 dense 클래스를 사용하여, 원하는 크기의 입력으로부터 원하는 크기의 출력을 만들어낼 수 있는 밀집층을 생성하는 방법을 배웠다.
- ☐ 밀집층을 생성할 때, 가중치와 편향의 초기화 방법 등을 선택하는 방법을 배웠다.
- ☐ 생성한 밀집층에 적절한 크기의 입력 데이터를 넣어, 그로부터 계산되어 출력되는 데이터를 계산해보았다.
- ☐ MyNN 라이브러리의 SGD 클래스를 사용하여, 직접 지정한 학습률을 이용하여 확률적 경사하강법(SGD, Stochastic Gradient Descent)을 시행하는 optimizer 객체를 생성하였다.
- ☐ 손실함수에 대해 역전파를 진행한 이후, 생성한 optimizer 객체를 이용하여 모델 파라미터를 갱신해보았다.
- ☐ 이러한 과정들을 적절히 활용하여 점이 속하는 소용돌이를 분류하는 문제를 해결하는 신경망을 학습시켰고, 그 결과 분류가 잘 일어나는 것을 확인하였다.

4절. 신경망을 마무리하며

신경망은 현대 머신러닝 모델 구현의 핵심 요소로써 매우 유용하게 사용되고 있다. 우리는 이번 절을 통해 신경망에 대한 기본적인 내용을 모두 배웠다. Universal Approximation Theorem의 의미와 신경망의 기본인 계층 구조, 각 뉴런의 역할을 배웠고, 활성함수의 의미와 중요성에 대해 알아보았다. 그리고 신경망의 학습 과정이 앞서 배운 선형 모델의 학습 과정과 크게 다르지 않음을 이해했다. 마지막으로, 학습에서 중요한 개념인 batch에 대해 이해하고, iteration과 epoch의 의미를 명확히 구별할 수 있게 되었다.

더 알아보기 1을 통해서는 여러 활성함수와 손실함수의 종류에 대해 공부하였고, 더 알아보기 2를 통해서는 데이터의 전처리 작업 중 하나인 특성 스케일링(정규화)의 목적과 종류를 알아보았다. 그리고 이렇게 쌓은 이론적인 지식을 바탕으로 실습 5에서 근사함수를 찾기 위한 목적으로 신경망 모델을 처음 학습시켜보았다. 실습 6에서는 분류 문제를 해결하는 데 신경망 모델을 사용하였으며, 더 알아보기 1에서 배운 다양한 함수를 적용해보았다. 실습 7에서는 실습 6에서와 동일한 신경망 모델을 MyNN 라이브러리를 이용하여 더 간단하게 구현해보는 연습을 했다.

다음 5절에서는 컴퓨터 비전(Computer Vision)이라는 분야에 특화된 신경망인 CNN(합성곱 신경망, Convolutional Neural Network)에 대해 알아볼 것이다. 이번 절에서 배운 가장 기본적인 형태의 신경망을 잘 기억하고 어떤 차이가 있는지 비교하며 다음 절을 공부해보자.

5 CNN

5.0 학습 목표

앞 절에서, 우리는 신경망이 무엇이고 어떤 방식으로 학습이 이루어지는지에 대해 알아보았다. 실습들에서는 밀집층으로 구성된 신경망을 직접 구축해보았고, 이들을 학습시켜 함숫값을 예상하거나, 대상을 다중 클래스로 분류하는 문제를 해결해보았다.

그동안 쌓아온 기본기를 바탕으로, 이번 절에서는 컴퓨터가 시각적인 세계(이미지나 비디오)를 이해하도록 하는 '컴퓨터 비전(Computer Vision)'이라는 분야에 가볍게 입문해 볼 것이다. 최종적으로 간단한 이미지를 분류하는 실습을 직접 해결하는 것을 목표로 해보자. 이를 위해, 딥러닝에서 이미지 및 영상을 처리하기 위해 보편적으로 사용하는 CNN(합성곱 신경망, Convolutional Neural Network)에 대해 알아보자.

5.1 컴퓨터가 이미지를 인식하는 방식

이미지 처리에 대해 이야기하기 전에, 컴퓨터에게 '이미지'란 무엇인지부터 한 번 생각해보자. 컴퓨터가 이미지를 인식하고 저장하는 방식으로는 크게 비트맵(Bitmap) 이미지와 벡터(vector) 이미지가 있다. 비트맵 이미지는 이미지를 점묘화와 같이 나타내는 방식인데, 그림 2.5-1과 같이 하나의 이미지를 정사각형 형태의 픽셀 단위로 표현하는 방식이다. 우리가 평소에 많이 접했을 JPG, PNG, GIF 등의 확장자를 갖는 이미지는 전부 비트맵 형식으로 표현하는 이미지이다.

벡터 이미지는 수학적으로 이미지를 표현한 형태인데, 점들을 연결하여 선을 만들고, 선들을 연결하여 면을 형성되는 정보 자체를 저장하는 방식이다. 일러스트레이터 등의 프

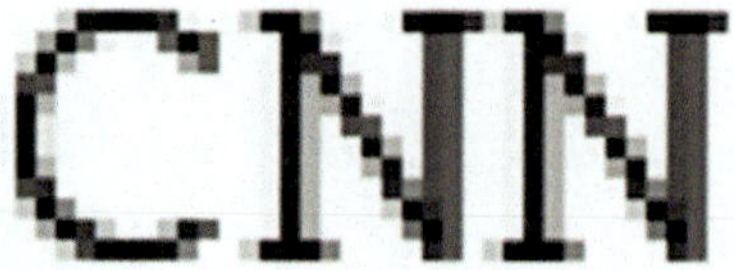

그림 2.5-1 비트맵 형식으로 표현된 이미지

로그램에서 AI, SVG, VML 등의 확장자로 저장되는 이미지는 벡터 형식으로 표현되는 이미지이다.

이처럼 두 종류의 이미지가 있지만, 우리는 이번 절에서는 컴퓨터에서 흔히 사용되는 비트맵 이미지만을 다룰 것이다. 컴퓨터는 비트맵 이미지를 어떤 방식으로 저장할까? 우선, 이미지를 격자 형태의 픽셀들로 나누었을 때, 각 위치의 픽셀들이 어떤 색상 정보를 담고 있는지 나타내면 충분할 것이다.

이미지가 흑백인 경우, 색이 얼마나 흰색에 가까운지, 혹은 검은색에 가까운지를 나타내면 된다. 컴퓨터에서는 검은색 0, 흰색 255를 기준으로 이 정도를 표현한다. 이미지가 흑백이 아닌 경우, 색을 만들어내는 데 빛의 삼원색(빨강, 초록, 파랑)을 얼마나 합성시켜야 하는지를 나타내면 된다. 각각의 색이 합성되는 정도를 표현할 때, 합성되지 않음을 0으로, 최대한으로 합성됨을 255로 나타낸다.

이 세 숫자는 순서쌍으로 묶어, (빨강, 초록, 파랑)의 순서로 하나의 3차원 벡터처럼 표현하면 된다. 예를 들어, 초록색과 파란색이 합성되지 않은 강한 빨간색은 (255, 0, 0)으로 나타내어볼 수 있다. 이러한 표현 방식을 RGB 색 모형이라고 한다.

예를 들어, 그림 2.5-1에 나타난 흑백 'CNN' 이미지와 파란색 이미지로의 변환본의 몇 픽셀은 그림 2.5-2, 2.5-3과 같이 숫자로 표현해볼 수 있다.

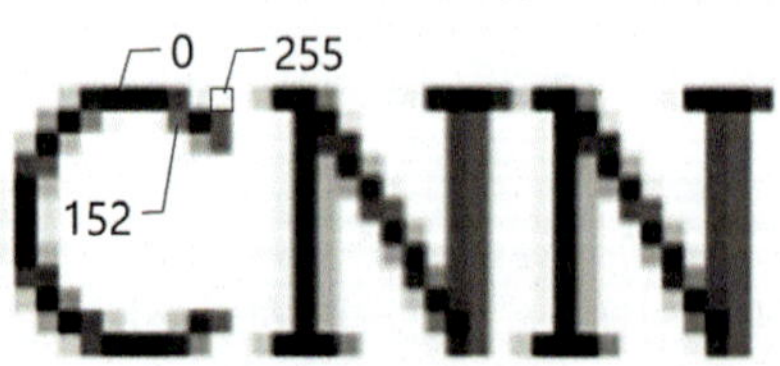

그림 2.5-2 흑백 이미지의 표현

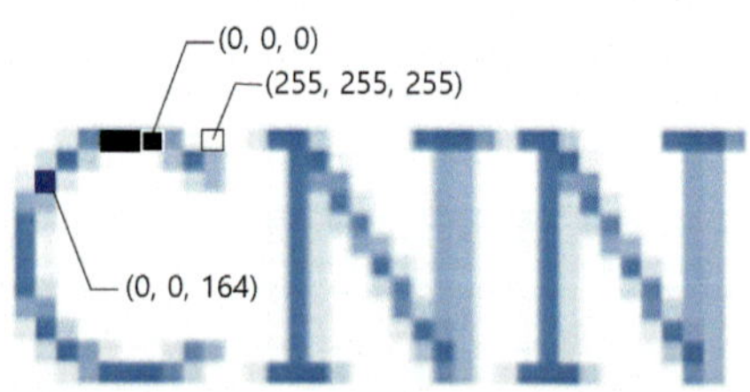

그림 2.5-3 파란색 변환본 이미지의 표현

이처럼 색깔은 흑백 사진의 경우 [0, 255]의 숫자 한 개로, 컬러 사진의 경우 [0, 255]의 숫자 세 개로 표현할 수 있다. 각 픽셀마다 색을 가지므로, 이미지를 컴퓨터로 표현할 때 각 픽셀의 좌표와 해당 픽셀의 색 정보를 모으면 충분하다. 따라서 흑백 이미지는 픽셀의 가로 위치(좌표), 세로 위치(좌표)마다 [0, 255] 범위의 색상 정보를 모은 2차원 데이터로, 컬러 이미지는 픽셀의 가로 위치, 픽셀의 세로 위치마다 픽셀이 갖는 색의 RGB 표현(숫자 3개)의 정보를 모은 3차원 데이터로 생각할 수 있다.

여기서 잠시 새로운 용어, '채널'을 소개하겠다. 채널은 흔히 방금 설명한 색상과 같은 의미로 사용되며, 이미지를 구성하는 요소로 생각할 수 있다. 가장 대표적인 채널의 예로, 컬러 이미지가 담는 정보는 R 채널, G 채널, B 채널로 나누어진다고 표현할 수 있다. 하지만 컴퓨터 비전 분야에서는 조금 더 일반화된 의미에서, 채널을 원본 이미지의 픽셀들을 입력으로 받아 출력으로도 픽셀을 내보내는 선형 혹은 비선형 사상(혹은 함수, mapping)이라 정의하기도 한다.[66] 예를 들어, RGB 색 모형에서의 R 채널은 원본 이미지 픽셀의 빨간색이 강한 정도를 추출하여 각 픽셀에 숫자 하나를 대응시키는 사상으로 생각할 수 있다. 쉽게 생각해서, 채널은 이미지로부터 추출할 수 있는 어떠한 정보를 격자 형태로 배열해둔 것이며, 한 이미지는 여러 채널을 가질 수 있는 것이다.

5.2 밀집 신경망에서 CNN으로

우리는 이번 절을 공부해나가면서, 이미지 데이터에 대해 지금까지 배웠던 머신러닝의 기본적인 원리를 적용해볼 것이다. 가령, 절의 끝부분 실습에서는 손글씨로 숫자를 써놓은 이미지 데이터셋으로 모델을 학습시켜, 이미지가 어떤 숫자를 쓴 것인지 분류해보는 문제를 해결해보게 될 것이다. 여기서 한 가지 의문점이 생길 수 있다. 4절의 이론과 실습에서 밀집 신경망에 1차원 배열을 넣어 학습을 진행해보았기에, 2차원 혹은 3차원 입력 데이터인 이미지를 1차원 배열 형태로 변형하여 다루면 충분히 학습이 가능할 것 같다는 생각이 드는 것이 자연스럽다. 물론, 이 방법도 문제에 대한 해결책 중 하나일 수 있다. 하지만 밀집 신경망은 이미지 데이터를 다루는 데 있어 큰 한계점을 갖는다. 밀집 신경망을 이용한 학습을 진행하려면, 고차원의 입력 데이터를 그대로 사용하지 못하고 1차원의 데이터로 단순화시켜 신경망에 넣어야 한다. 밀집 신경망의 모식도를 생각해 보

66) Dollár, Piotr & Tu, Z. & Perona, Pietro & Belongie, Serge., 〈Integral Channel Features〉, 《ritish Machine Vision Conference (BMVC)》, 10.5244/C.23.91. 2009.

았을 때, 입력층을 구성하는 뉴런 하나 당 하나의 값만을 받을 수 있는 구조를 갖기 때문이다. 즉, 이미지 데이터를 구성하는 픽셀의 가로 위치, 세로 위치, 그리고 색상 정보가 흩어져 저장되는 것이다.

이미지 데이터에서, 데이터가 갖는 공간적 정보(spatial information)는 이미지의 특징을 좌우하는 중요한 특성이다. 우선 직관적으로 생각해보자. 인접한 픽셀의 색상은 비슷하게 나타나는 경향성이 있을 것이며, 이미지에서 정보를 담아내고 있는 것은 특정한 패턴일 것이다. 여기서 특정한 패턴이라 하면, 가령 강아지와 고양이 이미지를 분류하는 경우에는 눈이나 귀 등 분류에 큰 힌트가 될 수 있는 부분들이 있을 것이다. 이러한 특성들을 잘 구별되도록 하려면 전체 이미지를 뜯어보기보다 이미지의 특성이 담긴 부분(강아지와 고양이 분류 예시에서는 눈, 귀 등 사진의 일부)들을 잘 들여다보는 과정이 도움이 될 것이며, 어느 픽셀이 인접한 픽셀인지 알기 위해서는 공간적 정보가 필요하다. 따라서 공간적 정보를 유지하는 상태에서 학습을 시킬 수 있는 방법이 있다면, 이 방법은 이미지 데이터를 단순히 1차원으로 풀어내어 밀집층으로 이루어지는 신경망으로 학습시키는 것보다 학습 효율이 좋을 것이다. 이번 절에서 배우게 될 CNN(합성곱 신경망, Convolutional Neural Network)은 이에 대한 해결책이다.

5.3 CNN의 구조

4절에서 살펴보았던 밀집층으로 구성되는 신경망의 구조와 유사하게, CNN 또한 여러 개의 층의 조합으로 구성해볼 수 있다. 그림 2.5-4는 여러 개의 층으로 구성된 CNN의 한 예시로, 일반적인 CNN의 구조이며 뒤쪽의 실습에서 직접 구현해볼 구조이기도 하다. 한번 살펴보자.

그림 2.5-4 CNN의 구조 예시

4절에서 살펴보았던 신경망과의 차이점은 바로 보일 것이다. 처음 보는 층인 '합성곱 계층'과 '풀링 계층'이 새롭게 등장하였다. 이제 합성곱 계층과 풀링 계층이 이미지 처리에 있어 어떤 기능을 수행하는지 살펴보고, 이를 바탕으로 CNN이 이미지의 '부분'을 들여다 볼 수 있게 해주는 이유에 대해 생각해보자.

5.4 합성곱 계층(Convolutional Layer)

합성곱 계층(Convolutional Layer)은 '합성곱 연산'이라는 연산을 수행하는 층이다. 우선 흑백 이미지에 대한 합성곱 연산을 먼저 살펴볼 것이다. 합성곱 연산이 무엇인지, 아래의 예시를 함께 보며 이해해보자.

5.4.1 필터(filter)

그림 2.5-5에서 좌측의 shape-(4, 4)의 데이터는 입력 데이터인 흑백 이미지이며, 중앙의 shape-(2, 2)의 데이터는 합성곱 연산을 수행시킬 '필터(filter)'로, 다른 말로는 '커널(kernel)'이라고 부르기도 한다. 필터의 shape은 (2, 2)로 나타내어볼 수 있으며, 필터의 shape은 학습을 진행시키는 사람이 직접 지정해주어야 하는 하이퍼파라미터에 속한다. 합성곱 연산을 나타내는 기호는 입력 데이터와 필터 사이의 기호(⊛)로 표기하였다. 그림 2.5-6에서는, shape-(4, 4)인 입력 데이터에 shape-(2, 2)인 필터를 적용하여 합성곱 연산을 진행한 결과 shape-(3, 3)인 출력이 얻어졌음을 예시를 확인해볼 수 있다.

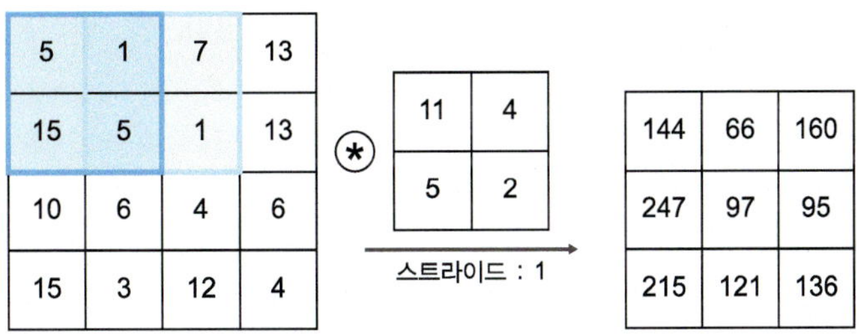

그림 2.5-5 합성곱 연산의 예시(1)

5.4.2 합성곱 연산 방법

합성곱 연산은 입력 이미지를 특정 크기의 필터가 훑고 지나가며 시행된다. 쉬운 이해를 위해, 그림 2.5-5의 입력 데이터를 종이에 그대로 그리고, 셀로판지와 같은 다른 반투명한 종이 조각에는 필터를 그대로 그린 이후, 필터를 그린 종이를 입력 데이터에 포개 놓는 과정을 생각해보자. 두 장의 종이의 왼쪽, 위쪽 모서리를 완전히 겹쳐주면, 그림 2.5-5에서의 파란색 사각형과 같이 겹치는 모양(윈도우, window)이 나타날 것이다. 이 겹치는 영역에 대해 '필터 연산'을 적용하자. 이 필터 연산을 어떻게 하는지는 잠시 후에 살펴보고, 우선 이 결과는 한 개의 숫자임을 알아두자. 이 결과는 출력 결과의 1행 1열 성분에 적어주자. 이후, 이미지를 훑기 위해 필터가 그려진 종이 조각을 옆으로 조금 밀어보자. 이번에는 초록색 사각형과 같이 두 종이가 겹치게 될 것이다. 이번에는 이 영역에 대해 동일한 필터 연산을 적용하여, 그 결과를 출력 결과의 1행 2열 성분에 적어주면 된다. 이처럼 필터가 그려진 종이 조각을 밀고, 연산을 수행하는 과정을 반복하여 두 종이의 오른쪽, 아래쪽 모서리가 겹치게 되면 연산이 종료되게 된다. 이러한 연산 결과, 출력값의 shape이 (3, 3)으로 나타나는 것이 맞는지 한 번 확인해보고 넘어가자.

위에서 언급한 필터 연산은 단일 곱셈-누산(FMA, fused multiply-add)이라고 불리는 연산이다. 필터와 한 번의 연산에서 필터가 적용되는 이미지의 부분 영역은 같은 shape를 갖기 때문에, 동일한 위치의 성분을 대응시켜볼 수 있다. 이렇게 대응하는 성분들을 서로 곱하고, 이를 전부 더한 것이 필터의 연산이다. 예를 들어, 그림 2.5-5에서의 파란색 사각형에 대한 필터 연산의 결과는 5*11+1*4+15*5+5*2=144가 된다. 다른 출력 결과들에 대해서도 한 번씩 직접 계산해보고, 결과로 나타난 값이 맞는지 직접 확인해보자. 결과값은 필터 자체에 따라 달라질 것이며, 필터를 적절히 학습시켜 적절한 필터를 찾아내는 것이 CNN의 학습 과정일 것이라고 예상해볼 수 있다. 즉, 필터는 학습 과정에서 갱신해야 하는 모델 파라미터인 것이다.

방금 예시에서의 필터 연산을 4절에서 배운 밀집층으로 구성된 밀집 신경망과 비교해보면, 마치 밀집 신경망에서의 가중치 곱을 계산하는 과정과 유사하다는 생각이 들 수 있다. 밀집 신경망에서는 추가로 편향을 더해주는 연산이 있었는데, 앞선 예시에서는 사용되지 않았지만, CNN에서도 편향을 포함할 수 있다. 필터와 동일한 shape을 갖는 편향을 대응하는 각 성분에 더하는 연산을 수행하면 될 것이라고 생각하기 쉽지만, 편향은 항상 shape이 (1, 1)인 단일 숫자이다. 필터 연산을 거친 출력의 각 성분에 이를 동일하게 더하여 최종 출력을 만들어낼 수 있다. 그림 2.5-6은 그림 2.5-5의 예시에서 편향 3을 추가하여 나타낸 예시이다.

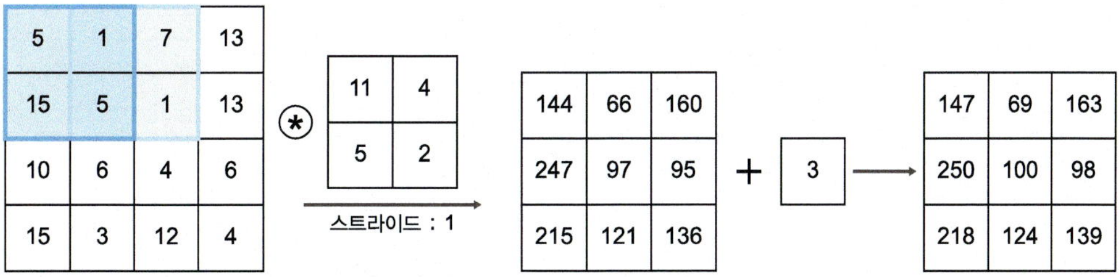

그림 2.5-6 합성곱 연산의 예시(2)

5.4.3 스트라이드(stride)

한 가지를 더 생각해보자. 필터 종이를 밀어가며 연산을 반복하는 과정에서, 종이를 꼭 한 칸씩만 밀 필요는 없다. 종이를 미는 간격, 즉 필터 연산을 적용할 위치의 간격을 스트라이드(stride)이라고 한다. 그림 2.5-5에서 나온 예시는 스트라이드가 1이었기에 한 칸씩만 밀어준 예시였다. 그림 2.5-7은 입력값과 필터가 동일한 상황에서 스트라이드가 2인 경우의 연산을 보여주고 있다. 스트라이드는 학습을 진행시키는 사람이 직접 지정해 주어야 하는 값으로, CNN의 하이퍼파라미터에 속한다.

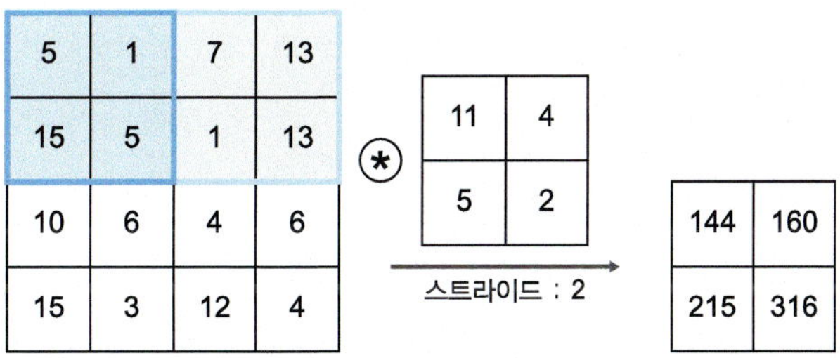

그림 2.5-7 합성곱 연산의 예시(3)

5.4.4 패딩(padding)

합성곱 연산을 진행할 때 필터를 적용하는 윈도우가 이동하는 것을 생각해보자. 입력 이미지의 각 픽셀을 거쳐가는 윈도우의 개수가 몇 번일지 세어 보면, 가장자리쪽의 픽셀은 이미지 안쪽의 픽셀보다 윈도우가 거쳐 가는 횟수가 적음을 생각해볼 수 있다. 즉, 입력 데이터의 가장자리에 위치한 정보는 내부의 정보에 비해 출력 데이터에 주는 영향이 작은 것이다. 따라서 가장자리 데이터는 합성곱 신경망의 순전파를 진행할 때 약하게 전달

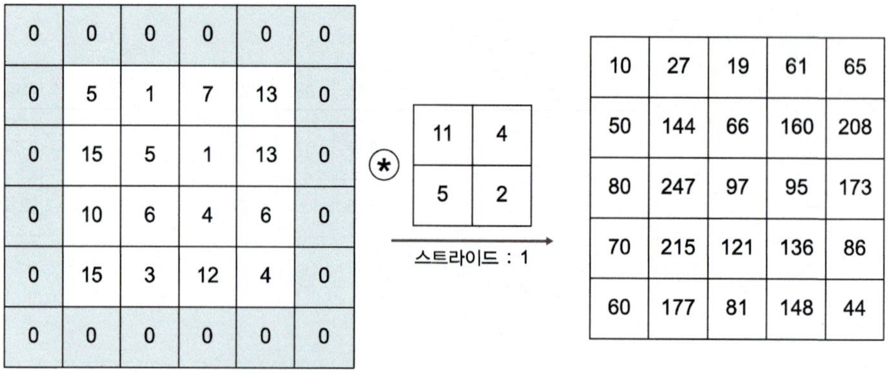

그림 2.5-8 패딩 처리 이후의 합성곱 연산

될 것이며, 가장자리에 중요한 데이터가 포함되는 경우 학습 효율에 악영향을 미치게 될 것이다. 이러한 현상을 방지하기 위해 우리는 패딩(padding)이라는 처리를 거치기도 한다. 패딩은 합성곱 연산을 거치기 이전, 입력 데이터 주변을 특정 값으로 적절히 채워 넣는 기법이다. 이 값으로 0을 많이 사용한다. 그림 2.5-5의 예시에서 1만큼의 패딩을 사용한 후, 동일한 필터 연산을 수행하면 입력 데이터의 가장자리와 내부 픽셀은 동일한 횟수의 필터 연산을 거치게 됨을 확인할 수 있다. 즉, 적절한 패딩은 이미지 가장자리에 포함되는 정보가 출력값에 기여하는 정도를 안쪽 정보와 비슷하게 높여 가장자리 정보 소실을 방지해주는 효과가 있다.

패딩의 이점을 한 가지 더 살펴보자. 앞선 예시들에서, 우리는 합성곱 연산을 거치면 출력값의 데이터 크기가 입력값에 비해 작아지는 것을 확인해볼 수 있다. 특히, 스트라이드가 크다면 크기 감소가 더 많이 일어날 것이다. 이로 인해, 초기의 입력 데이터가 이러한 합성곱 계층을 여러 번 통과하다보면 출력 크기가 너무 작아지는 문제가 발생할 수 있다. 패딩은 입력 이미지의 크기를 증가시키는 효과가 있어 이 문제를 방지해주기도 한다.

입력값의 shape을 $shape_{in} = (H_{in},\ W_{in})$, 필터의 shape을 $shape_{filter} = (H_{filter},\ W_{filter})$, 패딩을 P, 스트라이드를 S이라고 했을 때, 출력값의 이미지의 shape인 $shape_{out} = (H_{out},\ W_{out})$은 다음과 같은 수식으로 나타내어볼 수 있다. 이 식의 유도 방법은 합성곱 연산, 패딩, 스트라이드의 의미를 떠올리며 잘 생각해보자.

$$H_{out} = \frac{H_{in} + 2P - H_{filter}}{S} + 1,\ \ W_{out} = \frac{W_{in} + 2P - W_{filter}}{S} + 1$$

이때, 하이퍼파라미터인 필터의 shape과 패딩, 스트라이드는 우리가 결정해야 하는 값이다. H_{out}와 W_{out} 역시 정수값을 가져야 하므로, 하이퍼파라미터를 설정할 때는 이 점에 유의해야 한다.

5.4.5 2개 이상의 채널로 표현되는 이미지에 대한 합성곱 계층

이제, 이미지 데이터가 3차원으로 확장되는 컬러 이미지에 대한 연산을 수행할 수 있도록 합성곱 계층을 확장해보자. 우선, 3차원의 합성곱 연산을 잘 정의하기 위해서는 입력받는 데이터의 채널 수와 필터의 채널 수를 동일하게 설정해주어야 한다. RGB 형식으로 표현되는 이미지는 채널이 3개인 데이터이므로, 필터 또한 채널이 3개이도록 구성하면 된다. 이후 실행하는 연산은 흑백 이미지에 대한 예시에서와 동일하다. 입력 데이터를 훑듯이 필터를 움직여가며, 필터의 각 위치에서 필터와 데이터의 대응되는 성분들을 곱하여 더하는 단일 곱셈-누산을 실행하면 된다. 아래의 그림 2.5-9를 보며 이해해보자. 덧붙여, 편향을 추가하는 경우에는 그림 2.5-6에서와 동일한 방식으로, 하나의 숫자가 전체 출력값에 더해지는 연산을 수행하도록 해야 한다. 이는 R, G, B 채널을 사용하는 컬러 이미지의 일반적인 표현 외에도, 한 이미지가 여러 채널로 표현되는 경우 유사하게 적용 가능한 방법이다.

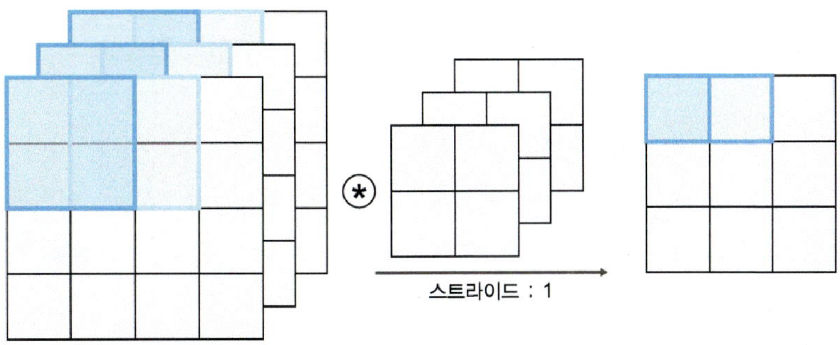

그림 2.5-9 컬러 이미지에 대한 합성곱 계층의 연산 방식

5.4.6 여러 개의 필터를 사용하는 합성곱 계층

마지막으로, CNN을 구성할 때, 필요에 따라 합성곱 연산의 결과가 여러 개의 채널에 걸쳐 나타나도록 설계해볼 수 있다. 그림 2.5-9에서 보았듯, 필터 하나에 대해 합성곱 연산을 적용한다면 채널이 1인 출력값을 얻을 수 있으므로, 원하는 출력의 채널 개수만큼의 필터를 한 번에 적용해주면 된다. 이처럼 여러 개의 필터를 모아 놓은 것을 '필터 뱅크'라고 한다. 각각의 필터를 적용한 결과를 모아주면 원하는 결과를 얻을 수 있다. 아래 그림 2.5-10을 확인하며, 작동 방식을 이해해보자.

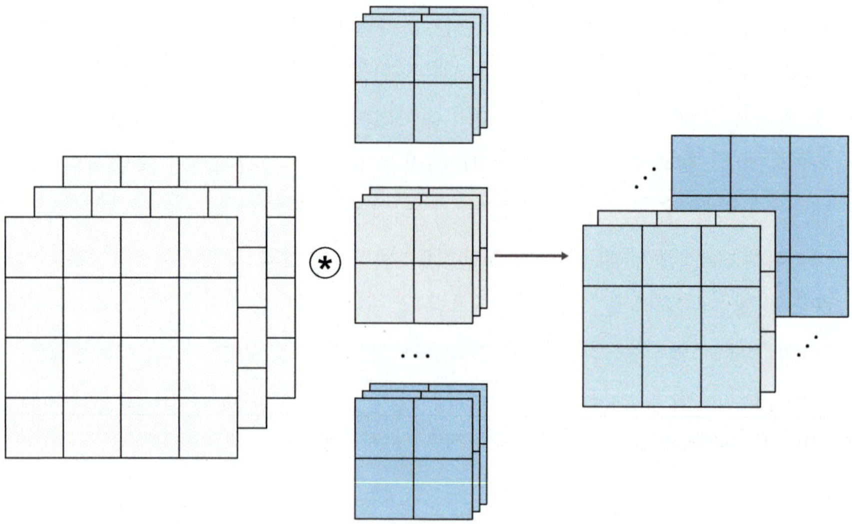

그림 2.5-10 여러 개의 필터를 사용하는 합성곱 연산(1)

여러 개의 필터를 사용하는 경우에도 편향을 도입해볼 수 있다. 하나의 필터에 대해 연산을 진행할 때 단일 숫자인 편향을 각 성분에 더해주었으므로, 이번에는 출력값의 채널 수와 같은 수의 편향 값을 지정하여, 이들을 각각의 필터에 반영해주면 된다.

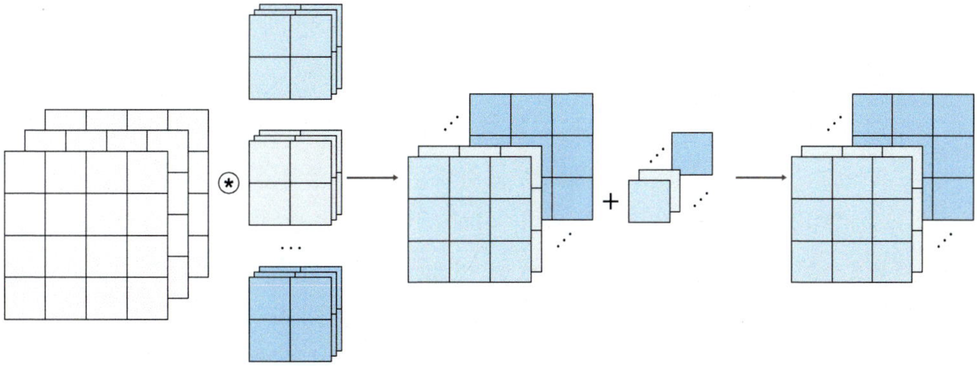

그림 2.5-11 여러 개의 필터를 사용하는 합성곱 연산(2)

여기까지 CNN의 합성곱 계층에 대해 알아보았다. 이번에는 하나의 입력 데이터를 합성곱 계층에 통과시키는 작업을 해 보았지만, 실제로 CNN을 학습시킬 때는 4절에서 다루었던 것처럼 batch를 구성하여 한 번에 여러 개의 데이터를 통과시키는 경우가 대부분임을 기억해두자. 뒤쪽의 실습에서는 실제로 batch를 구성하여 CNN을 학습시켜볼 것이다. batch 단위의 학습 방법에 대해 기억이 잘 나지 않는다면, 4절을 다시 참고하도록 하자.

5.5 풀링 계층(Pooling Layer)

이제, CNN에서 처음 등장한 또 다른 계층인 풀링 계층(Pooling Layer)에 대해 알아보자. 풀링 계층은 데이터의 크기를 줄이기 위해 사용하는 층으로, 모델 파라미터인 필터와 편향의 갱신이 일어나는 합성곱 계층과는 달리, 별도로 학습이 일어나지 않는 층이다. n

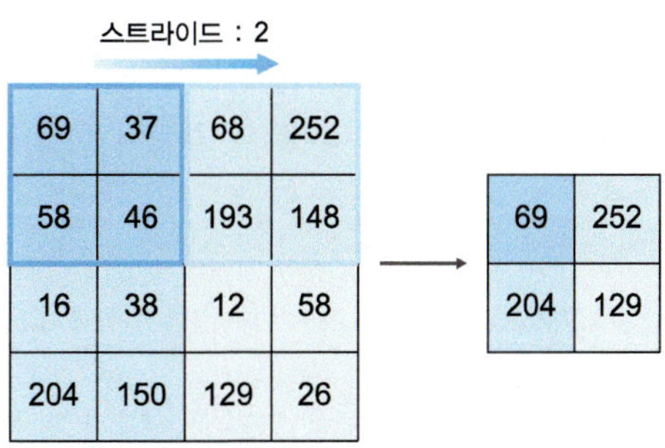

그림 2.5-12 최대 풀링의 예시

$\times m$ 풀링은 $n \times m$ 영역을 그 영역을 대표하는 원소 하나로 축소하여 나타내는 연산을 말한다. 이번에도 예시를 함께 살펴보자.

위의 그림 2.5-12는 2×2 풀링을 스트라이드 값을 2로 설정하여 처리하는 예시를 나타내고 있다. 그림에서는 같은 색으로 표시해둔, 2×2 영역의 값 4개가 결과값의 원소 하나로 줄여진 모습을 확인할 수 있다. 이때 줄여진 원소는 4개의 값 중 가장 큰 값이며, 이러한 풀링 방식을 최대 풀링(max pooling)이라고 한다. 최대 풀링은 주로 이미지 인식 분야에서 널리 활용되며, 이후 해결하게 될 실습 9에서도 사용해보게 될 것이다. 최대 풀링 이외에, 평균 풀링(average pooling)이라는 풀링도 있다. 말 그대로, 영역을 영역의 평균값으로 축소하여 나타내는 방식을 말한다. 값의 축소를 일으키는 풀링 계층은, 입력 데이터의 변화에 민감하지 않다는 특징이 있다. 최대 풀링을 수행하는 경우 최댓값이 변화하지 않는 이상 결과값은 그대로일 것이며, 평균 풀링을 수행하는 경우에도 값의 변화가 평균에 반영되며 작게 나타날 것이다.

예를 들어, 컬러 이미지를 R, G, B의 3개의 채널로 표현한 경우, 풀링 계층은 각 색상에 대해 독립적으로 연산을 진행한다. 그림 2.5-12를 컬러 이미지에 맞도록 변환하면, 풀링은 아래 그림 2.5-13과 같이 진행되는 것이다.

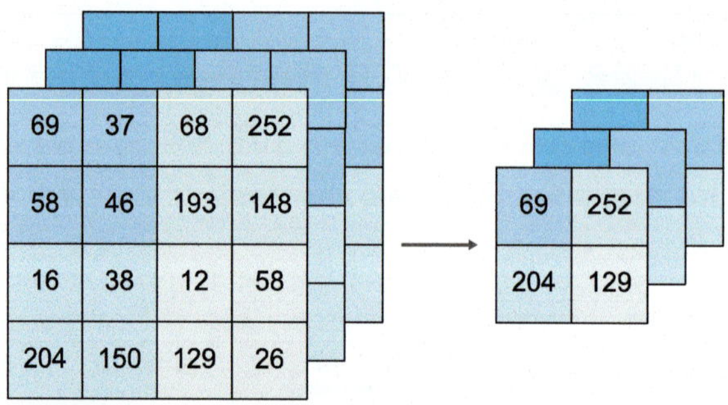

그림 2.5-13 입력 데이터의 채널이 여러 개인 경우의 풀링

5.6 CNN 학습시키기

이제, 5.3.으로 돌아가 이미지 분류를 수행하기 위해 학습시키는 CNN의 예시인 그림 2.5-4를 다시 한번 살펴보자. 합성곱 계층과 풀링 계층이 무엇인지 배웠기에, CNN의 구

조에 대한 감을 잡을 수 있을 것이다. 그림 2.5-4를 보며 CNN에서의 순전파 과정을 생각해보자. 입력 데이터는 우선, 합성곱 계층을 통과한 후 활성함수를 거치고, 풀링 계층을 통과하여 하나의 필터 연산을 완료한다. 입력 데이터는 이러한 필터 연산을 연속하여 몇 번 거치게 된다. 이후, 최종 목표인 이미지 분류 작업을 진행하기 위해, 밀집층에 입력하기 위한 형태인 하나의 일렬 데이터로 나타내는 과정을 거치게 된다. 이 과정을 벡터화(vectorization, 다른 말로는 flatten)이라고 하는데, 쉽게 말해 데이터를 일렬로 풀어서 나열하는 것이다. 예를 들어, 아래 그림 2.5-14와 같은 작업을 거치게 되는 것이다.

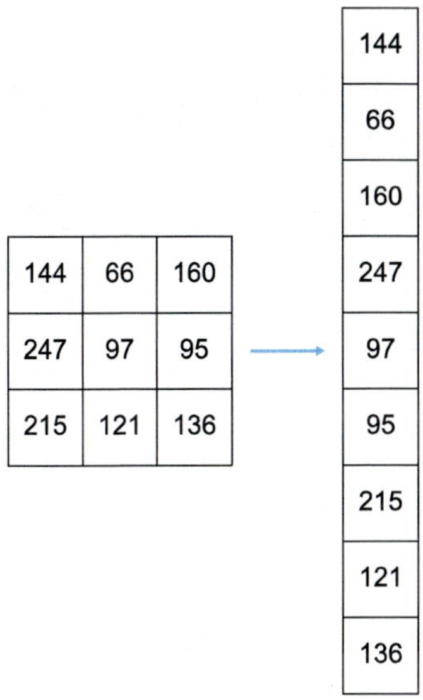

그림 2.5-14 벡터화 과정

이후에는 4절에서 배웠던 밀집층을 통과시키고, 최종적으로 소프트맥스 함수를 활성함수로 적용하여 이미지가 각 분류에 속하게 될 확률을 계산하게 될 것이다. 손실함수를 통해 이 모델을 평가하면서, 모델 파라미터인 필터, 그리고 밀집층의 가중치와 편향을 갱신하면 우리는 처음 목표했던 이미지 분류를 잘 수행할 수 있을 것이라고 기대해볼 수 있다.

최종적으로, 학습을 마치면 우리가 얻게 되는 것은 합성곱 계층에서 연산에 사용되는 필터일 것이다. 이 필터는 결과론적으로 보았을 때 이미지의 분류에 도움을 줄 수 있으므로, 이미지의 특징을 추출해주는 필터라고 볼 수 있다. 여기서 흥미로운 사실 하나는,

CNN을 구성하는 합성곱 계층의 깊이가 깊어질수록 더욱 복잡하고 심오한 특징(abstract features)이 추출된다는 것이다.

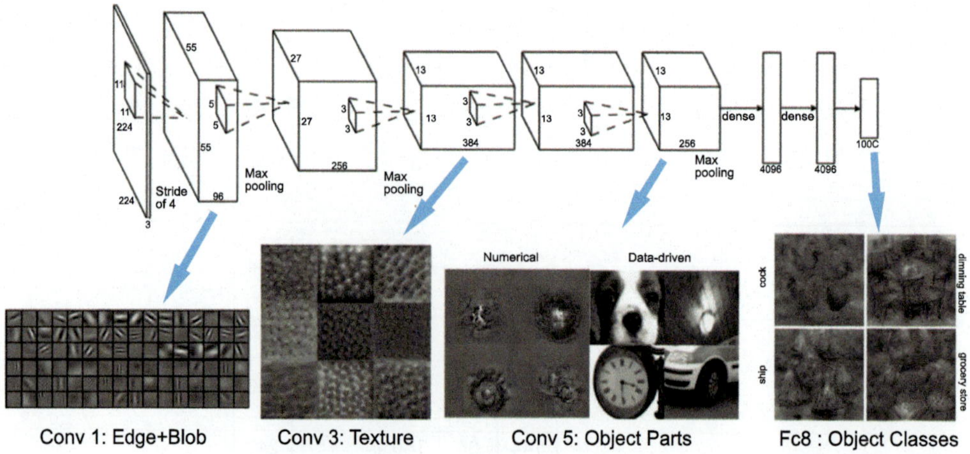

그림 2.5-15 층 깊이에 따른 추출 정보

위의 그림 2.5-15[67]는 사물 인식을 최종적인 목표로 하는 CNN과, 각 층에서 추출된 정보 결과를 나타낸 것이다. 첫 번째 합성곱 계층에서는 물체의 가장자리, 세 번째에서는 물체의 질감, 다섯 번째에서는 강아지의 얼굴, 자동차의 바퀴 등 사물의 일부가 추출됨을 확인할 수 있다. 이를 통해 합성곱 계층을 더 많이 구성할수록 더 추상적인 정보를 얻을 수 있음을 확인해볼 수 있다. 이어지는 실습에서는 CNN을 Python으로 구현해보고, 직접 이미지 분류를 수행하기 위한 CNN을 학습시켜보며 지금까지 배운 개념을 다져보자.

67) Donglai Wei, Bolei Zhou, Antonio Torralba, William T. Freeman, 〈mNeuron:A Matlab Plugin to Visualize Neurons from Deep Models〉, 《Github》, 〈https://donglaiw.github.io/proj/mneuron/index.html〉, 2015 수정, 2021.02.19. 방문

실습 8 합성곱과 풀링의 구현

이 실습에서는 기본적인 합성곱(Convolution) 연산을 직접 작성하여 이미지에 적용해본다. 그런 다음 MyGrad에서 제공하는 합성곱 함수와 비교할 것이다. 또한, 최대 풀링(max-pooling) 작업을 구현하고, MyGrad와 비교할 것이다.

이번 실습에서 필요한 기본적인 라이브러리들을 먼저 import 하자.

```
import matplotlib.pyplot as plt
import matplotlib.image as mpimg
import numpy as np
import mygrad as mg
%matplotlib notebook
```

윈도우	합성곱 함수 구현하기				최대 풀링 함수 만들기				Image Processing
	합성곱 결과 shape	합성곱 함수 작성	이미지 집합, 필터 뱅크에 대해	성능 평가	풀링 결과 shape	풀링 함수 작성	이미지 집합에 대해	성능 평가	

Step 1. 윈도우(Window)

이미지에서 합성곱의 단일 곱셈-누산과 최대 풀링이 이루어지는 특정 크기의 영역을 윈도우(window)라고 부른다. 합성곱 연산에서는 필터가 겹쳐진 영역이 윈도우에 해당하며, $n \times m$ 풀링 연산의 경우에는 풀링 연산을 수행하기 위해 주목하고 있는 $n \times m$ 영역이 윈도우에 해당한다. Step 1에서는 이미지에서 윈도우에 해당하는 픽셀들만 선택할 때 사용하기 편리한 'mygrad.sliding_window_view' 함수를 사용해본다. 연습해보자.

우리는 실습 1에서 다운로드한 데이터 중 cat.png 사진 파일을 사용해볼 것이다. 이 파일의 경로를 아래 코드와 같이 mpimg.imread( ) 함수로 전달하면 이미지 데이터를 NumPy의 ndarray 형식으로 불러올 수 있다. 이렇게 불러온 이미지를 matplotlib로 그려보자.

```
img = mpimg.imread('./pics/cat.png') # 자신의 컴퓨터에서의 경로에 맞추어 수정

fig, ax = plt.subplots()
ax.imshow(img)
```

그다음, 이미지의 shape을 확인하여 가로 세로 픽셀 수를 알아보자. shape은 (H(세로), W(가로), C(색깔))이다.

```
img.shape
```

필터와의 단일 곱셈-누산을 하거나 최대 풀링 연산을 할 때 작업을 수행할 윈도우 영역의 픽셀들을 그때그때 골라서 진행할 수도 있지만, 미리 해당 윈도우들을 배열로 저장해 둘 수도 있다. 이를 도와주는 함수가 바로 'mygrad.sliding_window_view'이다.

mygrad.sliding_window_view()는 이미지, 윈도우의 shape, 스트라이드(step)를 전달받아 윈도우들로 이루어진 numpy 배열을 반환하는 함수이다. window_shape은 (24, 24), step은 24로 하여 함수를 실행해보자. 이때, 위에서 불러온 cat.png 파일의 shape이 (427, 640, 3)이고, 427 = 24 * 17.791667, 640 = 24 * 26.666667이므로 3개의 채널에 대해 17x26개의 윈도우가 만들어질 것임을 알 수 있다. 참고로, mygrad.sliding_window_view()를 이용할 때는 이미지의 shape를 (H, W, C)가 아니라 (C, H, W)로 바꾸어 주어야 함에 주의하자.

```
from mygrad import sliding_window_view
x  = img.transpose(2, 0, 1)  # (H, W, C) --> (C, H, W)
windowed_img = sliding_window_view(x, window_shape=(24, 24), step=24)
```

함수 실행 결과인 windowed_img의 shape을 확인해보자. shape은 (윈도우의 세로 개수, 윈도우의 가로 개수, 색깔 채널 수, 윈도우의 세로 픽셀 수, 윈도우의 가로 픽셀 수)이다.

```
windowed_img.shape
```

우리는 위 코드를 통해 shape-(24, 24)인 윈도우 17x26개를 17x26 공간에 위치시켰음을

확인하였다. 각각의 윈도우를 17x26개 공간에 시각화해보자.

```
fig,ax = plt.subplots(nrows=windowed_img.shape[0], ncols=windowed_img.shape[1])
for i,j in np.ndindex(windowed_img.shape[:2]):
    ax[i,j].imshow(windowed_img[i,j].transpose(1, 2, 0))
    # (C, Hw, Ww) --> (Hw, Ww, C)
    ax[i,j].axis('off')
```

이 밖에도 window_shape을 (48, 48), step을 12로 하는 등, 다양하게 함수를 실행해 보자.

윈도우	합성곱 함수 구현하기				최대 풀링 함수 만들기				Image Processing
	합성곱 결과 shape	합성곱 함수 작성	이미지 집합, 필터 뱅크에 대해	성능 평가	풀링 결과 shape	풀링 함수 작성	이미지 집합에 대해	성능 평가	

Step 2. 합성곱 함수 직접 만들기

합성곱 수행 결과의 shape

합성곱(Convolution)을 수행하기 위해 가장 먼저 해야 할 일은 입력된 이미지의 shape과 필터의 shape을 고려할 때 출력되는 shape이 어떻게 될지 파악하는 것이다. 이론 부분에서 우리는, 합성곱 연산을 수행할 때 필터를 주어진 스트라이드만큼 미끄러지게 하면서 필터가 위치한 이미지 영역(윈도우)과 필터의 단일 곱셈-누산을 진행할 것임을 배웠다.

5절 이론에서 살펴봤듯이, 입력 이미지의 shape을 $shape_{in} = (H_{in},\ W_{in})$, 필터의 shape을 $shape_{filter} = (H_{filter},\ W_{filter})$, 스트라이드를 S라고 했을 때, 출력 이미지의 shape인 $shape_{out} = (H_{out},\ W_{out})$은 다음의 공식으로부터 구할 수 있다. (여기서는 패딩을 고려하지 않도록 하자.)

$$H_{out} = \frac{H_{in} - H_{filter}}{S} + 1,\quad W_{out} = \frac{W_{in} - W_{filter}}{S} + 1$$

$stride=(S, S)$라는 튜플을 정의하면, 위의 두 식을 하나로 합쳐서 표현할 수 있다. 이때 x축과 y축의 스트라이드가 $stride=(S_y, S_x)$로 서로 다르다고 생각하더라도 공식이 동일하게 성립한다.

$$shape_{out}=\frac{shape_{in}-shape_{filter}}{stride}+1$$

여기서 출력 shape이 유효한 치수인지 확인하는 것이 중요하다. 즉, 분수 혹은 음수가 되면 안된다. 이제 출력 shape을 계산할 함수를 정의해보자. 출력 shape을 계산하는 함수는 아래에서 합성곱 함수를 구현할 때 사용될 것이다.

```
def get_outshape(x_shape, w_shape, stride):
    '''
    입력되는 텐서의 shape과 합성곱 필터의 shape, 스트라이드를 바탕으로
    출력되는 텐서의 shape을 계산하는 공식을 그대로 구현

    매개변수 (Parameters)
    ----------
    x_shape : Tuple[int, int]
        입력 텐서(x) 의 shape

    w_shape : Tuple[int, int]
        합성곱 필터(w) 의 shape

    stride : Tuple[int, int]
        스트라이드

    반환 값 (Returns)
    -------
    numpy.ndarray[int], shape=(2,)
        shape이 x_shape인 입력 텐서에 대해 shape이 w_shape인 합성곱 필터로
        합성곱을 진행한 결과인 출력 텐서의 shape
    '''
    x_shape = np.array(x_shape)
    w_shape = np.array(w_shape)
    stride = np.array(stride)

    # out_shape 구하기
```

```
    # 여기에 코드 작성

    # 유효한 치수를 구했는지 확인하고, 유효하지 않으면 에러 발생
    if not all(i.is_integer() and i > 0 for i in out_shape):
        msg = "Stride and filter dimensions are incompatible: \n"
        msg += "Input dimensions: {}\n".format(tuple(x_shape))
        msg += "Stride dimensions: {}\n".format(tuple(stride))
        msg += "Filter dimensions: {}\n".format(tuple(w_shape))
        raise ValueError(msg)

    return out_shape.astype(np.int32)
```

원하는 기능이 잘 작동하는지 확인해보자. 아래 코드들을 실행시켜 정답이 출력되는지 살펴보자.

```
# 입력 (10,10), 필터 (3,3), 스트라이드 (1,1)
# 출력 (8,8)
get_outshape((10, 10), (3, 3), (1, 1))
```

```
# 입력 (11,11), 필터 (3,3), 스트라이드 (2,2)
# 출력 (5,5)
get_outshape((11, 11), (3, 3), (2, 2))
```

```
# 입력 (10,10), 필터 (5,5), 스트라이드 (1,1)
# 출력 (6,6)
get_outshape((10, 10), (5, 5), (1, 1))
```

```
# 입력 (5,5), 필터 (10,10), 스트라이드 (1,1)
# 출력 ValueError
get_outshape((5, 5), (10, 10), (1, 1))
```

합성곱 함수 작성하기

이제 합성곱을 수행하는 함수 convolve( )를 정의해보자.

이 함수는 입력값으로 합성곱을 수행할 이미지와 합성곱 필터, 스트라이드를 전달받는다. 입력 이미지의 shape은 $(C,\ H,\ W)$, 합성곱 필터의 shape은 $(C,\ H_f,\ W_f)$, 스트라이드의 shape은 $(S_y,\ S_x)$라고 할 때, 출력되는 배열의 shape은 위에서 정의한 함수를 통해 알 수 있다. 위의 함수를 통해 구한 shape을 바탕으로 비어있는 배열을 만들고 난 후,

차례대로 배열을 채워나가도록 구현해보자.

▸ HINT

스트라이드가 $S_x = S_y$인 경우, Step 1에서 살펴본 sliding_window_view( ) 함수로 윈도우 배열을 구해서 윈도우를 하나씩 꺼내며 필터와의 단일 곱셈-누산을 수행할 수 있다. 일반적으로 스트라이드는 x축과 y축에 대해 동일하게 설정하기 때문에, 아래 코드를 사용해도 충분하다.

```
windowed_img = sliding_window_view(input_image, window_shape=conv_
               shape, step=stride[0])
for ind in np.ndindex(out.shape):
    out[ind] = np.sum(conv_filter * windowed_img[ind])
```

하지만 NumPy 배열을 다루는 데 더 익숙해지고 싶다면 $S_x \neq S_y$ 인 경우까지 고려하여 코드를 새롭게 작성해보자. 입력 이미지 중에서 윈도우에 해당하는 픽셀들을 그때그때 선택해주어야 한다. 이때, 축이 세 개인 input_image 배열을 슬라이싱 하기 위해 slice( ) 함수를 사용할 수 있다. 각 축에서 슬라이싱할 범위를 slice( ) 함수로 표현하여 원소가 세개인 튜플을 구성하면 된다.

```
def convolve(input_image, conv_filter, stride=(1, 1)):
    '''
    'conv_filter'를 'stride'만큼 이동하며
    'input_image'에 대해 합성곱 연산을 진행

    매개변수 (Parameters)
    ----------
    input_image : numpy.ndarray, shape=(C, H, W)
        합성곱 연산을 수행할 입력 이미지

    conv_filter : numpy.ndarray, shape=(C, Hf, Wf)
        이미지 위에서 움직일 합성곱 필터

    stride : Tuple[int, int], 별다른 입력 없으면 default=(1, 1)
        합성곱 필터를 움직일 보폭(스트라이드)

    반환 값 (Returns)
```

```
-------
numpy.ndarray, shape=(H', W')
    합성곱 결과
    (H', W')는 함수 `get_outshape`를 통해 얻은 결과
'''
# 함수 get_outshape() 이용하여 out_shape 구하기
# 여기에 코드 작성

# 출력값을 채워넣을 비어있는 배열 out 생성
out = np.empty(out_shape, np.float32)

# 배열 out에 합성곱 연산한 값 채워넣기
# 여기에 코드 작성
return out
```

shape-(1,9,9)의 배열이 "image"로 주어졌다고 하자. 그리고 shape-(1,3,3)의 배열이 "conv-filter"로 주어졌다고 하자. 이때 스트라이드를 변화시켜 가면서 함수 convolve( )가 잘 만들어졌는지 확인해보자. 합성곱 연산 진행 결과를 손으로도 직접 계산해보고, convolve( ) 함수를 이용한 결과와 비교해보자.

"image"와 "conv-filter"의 예시를 하나씩 들어주자면 다음과 같다.

$$(\text{이미지})\ \begin{pmatrix} 8&6&4&5&1&2&7&0&3 \\ 7&2&5&3&6&0&1&4&8 \\ 0&3&1&7&4&8&2&6&5 \\ 6&1&8&4&3&5&0&7&2 \\ 4&5&0&2&7&1&3&8&6 \\ 2&7&3&8&0&6&4&5&1 \\ 3&8&6&0&2&7&5&1&4 \\ 5&0&2&1&8&4&6&3&7 \\ 1&4&7&6&5&3&8&2&0 \end{pmatrix} \quad (\text{필터})\ \begin{pmatrix} 1&2&0 \\ 0&1&2 \\ 2&0&1 \end{pmatrix}$$

```
# Ex) 이미지
image = np.array([[8,6,4,5,1,2,7,0,3],
                  [7,2,5,3,6,0,1,4,8],
                  [0,3,1,7,4,8,2,6,5],
                  [6,1,8,4,3,5,0,7,2],
                  [4,5,0,2,7,1,3,8,6],
```

```
                [2,7,3,8,0,6,4,5,1],
                [3,8,6,0,2,7,5,1,4],
                [5,0,2,1,8,4,6,3,7],
                [1,4,7,6,5,3,8,2,0]])
image = image[np.newaxis, :, :]
image
```

```
# Ex) 필터
conv_filter = np.array([[1,2,0],[0,1,2],[2,0,1]])
conv_filter = conv_filter[np.newaxis, :, :]
conv_filter
```

1) 스트라이드를 1 (stride=(1,1))로 하면 합성곱 진행 결과가 어떻게 나타날까?
2) 스트라이드를 2 (stride=(2,2))로 하면 합성곱 진행 결과가 어떻게 나타날까?
3) 스트라이드를 3 (stride=(3,3))로 하면 합성곱 진행 결과가 어떻게 나타날까?
각 질문에 대답하기 위해 손으로도 계산해보고, convolve() 함수도 잘 이용해보자.

이미지 집합과 필터 뱅크에 대한 합성곱 함수 작성하기

위에서 우리는 합성곱 함수를 정의하였다. 이제 이 함수를 개선하여, 이미지 집합(이미지 여러 개)에 필터 뱅크(필터 여러 개)를 한 번에 적용할 수 있는 함수를 만들어볼 것이다. 이 함수는 CNN의 합성곱 계층으로 사용할 수 있을 것이다.

아래 conv_bank( ) 함수는 각 N개의 이미지 (C, H, W)에 대해 K개의 필터 (C, H_f, W_f)를 반복하여 단일 합성곱 계층의 전체 순전파를 수행하는 함수이다. 주석을 잘 읽고, 위의 convolve( ) 함수를 개선하여 코드를 완성해보자. 합성곱 기능을 다시 프로그래밍할 필요 없이, convolve( ) 함수를 이용하여 합성곱 연산을 수행하도록 작성해보자.

▸ HINT

for문에서 enumerate( ) 함수를 이용하면 이미지 집합과 필터 뱅크에서 각 이미지 및 필터와 해당하는 인덱스를 한 번에 꺼내어 프로그래밍하는 데 유리할 것이다.

```
def conv_bank(input_images, conv_filters, stride=(1, 1)):
    '''
    'conv_filter' 여러 개를 'stride'만큼 이동하며
    'input_image' 여러 개에 대해 합성곱 연산을 진행

    매개변수 (Parameters)
    ----------
    input_images : numpy.ndarray, shape=(N, C, H, W)
        합성곱 연산을 수행할 입력 이미지들

    conv_filters : numpy.ndarray, shape=(K, C, Hf, Wf)
        이미지 위에서 움직일 합성곱 필터들

    stride : Tuple[int, int], 별다른 입력 없으면 default=(1, 1)
        합성곱 필터를 움직일 스트라이드

    반환 값 (Returns)
    -------
    numpy.ndarray, shape=(N, K, H', W')
        합성곱 결과
        (H', W')는 함수 'get_outshape'를 통해 얻은 결과
    '''
    # 함수 get_outshape() 이용하여 out_shape 구하기
    # 여기에 코드 작성

    # 출력값을 채워넣을 비어있는 배열 out 생성
    out = np.empty((len(input_images), len(conv_filters), *out_shape))

    # 배열 out에 합성곱 연산한 값 채워넣기
    # 여기에 코드 작성
    return out
```

이제 이전과 같은 방식으로 함수의 동작을 확인할 수 있다.

shape-(2,1,9,9)의 배열이 이미지 집합 “input_images”로 주어졌다고 하자. 그리고 shape-(4,1,3,3)의 배열이 필터 뱅크 “conv-filters”로 주어졌다고 하자. 이미지 집합 “input_images”와 필터 뱅크 “conv-filters”의 예시를 하나씩 들어주자면 다음과 같다.

$$(\text{이미지 집합})\begin{pmatrix}8&6&4&5&1&2&7&0&3\\7&2&5&3&6&0&1&4&8\\0&3&1&7&4&8&2&6&5\\6&1&8&4&3&5&0&7&2\\4&5&0&2&7&1&3&8&6\\2&7&3&8&0&6&4&5&1\\3&8&6&0&2&7&5&1&4\\5&0&2&1&8&4&6&3&7\\1&4&7&6&5&3&8&2&0\end{pmatrix}\begin{pmatrix}0&2&0&1&1&2&3&0&3\\3&2&1&3&2&0&1&0&0\\0&3&1&3&0&0&2&2&1\\2&1&0&0&3&1&0&3&2\\0&1&0&2&3&1&3&0&2\\2&3&3&0&0&2&0&1&1\\3&0&2&0&2&3&1&1&0\\1&0&2&1&0&0&2&3&3\\1&0&3&2&1&3&0&2&0\end{pmatrix}$$

$$(\text{필터 뱅크})\begin{pmatrix}1&2&0\\0&1&2\\2&0&1\end{pmatrix}\begin{pmatrix}-1&-1&-1\\-1&8&-1\\-1&-1&-1\end{pmatrix}\begin{pmatrix}0&-1&0\\-1&5&-1\\0&-1&0\end{pmatrix}\begin{pmatrix}1/16&2/16&1/16\\2/16&4/16&2/16\\1/16&2/16&1/16\end{pmatrix}$$

```
# Ex) 이미지 집합
input_images = np.array([[[8,6,4,5,1,2,7,0,3],
                          [7,2,5,3,6,0,1,4,8],
                          [0,3,1,7,4,8,2,6,5],
                          [6,1,8,4,3,5,0,7,2],
                          [4,5,0,2,7,1,3,8,6],
                          [2,7,3,8,0,6,4,5,1],
                          [3,8,6,0,2,7,5,1,4],
                          [5,0,2,1,8,4,6,3,7],
                          [1,4,7,6,5,3,8,2,0]],
                         [[0,2,0,1,1,2,3,0,3],
                          [3,2,1,3,2,0,1,0,0],
                          [0,3,1,3,0,0,2,2,1],
                          [2,1,0,0,3,1,0,3,2],
                          [0,1,0,2,3,1,3,0,2],
                          [2,3,3,0,0,2,0,1,1],
                          [3,0,2,0,2,3,1,1,0],
                          [1,0,2,1,0,0,2,3,3],
                          [1,0,3,2,1,3,0,2,0]]])
input_images = input_images[:, np.newaxis, :, :]
input_images
```

```
# Ex) 필터 뱅크
conv_filters = np.array([[[1,2,0],[0,1,2],[2,0,1]],
                         [[-1,-1,-1],[-1,8,-1],[-1,-1,-1]],
                         [[0,-1,0],[-1,5,-1],[0,-1,0]],
```

```
                          [[1/16,2/16,1/16],[2/16,4/16,2/16],
                          [1/16,2/16,1/16]]])
conv_filters = conv_filters[:, np.newaxis, :, :]
conv_filters
```

이때 스트라이드 3 (stride=(3,3))에 대해 함수 conv_bank( )가 잘 만들어졌는지 확인해보자. 합성곱 연산 진행 결과를 손으로도 직접 계산해보고, conv_bank( ) 함수를 이용한 결과와 비교해보자.

합성곱 함수 성능 평가

이제 소요 시간을 기준으로 위에서 만든 conv_bank 함수와 MyGrad의 합성곱 함수의 성능을 비교해보자. MyGrad의 함수가 더 짧은 시간이 걸림을 확인할 수 있을 것이다.

> **참고** 소요 시간을 측정하기 위해 timeit 함수를 사용한다. timeit 함수는 코드를 여러 번 반복 실행한 후 소요시간의 평균과 표준편차를 반환해준다. jupyter notebook에서는 매직 커맨드(magic commend) %%을 이용하여 셀(cell) 내의 모든 코드를 실행하는 데 소요된 시간을 측정할 수 있다.

```
timing_images = np.random.rand(10, 3, 64, 64)
timing_filters = np.random.rand(20, 3, 3, 3)
```

```
%%timeit
conv_bank(timing_images, timing_filters)
```

```
from mygrad.nnet.layers import conv_nd
```

```
%%timeit
conv_nd(timing_images, timing_filters, stride=(1, 1))
```

윈도우	합성곱 함수 구현하기				최대 풀링 함수 만들기				Image Processing
	합성곱 결과 shape	합성곱 함수 작성	이미지 집합, 필터 뱅크에 대해	성능 평가	풀링 결과 shape	풀링 함수 작성	이미지 집합에 대해	성능 평가	

Step 3. 최대 풀링 함수 직접 만들기

풀링 수행 결과의 shape

풀링(pooling)을 수행하기 위해 가장 먼저 해야 할 일은 입력된 이미지의 shape과 풀링 윈도우의 shape을 고려할 때 출력되는 shape이 어떻게 될지 파악하는 것이다.

5절 이론에서 살펴봤듯이, 풀링을 수행할 때는 윈도우를 주어진 스트라이드만큼씩 미끄러지게 하면서 풀링을 진행한다. 이 실습에서 풀링 연산의 스트라이드는 풀링 윈도우의 가로, 세로 길이와 동일한 경우만 고려할 것이다.

따라서, 입력 이미지의 shape이 $shape_{in} = (H_{in},\ W_{in})$, 풀링 윈도우의 shape이 $shape_{pool} = (H_{pool},\ W_{pool})$, 스트라이드가 $stride = (H_{pool},\ W_{pool})$라면, 출력 이미지의 shape인 $shape_{out} = (H_{out},\ W_{out})$은 다음의 공식으로부터 구할 수 있다. (일반적으로 풀링 윈도우의 가로와 세로 길이가 동일하지만, 실습에서는 가로와 세로의 길이가 같든 다르든 동일하게 적용이 가능한 일반적인 코드를 작성함으로써 파이썬 프로그래밍에 더 익숙해져 보자.)

$$H_{out} = \frac{H_{in} - H_{pool}}{H_{pool}} + 1,\quad W_{out} = \frac{W_{in} - W_{pool}}{W_{pool}} + 1$$

그리고 위의 두 식을 하나로 합쳐서 표현하면 다음과 같은 공식을 얻을 수 있다.

$$shape_{out} = \frac{shape_{\mathrm{in}} - shape_{pool}}{shape_{pool}} + 1 = \frac{shape_{\mathrm{in}}}{shape_{pool}}$$

풀링 함수 작성하기

이제 최대 풀링(max-pooling)을 수행하는 함수 max_pool( )를 정의해보자. 최대 풀링은 이미지의 크기를 줄이는 다운 샘플링에서 매우 유용하게 사용된다.

이 함수는 입력값으로 최대 풀링을 수행할 단일 채널 이미지와 풀링 윈도우의 shape을 필요로 한다. 입력 이미지의 shape은 (H, W), 풀링 윈도우의 shape은 (H_p, W_p)라고 할 때, 출력되는 배열의 shape은 위에서 살펴본대로 "shape_in // shape_pool"이다.

convolve( ) 함수와 마찬가지로 비어있는 배열을 먼저 만들고난 후, 차례대로 배열을 채워나가도록 max_pool( )을 구현해보자.

▸ HINT

배열을 채울 때, convolve( ) 함수와 비슷한 방식으로 프로그래밍하면 된다. slice( ) 함수를 이용하여 배열을 슬라이싱하면 윈도우를 만들기 유리하다. 만약, 풀링 윈도우의 가로와 세로 길이가 같은 경우만 고려하고 싶다면, Step 1에서 살펴본 sliding_window_view( ) 함수를 사용할 수도 있다.

```
def max_pool(input_image, pool_shape=(2, 2)):
    '''
    이미지의 단일 채널에 대해 최대 풀링을 수행

    매개변수 (Parameters)
    ----------
    input_image : numpy.ndarray, shape=(H, W)
        최대 풀링을 수행할 채널

    pool_shape : Tuple[int, int], optional (default=(2, 2))
        풀링 윈도우의 shape. (Hp, Wp)

    반환 값 (Returns)
    -------
    numpy.ndarray, shape=(H', W')
        최대 풀링 결과
        H' = H / Hp, W'= W / Wp
    '''
    # out_shape 구하기
    # 여기에 코드 작성

    # 출력값을 채워넣을 비어있는 배열 out 생성
    out = np.empty(out_shape)
```

```
    # 배열 out에 최대 풀링한 값 채워넣기
    # 여기에 코드 작성
    return out
```

함수가 제대로 작동하는지 아래 코드를 이용하여 확인해보자.

```
a = np.random.rand(4, 4)
print(a, '\n')
print(max_pool(a))
```

이미지 집합에 대한 풀링 함수 작성하기

위에서 우리는 최대 풀링 함수를 정의하였다. 이제 이 함수를 개선하여, 이미지 집합(이미지 여러 개)의 각 이미지의 채널을 순환하며 풀링할 수 있는 함수를 만들어볼 것이다. 이 함수는 CNN의 풀링 계층으로 사용할 수 있을 것이다.

아래 max_pool_stack( ) 함수는 각 N개의 이미지 (C, H, W)에 대해 풀링 shape을 (H_p, W_p)으로 하여 N개 이미지 C개 채널에 대해 단일 최대 풀링 레이어의 전체 순전파를 수행하는 함수이다. 주석을 잘 읽고, 위의 max_pool( ) 함수를 개선하여 코드를 완성해보자.

▸ HINT

배열을 채울 때, conv_bank( ) 함수와 비슷한 방식으로 프로그래밍하면 된다. for문에서 enumerate( ) 함수를 사용하면 유리하다.

```
def max_pool_stack(input_images, pool_shape=(2, 2)):
    '''
    이미지 집합의 각 이미지들에 대해 최대 풀링을 수행

    매개변수 (Parameters)
    ----------
    input_images : numpy.ndarray, shape=(N, C, H, W)
        최대 풀링을 수행할 채널

    pool_shape : Tuple[int, int], optional (default=(2, 2))
        풀링 윈도우의 shape. (Hp, Wp)
```

```
    반환 값 (Returns)
    -------
    numpy.ndarray, shape=(N, C, H', W')
        최대 풀링 결과
        H' = H / Hp, W'= W / Wp
    '''
    # out_shape 구하기
    # 여기에 코드 작성

    # 출력값을 채워넣을 비어있는 배열 out 생성
    out = np.empty(out_shape)

    # 배열 out에 최대 풀링한 값 채워넣기
    # 여기에 코드 작성
    return out
```

함수가 제대로 작동하는지 아래 코드를 이용하여 확인해보자.

```
a = np.random.rand(2, 2, 4, 4)
print(a, '\n')
print(max_pool_stack(a, (2, 2)))
```

풀링 함수 성능 평가

이제 소요 시간을 기준으로 위에서 만든 max_pool_stack 함수와 MyGrad의 최대 풀링 함수의 성능을 비교해보자.

```
a = np.random.rand(20, 10, 64, 64)
```

```
%%timeit
max_pool_stack(a, (2, 2))
```

```
from mygrad.nnet.layers import max_pool
```

```
%%timeit
max_pool(a, (2, 2), (2, 2))
```

윈도우	합성곱 함수 구현하기				최대 풀링 함수 만들기				Image Processing
	합성곱 결과 shape	합성곱 함수 작성	이미지 집합, 필터 뱅크에 대해	성능 평가	풀링 결과 shape	풀링 함수 작성	이미지 집합에 대해	성능 평가	

Step 4. 합성곱 연산을 이용한 Image Processing

합성곱 연산 수행에 사용되는 필터 중, 가장자리를 검출하는 등, 이미지 프로세싱의 측면에서 이미지를 특정 목적에 따라 가공해주는 필터들이 알려져 있다. 우리는 5절 이론에서 CNN을 학습시키면 이미지의 특징을 추출해주는 필터를 얻을 수 있게 된다는 것을 배웠고, 이러한 필터들 중 일부는 적절히 학습시키면 잘 알려진 필터에 가까워지기도 한다는 사실이 발견되었다.

몇 가지 유용하고 간단한 3x3 필터를 살펴보자.

1. 이미지의 가장자리(edge)를 검출하는 필터

```
edge_detect_filter = np.array([[-1, -1, -1],
                               [-1,  8, -1],
                               [-1, -1, -1]])
```

2. 이미지를 선명하게(sharpen) 만드는 필터

```
sharpening_filter = np.array([[ 0, -1,  0],
                              [-1,  5, -1],
                              [ 0, -1,  0]])
```

3. 이미지를 흐리게(blur) 만드는 필터

```
gauss_blur = np.array([[1, 2, 1],
                       [2, 4, 2],
                       [1, 2, 1]])
gauss_blur = gauss_blur / 16
```

그림 2.5-16 세 가지 3x3 필터의 효과[68)]

그림 2.5-16에서 각 필터의 효과를 살펴볼 수 있다. 이러한 필터들을 이용하여 직접 이미지 프로세싱을 진행해보기 위해 합성곱을 수행하는 함수를 사용해볼 것이다. 위에서 우리가 만들었던 함수와 MyGrad의 conv_nd 함수 모두 사용할 수 있다.

일단 cat.png 원본 이미지를 불러와서 그려보자.

```
# matplotlib를 이용하여 이미지 시각화하기
img = mpimg.imread('./pics/cat.png') # 자신의 컴퓨터에서의 경로에 맞추어 수정

fig, ax = plt.subplots()
ax.imshow(img)
```

68) 그림 2.5-16 출처: Photo by Mathew Schwartz on Unsplash

이 이미지 배열의 shape은 무엇이고, 색깔 채널이 포함된 축은 어떤 축인지 한 줄의 코드로 재확인하자.

```
# 여기에 코드 작성
```

아래 함수는 합성곱을 이용하여 주어진 필터에 대해 이미지를 프로세싱할 수 있는 함수이다. 이 함수에서 주의 깊게 살펴봐야 하는 부분은 transpose( ), reshape( ), squeeze( ) 등 numpy.ndarray의 shape을 변화시키고 축을 제거하는 작업들이다.

5절 이론에서 배웠듯 채널이 3개인 이미지에 대한 합성곱 연산은 채널이 3개인 필터와의 단일 곱셈-누산을 통해 이미지 채널 1개를 생성하는 작업이다. 그러나 이미지 프로세싱에서는 이미지의 채널 3개에 대해 필터 1개를 각각 적용한 후 가공된 이미지 채널 3개를 얻는 것을 목표로 한다. 따라서, 이 함수에서는 입력된 컬러 이미지 배열을, 채널이 3개인 이미지 1개가 아니라 채널이 1개인 이미지 3개로 변환하여 conv_nd( ) 함수에 넣어준다. 그리고 conv_nd( )의 결과값으로 얻어진 채널이 1개인 이미지 3개를 다시 채널이 3개인 이미지 1개로 변환해준 후 가공된 컬러 이미지를 반환한다.

참고로, 아래에서 새롭게 등장한 squeeze( ) 함수는 차원이 1인 축을 제거해주는 함수로, 이미지 배열을 컬러 이미지로 되돌려 주기 위한 과정에서 사용하였다. PyTorch 라이브러리에서도 같은 이름의 함수가 존재한다. 코드를 이해해보자.

```
def image_process_conv(img, filter):
    """
    MyGrad의 conv_nd 함수를 사용하여 이미지 프로세싱을 진행
    색깔 채널의 축소 없이 단일 2D 이미지에서 단일 2D 필터로 합성곱을 진행
    ** matplotlib.imshow 함수 사용하기 위한 이미지 축의 순서: (H, W, C)

    매개변수 (Parameters)
    ----------
    img : numpy.ndarray, shape=(H, W, C)
    filter : numpy.ndarray, shape=(Hf, Wf)

    반환 값 (Returns)
    -------
    convolved_img : numpy.ndarray, shape=(H', W', C)
```

```
    """
    # (H, W, C) --> (C, 1, H, W)
    x = img.transpose(2,0,1)[:, np.newaxis, :, :]

    # (Hf, Wf) --> (1, 1, Hf, Wf)
    filter = filter.reshape(1, 1, *filter.shape)

    # conv: (C, 1, H, W) with (1, 1, Hf, Wf) --> (C, 1, H', W')
    # squeeze : (C, 1, H', W') --> (C, H', W')
    # transpose: (C, H', W') --> (H', W', C)
    return conv_nd(x, filter, stride=(1, 1)).data.squeeze().transpose(1, 2, 0)
```

방금 작성한 image_process_conv( ) 함수를 이용하여 앞서 살펴보았던 세 종류의 필터를 이용한 이미지 프로세싱을 진행해보자.

```
# 가장자리 검출 필터
# 여기에 코드 작성

fig, ax = plt.subplots()
ax.imshow(image_process_conv(img, edge_detect_filter))
```

```
# 선명하게 만드는 필터
# 여기에 코드 작성

fig, ax = plt.subplots()
ax.imshow(image_process_conv(img, sharpening_filter))
```

```
# 흐리게 만드는 필터
# 여기에 코드 작성

fig, ax = plt.subplots()
ax.imshow(image_process_conv(img, gauss_blur))
```

배운 내용 되돌아보기

윈도우	합성곱 함수 구현하기				최대 풀링 함수 만들기				Image Processing
	합성곱 결과 shape	합성곱 함수 작성	이미지 집합, 필터 뱅크에 대해	성능 평가	풀링 결과 shape	풀링 함수 작성	이미지 집합에 대해	성능 평가	

이번 실습에서는 합성곱과 풀링의 원리를 이해하기 위해 합성곱 함수와 최대 풀링 함수를 직접 구현해보고, MyGrad에서 제공하는 함수와 비교해보았다. 또한, 이미지 프로세싱에 필터와 합성곱 연산이 사용됨을 추가적으로 배우고, 가공한 결과를 시각적으로 확인해보았다. 배운 내용을 순서대로 되돌아보자.

- ☐ 합성곱 연산과 풀링 연산이 이루어질 영역(윈도우)에 해당하는 픽셀들을 지정해주는 작업을 위해 MyGrad의 함수를 사용해보았다. 또한 그 결과로 얻어진 윈도우로 이루어진 배열을 시각화하여 살펴보기도 하였다. 이 함수는 합성곱 연산 및 최대 풀링 연산을 진행할 때 윈도우에 해당하는 픽셀들을 바로 꺼내어 사용할 수 있게 해준다는 점에서 도움이 되었다.
- ☐ (선택적으로) 그러나 윈도우의 세로, 가로와 스트라이드의 y축, x축 값을 서로 다르게 하여 이미지의 윈도우 영역에 바로 접근할 수 있는 코드를 직접 작성해보기도 했다.
- ☐ 합성곱 수행 결과의 shape 공식을 생각해보고, 해당 shape을 갖는 빈 배열을 생성하였다. 이후, 빈 배열에 단일 곱셈-누산 결과를 하나씩 저장하여 최종적으로 합성곱 수행 결과를 반환할 수 있는 함수를 작성하였다.
- ☐ 작성한 합성곱 함수를 응용하여 이미지 집합과 필터 뱅크에 대한 합성곱 함수를 작성하였으며, 직접 작성한 합성곱 함수와 MyGrad의 합성곱 함수의 성능을 비교해보았다.
- ☐ 풀링 수행 결과의 shape 공식을 생각해보고, 해당 shape을 갖는 빈 배열을 생성하였다. 이후, 빈 배열에 최대 풀링 결과를 하나씩 저장하여 최종적으로 최대 풀링 수행 결과를 반환할 수 있는 함수를 작성하였다.
- ☐ 작성한 최대 풀링 함수를 응용하여 이미지 집합에 대한 최대 풀링 함수를 작성하였으며, 직접 작성한 최대 풀링 함수와 MyGrad의 최대 풀링 함수의 성능을 비교

해보았다.

□ 어떤 특징을 추출하는지 그 효과가 잘 알려진 세 종류의 3x3 필터에 대해 배웠다. 그리고 세 필터를 이용하여 합성곱 함수를 통한 이미지 프로세싱을 직접 진행해보았다.

실습 9 CNN을 이용한 MNIST 분류

이번 실습에서는 유명한 데이터셋인 MNIST를 이용하여 CNN을 학습시킬 것이다. MNIST 데이터셋은 0부터 9까지의 숫자를 손으로 쓴 이미지와 그에 대응되는 숫자 라벨로 이루어져 있는 데이터셋이다. 그림 2.5-17은 MNIST 데이터셋을 이루는 손글씨 이미지들의 예시이다. 학습용 데이터셋은 60,000개의 이미지로, 테스트용 데이터셋은 10,000개의 이미지로 이루어져 있다. 따라서 MNIST 데이터셋을 이용하여 CNN을 학습시키면, 0부터 9까지의 숫자를 손으로 쓴 글씨 이미지들을 분류하는 신경망 모델을 얻을 수 있다.

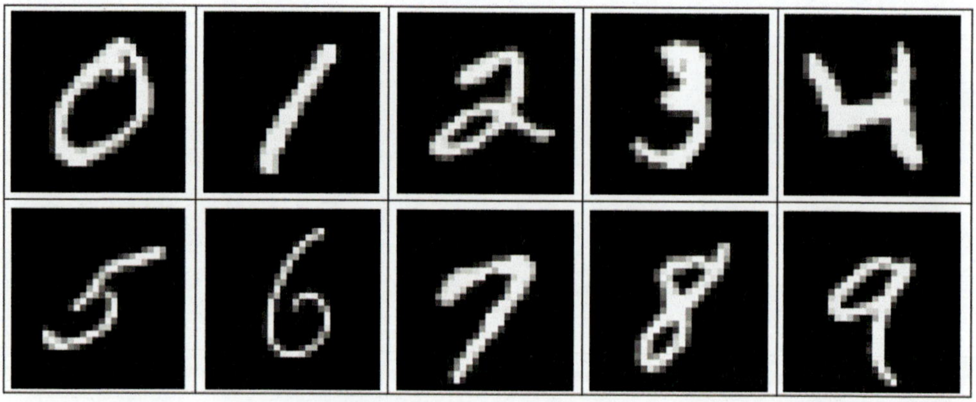

그림 2.5-17 MNIST 데이터셋의 이미지[69)]

이번 실습에서 필요한 기본적인 라이브러리들을 먼저 import 하자.

```
import numpy as np
import mygrad as mg
from mygrad import Tensor

import matplotlib.pyplot as plt

%matplotlib notebook
```

69) 그림 2.5-17 출처: MNIST 데이터셋의 데이터를 matplotlib로 시각화한 것

Step 1. MNIST 데이터 관찰하기

실습 1(셋업)을 잘 수행했다면, 현재 주피터 노트북 파일이 들어있는 폴더의 상위폴더에 Datasets 폴더가 이미 있을 것이다. 먼저 mnist.npz 데이터셋이 Datasets 폴더에 잘 다운로드되어 있는지 확인해보자. 없다면 셋업이 잘 이루어지지 않은 것이므로 실습 1으로 되돌아가서 다시 다운받거나, 다른 방법을 이용하여 다운받아야 한다.

MNIST 데이터셋을 다운로드하는 다른 방법으로는 아래 코드를 이용하여 데이터셋을 다운로드하는 방법이 있다. 실습 1에서 패키지를 설치할 때 깃허브에서 datasets 패키지를 설치했었기 때문에 아래 코드만으로 다운로드할 수도 있다. 이미 정확한 위치에 제대로 다운로드되어 있다면 아래 코드를 실행했을 때 File already exists: 라는 메시지가 출력될 것이다.

```
from datasets import load_mnist, download_mnist
download_mnist()
```

MNIST 데이터셋을 구성하는 학습용 데이터셋과 테스트용 데이터셋을 가져오자.

```
# mnist 데이터셋을 불러와서 학습용/테스트용 이미지/라벨 을 저장
x_train, y_train, x_test, y_test = load_mnist()
```

x_train, y_train, x_test, y_test는 모두 numpy.ndarray 이다. 각각의 shape과 데이터 타입(dtype)을 확인해보자. 또한, x_train과 x_test의 shape으로부터 데이터셋을 구성하는 이미지가 각각 몇 개의 색상 채널로 이루어져 있는지 확인하자.

```
x_train.shape, x_train.dtype
```

```
y_train.shape, y_train.dtype
```

```
x_test.shape, x_test.dtype
```

```
y_test.shape, y_test.dtype
```

이제 MNIST 데이터셋이 어떤 데이터로 구성되어 있는지 확인하기 위해 아래 코드를 사용해보자. matplotlib을 이용하여 x_train의 이미지를 띄우고, 제목으로 y_train의 truth 값을 출력할 것이다. img_id 값을 바꾸어가며 MNIST 데이터셋을 이루는 데이터들을 확인해보자.

```
img_id = 5

fig, ax = plt.subplots()
ax.imshow(x_train[img_id, 0], cmap="gray")
ax.set_title(f"truth: {y_train[img_id]}")
```

MNIST 데이터 관찰하기	학습의 큰 틀 구상하기	데이터 전처리	모델 클래스 설계하기	정확도 함수 설계하기	모델 학습시키기	학습 결과 확인하기

Step 2. 학습의 큰 틀 구상하기

신경망의 학습을 이용하여 문제를 해결하려 할 때 일반적으로 다음 질문들에 답해야 한다.

1) 우리가 해결하려고 하는 문제의 목적은 무엇인가?
2) 이 문제를 해결하기 위해 어떤 데이터셋이 필요한가? 어떻게 마련해야 할까?
3) 데이터를 신경망에 넣어주기 위해 어떤 전처리가 필요할까?
4) 이 문제를 해결하기 위해 어떤 신경망을 쓰는 게 좋을까? 각 계층을 어떻게 구성해야 할까?
5) 어떤 손실함수를 선택해야 할까? 정확도함수는 어떻게 정의할 수 있을까?
6) 어떤 Optimizer를 선택해야 할까?

하나씩 대답하면서 학습의 큰 틀을 구상해보자. (1번, 2번 질문에 대해서는 이미 대답을 알고 있지만, 새로운 문제에 직면했다고 생각하고 따라가 보자.)

Q1 **우리가 해결하려고 하는 문제의 목적은 무엇인가?**

A1 0부터 9까지의 숫자를 손으로 쓴 글씨 이미지들을 분류하는 문제를 해결하고자 한다.

Q2 **이 문제를 해결하기 위해 어떤 데이터셋이 필요한가? 어떻게 마련해야 할까?**

A2 Step 1에서 살펴본 MNIST 데이터셋은 우리가 해결하려는 문제에 적합한 데이터셋이다. 따라서 이를 학습에 이용하면 될 것이다. 만약 이러한 데이터셋이 세상에 존재하지 않거나 공개되어 있지 않았다면, 데이터셋을 직접 만드는 데 오랜 시간이 걸렸을 것이다.

Q3 **데이터를 신경망에 넣어주기 위해 어떤 전처리가 필요할까?**

A3 그동안의 실습에서 진행했던 전처리와 유사하게, 데이터 타입을 바꾸는 작업과 데이터에 대한 특성 스케일링(정규화)을 진행하면 된다. 그리고 5절 이론에서 배운 패딩(padding)을 적용해주는 전처리도 추가적으로 필요하다.

Q4 **이 문제를 해결하기 위해 어떤 신경망을 쓰는 게 좋을까? 각 계층을 어떻게 구성해야 할까?**

A4 이미지에 관한 학습이므로 합성곱 계층과 최대 풀링 계층을 사용한 CNN을 사용하는 것이 좋다. 우리는 5절 이론에서 살펴보았던 CNN인 그림 2.5-18의 구조를 그대로 사용할 것이다. 그림 2.5-18의 구조는 합성곱 계층과 풀링 계층으로 구성된 은닉층 두개와 밀집층으로 구성된 은닉층 하나, 밀집층으로 구성된 출력층 한 개로 이루어진 4층 CNN이다. 그리고 활성함수는 모든 은닉층에서 ReLU이고, 출력층에서는 Softmax 함수이다.

그림 2.5-18 CNN의 계층 구조

우리는 실습 6의 분류 문제와 마찬가지로, 입력 데이터가 각 분류 항목에 해당할 확률을 항목별 인덱스에 대응되는 배열로 얻기를 바란다. 즉, 입력된 이미지가 숫자 i일 확률을 p_i라 할 때 출력층에서는 $[p_0, p_1, \cdots, p_9]$가 출력되도록 할 것이다. 따라서 각 뉴런의 출력값이 0과 1 사이의 값을 갖고 합은 1이 되는 조건을 만족할 수 있도록, 출력층의 활성함수를 Softmax 함수로 선택하는 것이 좋은 선택임을 알 수 있다.

Q5 어떤 손실함수를 선택해야 할까? 정확도함수는 어떻게 정의할 수 있을까?

A5 분류 문제에서 유용하게 쓰이는 교차 엔트로피 함수를 손실함수로 사용하자. 실습 6과 7에서도 교차 엔트로피 함수를 사용했었다.
그리고 성능을 평가하기 위한 지표로 손실(loss)과 더불어 정확도(accuracy)를 사용할 것이다. 분류 문제이므로 실습 6, 7에서와 마찬가지로 정확도는 맞으면 1, 틀리면 0으로 하여 평균을 계산하면 될 것이다.

Q6 어떤 Optimizer를 선택해야 할까?

A6 가장 기본적인 Optimizer인 SGD를 사용하자.

MNIST 데이터 관찰하기	학습의 큰 틀 구상하기	데이터 전처리	모델 클래스 설계하기	정확도 함수 설계하기	모델 학습시키기	학습 결과 확인하기

Step 3. 데이터 전처리

진행해야 하는 데이터 전처리는 크게 세 가지이다.

1) 데이터 타입을 신경망에서 사용할 수 있도록 float으로 바꾸어준다.
2) 데이터에 대한 특성 스케일링(정규화)을 진행한다.
3) 첫번째 합성곱 연산 후에 이미지의 shape이 유지되도록 패딩을 사용한다.

먼저, 원본 이미지에는 각 픽셀에 해당하는 값으로 부호 없는 8비트 정수(uint8)가 저장되어있다. 그러나 우리는 신경망 각 계층의 연산을 수행하기 위해 이를 float형으로 변환해야 한다. .astype( )을 사용하여 배열 x_train과 x_test의 데이터 타입을 np.float32로 바꾸어주자. (라벨인 y_train과 y_test의 데이터 타입은 상관이 없다.)

```
# 여기에 코드 작성
```

두번째로, 우리는 학습이 잘 진행되도록 하기 위해 이미지 데이터들의 특성 스케일링(정규화)을 진행해줄 것이다. 각 픽셀 값은 [0, 255]의 범위로 경계가 분명하게 고정되어 있기 때문에, 최소-최대 정규화를 사용하기 적절하다. 그런데 그림 2.5-17에서 볼 수 있듯이, 이 실습에서는 최솟값과 최댓값이 각각 0(검은색)과 255(흰색)이다. 따라서 모든 픽셀 값을 255로 나누어주기만 하면 최소-최대 정규화를 통해 그 값이 [0, 1]의 범위로 바뀌도록 구현할 수 있다.

```
# 여기에 코드 작성
```

마지막으로, 이미지 둘레에 패딩을 도입해보자. shape 5x5인 필터를 스트라이드 1로 이용할 것이므로, 첫번째 합성곱 연산 후에 이미지의 shape이 유지되도록 하기 위해서는 이미지의 모든 면에 0으로 이루어진 두 개의 행/열을 패딩해주면 된다. 우리가 갖고 있는 원래의 이미지가 28x28이므로, 패딩 후의 이미지는 32x32가 될 것이다. 그림 2.5-19에서 볼 수 있듯이 패딩을 도입하면 우리가 원하는 대로 이미지의 shape이 잘 유지된다. 참고로, 패딩의 폭은 하이퍼파라미터로, 합성곱 계층을 정의할 때 그 값을 지정해주기도 한다. 하지만 이 실습에서는 학습 전 전처리 작업으로 패딩을 도입하였다.

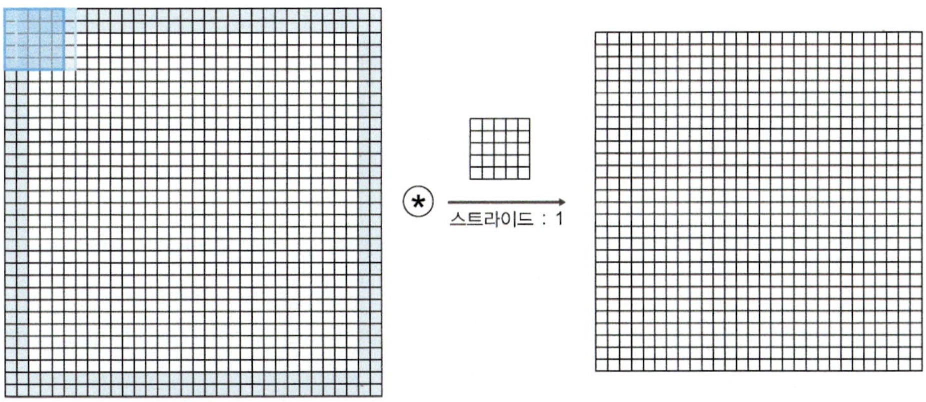

그림 2.5-19 합성곱 연산 후에 이미지의 shape을 유지할 수 있는 패딩

```
x_train = np.pad(x_train, ((0, 0), (0, 0), (2, 2), (2, 2)), mode="constant")
x_test = np.pad(x_test, ((0, 0), (0, 0), (2, 2), (2, 2)), mode="constant")
```

Step 4. 모델(클래스) 정의하기

가중치 초기화

우리에게 이제 클래스로 신경망 모델을 정의하는 것 쯤은 전혀 어렵지 않은 일이다. 바로 프로그래밍을 하고 싶겠지만, 그 전에 가중치를 초기화하는 방법에 관해 하나만 더 알아보자.

우리는 그동안 가중치를 초기화하기 위해 다양한 initializer (uniform, normal, he_normal)를 사용하였다. 이번에는 가중치를 초기화하기 위해 Xavier Glorot이 Yoshua Bengio와 함께 작성한 논문[70]에서 제안한 자비에 초기화(Xavier Initialization) 방법 중, glorot_uniform을 initializer로 이용할 것이다. 편향은 0으로 초기화할 것이다.

glorot_uniform 초기화 방식은 다음의 균등분포를 따르도록 초기화하는 것이다. N_{in}과 N_{out}은 각각 들어오는 입력 수와 내보내는 출력 수이다. 핵심은 들어오는 쪽의 뉴런 수만 고려했던 He 초기화(He Initialization)와 달리 내보내는 쪽도 함께 고려한다는 점이다.

$$W \sim U\left(-\frac{\sqrt{6}}{\sqrt{N_{in}+N_{out}}}, +\frac{\sqrt{6}}{\sqrt{N_{in}+N_{out}}}\right)$$

mygrad.nnet.initializers의 자비에 초기화 함수들(glorot_normal, glorot_uniform)과 He 초기화 함수들(he_normal, he_uniform)에는 모두 "gain"이라는 매개변수(parameter)가 정의되어 있다. gain은 가중치 배열에 곱해지는 스케일링 인자(상수배 해주는 역할. scaling factor)이며, 디폴트 값으로 1을 가진다. 이 실습에서는 gain을 $\sqrt{2}$로 사용할 것이다.

가중치 초기화 방법(weight_initializer)은 밀집층 혹은 합성곱 계층을 초기화할 때 아래 코드와 같이 지정해주면 된다. 이때, [71]weight_kwargs에 weight_initializer가 필요로 하

70) Xavier Glorot, Yoshua Bengio, 〈Understanding the difficulty of training deep feedforward neural networks〉, 《Proceedings of the Thirteenth International Conference on Artificial Intelligence and Statistics》, PMLR 9, 2010, pp. 249-256

는 모든 매개변수들을 딕셔너리 형태로 전달해줄 수 있다. 이 실습에서는 gain을 $\sqrt{2}$로 하는 것 외에 다른 매개변수는 필요로 하지 않으므로 gain만 전달해주면 된다.

```
from mygrad.nnet.initializers import glorot_uniform

gain = {'gain': np.sqrt(2)}

# conv layer, dense layer 등을 초기화할 때 다음과 같이 사용
dense(d1, d2,
      weight_initializer=glorot_uniform,
      weight_kwargs=gain)
```

모델(클래스) 정의하기

이제 위에서 구상했던 그림 2.5-19의 계층 정보대로 신경망 모델을 클래스로 작성하면 된다. 우리가 구성할 신경망은 두 개의 합성곱-풀링 계층과 두 개의 밀집층으로 이루어진 4층 신경망이다.

계층을 어떻게 구성하면 좋을지 각 계층의 하이퍼파라미터들을 결정해보자. 학습이 괜찮게 이루어지는 각 계층의 정보는 다음과 같다. (하이퍼파라미터로 다양한 값을 시도해보아도 좋다.)

계층1_CONV: 5x5필터 20개, 스트라이드=1
계층1_POOL: 2x2, (스트라이드=2)
계층2_CONV: 5x5필터 10개, 스트라이드=1
계층2_POOL: 2x2, (스트라이드=2)
계층3_DENSE: 뉴런 20개
계층4_DENSE: 뉴런 10개 (주의: $[p_0, p_1, p_2, \cdots, p_9]$가 출력되어야 한다.)

71) 파이썬에서 *args는 가변인자를 전달받아 튜플로 저장할 수 있는 변수로써, 함수를 선언할 때 매개변수 앞에 *을 붙여주면 해당 매개변수로는 몇 개의 인자가 전달되더라도 받을 수 있다. **kwargs는 keyword argument로, 가변인자와 키 값을 함께 전달받아 딕셔너리 형태로 저장할 수 있는 변수이다. weight_kwargs의 경우 **kwargs로 정의된 매개변수는 아니지만, 딕셔너리 형태로 전달해주어야 한다는 점에서 이름이 붙은 것으로 추정할 수 있다.

위 계층 정보 중 필터와 풀링 윈도우의 shape 및 스트라이드는 클래스를 정의하는 단계에서 사용해야 하는 정보이고, 나머지 정보인 필터의 개수와 뉴런의 개수는 클래스로부터 객체를 생성하여 모델을 초기화할 때 지정해줄 것이다.

MyNN의 conv( ), dense( ) 함수를 사용하여 계층을 생성할 때 전달해주어야 하는 매개변수가 무엇인지 알아보자.

일단 dense( ) 함수는 앞선 다른 실습들에서도 살펴보았듯 input_size(입력 데이터 수)와 output_size(출력 수 = 뉴런 수)를 전달해주어야 하고, 위에서와 같이 glorot_uniform 초기화를 위해 weight_initializer와 weight_kwargs를 지정해줄 수 있다.

그리고 conv( ) 함수는 input_size(입력 채널 수)와 output_size(출력 채널 수), filter_dims(필터 size)를 전달해주어야 하고, dense( )와 마찬가지 방법으로 glorot_uniform 초기화를 진행할 수 있다. 특히 filter_dims는 전달 가능한 개수가 정해지지 않은 [72]*args 형태이다. 이 실습의 경우 5x5 필터를 사용하므로, 5,5를 전달해주면 된다.

```
from mynn.layers.conv import conv
from mynn.layers.dense import dense

from mygrad.nnet.initializers import glorot_uniform
from mygrad.nnet.activations import relu
from mygrad.nnet.layers import max_pool

class Model:
    ''' 간단한 CNN (Convolutional Neural Network) '''

    def __init__(self, num_input_channels, f1, f2, d1, num_classes):
        """
        클래스 생성 시 실행되어 계층과 가중치들을 초기화하는 역할.

        매개변수 (Parameters)
        ----------
        num_input_channels : int
```

72) 파이썬에서 *args는 가변인자를 전달받아 튜플로 저장할 수 있는 변수로써, 함수를 선언할 때 매개변수 앞에 *을 붙여주면 해당 매개변수로는 몇 개의 인자가 전달되더라도 받을 수 있다.

```
        입력 데이터(이미지)의 색상 채널 수

    f1 : int
        첫번째 계층 _ 합성곱 계층의 필터 수

    f2 : int
        두번째 계층 _ 합성곱 계층의 필터 수

    d1 : int
        세번째 계층 _ 밀집층의 뉴런 수

    num_classes : int
        모델의 분류 항목 수
        네번째 계층 _ 밀집층의 뉴런 수
    """
    # 두 개의 합성곱 계층과 두 개의 밀집층을 각각 초기화

    # MyNN의 conv(), dense() 함수 사용
    # weight_initializer = glorot_uniform, gain = np.sqrt(2)로 설정

    # 주의: 두 번째 계층의 계산 결과로 얻은 이미지 채널을 벡터화(vectorization,
      flatten)한 결과가 세 번째 계층으로 들어가므로, 세 번째 계층의 밀집층의 in-
      put_size를 잘 계산해야 함

    # 여기에 코드 작성


def __call__(self, x):
    '''
    입력 데이터에 따른 모델의 순전파(Forward Propagation)를 수행

    매개변수 (Parameters)
    ----------
    x : numpy.ndarray, shape=(N, 1, 32, 32)
        입력 데이터. N장의 이미지

    반환 값 (Returns)
    -------
    mygrad.Tensor, shape=(N, num_classes)
        N장의 이미지에 대해 분류 항목별 예측값을 배열로 반환
```

```
        Softmax 통과 전이므로 확률이 아님에 주의
    '''
    # 모델의 구조를 잘 생각하며 모델의 순전파를 수행하는 코드 작성
    # 가중치를 포함하는 합성곱 계층 및 밀집층은 __init__에서 정의함
    # 활성함수 relu와 최대 풀링 함수 max_pool을 추가로 이용하여 작성하면 됨
    # 이미지 채널을 밀집층에 넣어주기 위한 벡터화 진행 시, N개의 이미지에 대해 개별적으
      로 벡터화를 진행해야 함 (HINT > NumPy ndarray의 reshape() 메서드 사용)

    # 여기에 코드 작성


@property
def parameters(self):
    """
    모델 파라미터를 리스트 형태로 전부 가져올 수 있는 유용한 함수
    데코레이터 @property를 붙였기에 메서드가 아닌 속성처럼 사용해야 함.
    즉, model.parameters()가 아닌 model.parameters로 호출

    반환 값 (Returns)
    -------
    List[Tensor, ...]
        모델의 학습 가능한 모델 파라미터들을 모아놓은 리스트
    """
    # __init__에서 정의한 4개의 계층에 포함된 모든 가중치(모델 파라미터) 반환
    # 각 계층의 파라미터를 self.conv.parameters와 같이 가져올 수 있음
    # for문 이용하기

    # 여기에 코드 작성
```

MNIST 데이터 관찰하기	학습의 큰 틀 구상하기	데이터 전처리	모델 클래스 설계하기	정확도 함수 설계하기	모델 학습시키기	학습 결과 확인하기

Step 5. 정확도 함수

분류의 정확도를 출력하는 함수를 작성하자. 실습 6, 7에서와 마찬가지로 정확도는 맞으면 1, 틀리면 0으로 하여 평균을 계산하면 된다. 실습 6, 7에서와 동일한 코드를 작성하면 되므로, 앞선 실습을 잘 이해했다면 쉽게 작성할 수 있을 것이다.

```
def accuracy(predictions, truth):
    """
    하나의 batch에 대한 모델의 예측값과 실제값을 비교하여, 정확도를 계산하는 함수

    매개변수 (Parameters)
    ----------
    predictions : Union[numpy.ndarray, mg.Tensor], shape=(M, D)
        D개의 분류 항목에 대해 예측한 각 확률을 batch의 데이터 M개에 대해 배열로 정리
        이 실습에서는 분류할 항목의 개수가 숫자 0~9, 총 10개이므로 D = 10

    truth : numpy.ndarray, shape=(M,)
        데이터 M개에 대응되는 정답 라벨들로 이루어진 배열
        각 라벨은 D개의 분류 항목 [0, D) 중 하나의 값

    반환 값 (Returns)
    --------
    float
        올바른 예측의 비율 (0 이상 1 이하의 실수값)
        해당 batch에 대한 모델의 분류 정확도
    """
    # 여기에 코드 작성
```

MNIST 데이터 관찰하기	학습의 큰 틀 구상하기	데이터 전처리	모델 클래스 설계하기	정확도 함수 설계하기	모델 학습시키기	학습 결과 확인하기

Step 6. 모델 학습시키기

앞서 구상 단계에서 우리는 손실함수는 교차 엔트로피 함수, Optimizer는 MyNN의 SGD로 선택하기로 하였다. 학습을 시키는 단계 또한 앞서 여러 차례 프로그래밍 해봤던 부분이므로 잘 할 수 있을 것이다.

모델 및 Optimizer 초기화

먼저 Optimizer를 MyNN의 SGD로 선택하여 모델을 초기화하자. Optimizer의 파라미터, 학습률(learning_rate) 외에 가중치 감소(weight_decay)와 모멘텀(momentum)이라는 값을 추가할 것이다.

먼저 가중치 감소는 과적합(overfitting)을 방지하기 위한 방법 중 하나이다. 가중치의 값이 크면 과적합이 발생하는 경우가 많기 때문에, 가중치 값이 클수록 큰 페널티를 부과함으로써 가중치가 커지는 것을 방해한다. 이번 실습에서는 가중치 감소의 정도를 결정하는 하이퍼파라미터 값을 5×10^{-4}로 설정하면 적당하다.

두 번째로 모멘텀은 물리에서의 '관성'을 가중치 업데이트에 반영한 것이다. 가중치가 기존에 움직이던 속도에 비례하여 해당 방향으로 계속 이동하도록 하는 힘이 작용한다고 이해하면 된다. 이를 통해 편미분 계수가 급격히 달라지더라도 좀 더 부드럽게 움직이도록 할 수 있다. 이번 실습에서는 기존에 움직이던 정도를 얼마나 반영할 것인지에 관한 하이퍼파라미터 값을 0.9로 설정하면 적당하다.

```
# SGD를 import하여
# Optimizer로 모델을 초기화

from mynn.optimizers.sgd import SGD

model = Model(f1=20, f2=10, d1=20, num_input_channels=1,
num_classes=10)
optim = SGD(model.parameters, learning_rate=0.01, momentum=0.9,
weight_decay=5e-04)
```

손실 및 정확도의 변화를 실시간으로 나타낼 그래프 생성

앞선 다른 실습에서 했던 바와 같이, 학습이 진행됨에 따라 동적인 그래프로 손실과 정확도를 확인할 수 있도록 아래의 코드를 실행하자.

```
from noggin import create_plot

plotter, fig, ax = create_plot(["loss", "accuracy"])
```

학습시키기

batch size가 100인 batch들을 랜덤으로 구성하여, 2 epoch만큼 학습을 진행해보자. 이제껏 진행했던 학습 중 가장 데이터 수가 많고 깊이도 깊기 때문에 2 epoch만 진행함에도 시간이 꽤 걸릴 것이다. 그리고 더 좋은 학습 결과를 얻으려면 2 epoch로는 부족하고, 더 많은 학습이 필요할 것이라 짐작해볼 수 있다.

학습용 데이터셋으로부터 랜덤 batch를 생성하여 학습을 진행하는 코드는 이전에 여러 번 작성해본 바 있으므로 잘 작성할 수 있을 것이다. 여기서 한 가지 추가해볼 부분은 학습용 데이터셋에 대한 1 epoch가 끝날 때마다 테스트용 데이터셋에 대해 예측을 진행하고 테스트 정확도를 판단하는 부분이다. 이 과정은 모델이 처음 접한 데이터에 대해서도 잘 작동하는지 확인하기 위한 중요한 과정이다.

테스트용 데이터셋에 대해서도 batch를 나누어 학습의 정확도를 구한다. 이 부분에서는 가중치의 업데이트를 위한 역전파가 이루어지지 않는다. 또한 테스트용 데이터셋에 대한 정확도도 plotter로 나타내볼 수 있는데, 이때 테스트용 데이터셋에 대한 plotter.set_test_batch( ) 함수는 추적한 정확도를 일일이 그래프로 나타내지 않는다. 대신 잘 저장하고 있다가 plotter.set_test_epoch( )에서 1 epoch 전체에 대한 평균 정확도를 구하여 그래프에 표시해준다. plotter.set_train_epoch( )과 함께 진행함으로써 그림 2.5-20과 같이 그 값을 비교할 수도 있다.

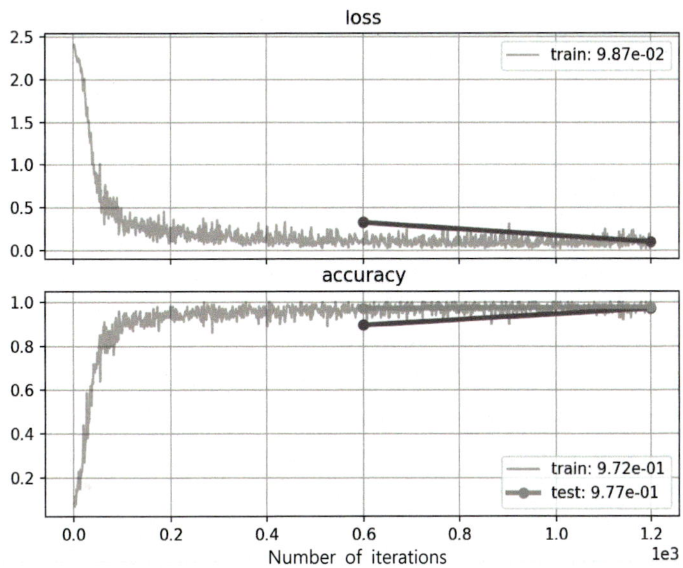

그림 2.5-20 loss와 accuracy의 실시간 그래프[73]

73) 코드 실행 결과

```
from mygrad.nnet.losses import softmax_crossentropy

batch size = 100

for epoch_cnt in range(2):

    # x_train 데이터셋의 랜덤 batch 구성하기 위해 랜덤으로 섞인 idxs 배열 구성하기
    # 실습 5, 실습 6 참고
    # 여기에 코드 작성

    # 학습용 데이터셋의 batch들에 대해 학습을 진행 (앞선 실습들과 매우 유사함)
    # 주의 1: 손실함수로 softmax_crossentropy() 이용
    # 주의 2: 경사하강법을 진행할 때에는 Optimizer optim의 step() 실행
    # 주의 3: 학습 중 loss와 accuracy를 추적
    for batch_cnt in range(len(x_train)//batch_size):
        # 여기에 코드 작성

    # 테스트용 데이터셋의 batch들에 대해 모델을 평가
    for batch_cnt in range(len(x_test)//batch_size):

        # 학습 시와 마찬가지로 같은 batch size의 랜덤 batch를 구성
        # 여기에 코드 작성

        # 역전파가 필요없는 부분이므로, 그래디언트 계산이 이뤄지지 않도록
        with mg.no_autodiff:
            # prediction : 테스트 batch에 대한 예측값
            prediction = model(batch)

            # truth : 테스트 batch에 대한 실제값
            truth = y_test[batch_indices]

            # accuracy: 앞서 작성한 accuracy() 이용한 정확도 계산
            acc = accuracy(prediction, truth)

        # noggin으로 test-accuracy 추가
        plotter.set_test_batch({"accuracy": acc}, batch_size=batch_size)

    plotter.set_train_epoch()
    plotter.set_test_epoch()
plotter.plot()
```

Step 7. 학습 결과 확인하기

학습 결과를 확인하기 위해, 테스트용 데이터셋에 대해 이미지와 그에 대응되는 모델의 예측 결과를 시각화해보자.

```
_, _, img_test, label_test = load_mnist()

# MNIST의 라벨로 이루어진 튜플.
# ('0', '1', '2', '3', '4', '5', '6', '7', '8', '9')
labels = load_mnist.labels
```

plot_model_prediction( ) 함수를 작성하여, index만 입력해주면 이미지와 실제값, 예측값까지 한 번에 손쉽게 시각화할 수 있도록 하자. 실습 앞부분에서 MNIST 이미지를 시각화하는 함수를 이미 살펴본 바 있으니 참고하자.

```
def plot_model_prediction(index):
    '''index를 입력받아 index에 해당하는 이미지와 예측 결과를 시각화하는 함수'''

    true_label_index = label_test[index]
    true_label = load_mnist.labels[true_label_index]

    with mg.no_autodiff:
        # model에 입력해주는 데이터는 4차원이어야 하기 때문에
        # 축 하나가 사라지지 않도록 인덱스 설정
        prediction = model(x_test[index : index + 1])

        # 가장 점수가 높은 라벨이 예측값이 됨
        predicted_label_index = np.argmax(prediction.data, axis=1).item()
        predicted_label = labels[predicted_label_index]

    # 이미지, 실제 라벨, 예측 라벨 모두 시각화
    # 여기에 코드 작성

    return fig, ax
```

```
# x_test의 랜덤 데이터를 시각화
index = np.random.randint(0, len(x_test))
plot_model_prediction(index);
```

그 다음, 실제 정답 라벨을 사용하여 모델이 잘못 예측한 사례들을 찾고, 그 중 일부를 그래프로 표시해보자. 이때도 plot_model_prediction( ) 함수를 사용하면 된다.

```
# 예측이 틀린 모든 사례 찾아서 해당 인덱스를 bad_indices에 저장
bad_indices = []

for batch_cnt in range(0, len(x_test) // batch_size):
    idxs = np.arange(len(x_test))
    batch_indices = idxs[batch_cnt * batch_size : (batch_cnt + 1) * batch_size]
    batch = x_test[batch_indices]

    with mg.no_autodiff:
        # test-batch에 대한 모델의 예측 라벨
        prediction = np.argmax(model(batch), axis=1)

        # test-batch에 대한 실제 라벨
        truth = y_test[batch_indices]

        # 예측과 실제가 다른 경우의 모든 인덱스를 저장
        (bad,) = np.where(prediction != truth)
        if bad.size:
            bad_indices.extend(batch_indices[bad].tolist())

# bad_indices의 랜덤 데이터를 시각화
index = np.random.randint(0, len(bad_indices))
plot_model_prediction(bad_indices[index])
```

배운 내용 되돌아보기

MNIST 데이터 관찰하기	학습의 큰 틀 구상하기	데이터 전처리	모델 클래스 설계하기	정확도 함수 설계하기	모델 학습시키기	학습 결과 확인하기

이번 실습에서는 0부터 9까지의 손글씨 숫자 이미지를 분류할 수 있는 신경망 모델을 만

들기 위해 MNIST 데이터셋을 이용하여 CNN을 학습시켰다. 이 실습에서는 대표적인 구조의 CNN을 구성해보고, 학습시킴으로써 CNN에 대해 잘 이해할 수 있었다. 그리고 그동안 배웠던 신경망 학습의 과정과 유사한 과정이 많아 복습이 많이 되었을 것이다. 배운 내용을 정리해보자.

- ☐ 유명한 데이터셋 중 하나인 MNIST 데이터셋이 어떻게 구성되어 있는지 탐색해보았다. 특히 shape을 통해 이미지가 몇 개의 색상 채널로 이루어져 있는지 확인하고, 데이터 타입을 통해 각 픽셀에 저장된 값이 uint8임을 확인하였다.
- ☐ 데이터 전처리를 크게 세 가지 진행하였다. 데이터 타입을 np.float32로 바꾸고, 특성 스케일링(최소-최대 정규화)을 진행하고, 이미지 둘레에 패딩을 도입해주었다.
- ☐ 패딩을 도입할 때에는 합성곱 연산 이후 원래 이미지의 shape을 유지할 수 있도록 하는 폭을 결정해주었다. 패딩의 폭은 하이퍼파라미터로, 합성곱 계층을 정의할 때 지정해주기도 하는 값이다.
- ☐ 모델(클래스)를 정의할 때에는 가중치의 초기화 방법과 계층의 구성을 결정해야 한다.
- ☐ 가중치 초기화 방법으로는 자비에 초기화(Xavier Initialization) 중 하나인 glorot_uniform을 사용하였다.
- ☐ 계층을 구성할 때에는 합성곱-풀링 계층과 밀집층을 각각 두 개씩 총 4층 신경망으로 구성하였으며, 활성함수는 은닉층은 전부 ReLU를, 출력층은 분류문제를 해결하기 위해 Softmax 함수를 사용하였다.
- ☐ 이번 실습은 실습 6,7과 같은 분류 문제였기 때문에, 정확도 함수는 실습 6에서 살펴보았던 코드와 동일하게 작성해도 충분했다.
- ☐ Optimizer를 SGD로 선택하여 초기화하는 과정에서 '가중치 감소'와 '모멘텀'이라는 개념을 배웠다.
- ☐ 학습을 시키는 과정은 랜덤 batch를 구성하고 Optimizer로 학습시키는 그동안의 실습들과 크게 다르지 않았다. 다만, 데이터셋이 무척 커졌기 때문에 epoch 수를 2로 대폭 줄여 학습을 진행했다.
- ☐ 이번 실습에서는 학습용 데이터셋에 대한 1 epoch의 학습이 끝날 때마다 테스트용 데이터셋에 대한 정확도를 함께 평가하였다. 처음 접하는 데이터에 대해서도 분류가 잘 이루어지는지 평가하기 위함이었다.
- ☐ 학습을 진행하면서 noggin 라이브러리를 이용하여 손실과 정확도를 실시간으로 나

타내었다. 그리고 1 epoch의 학습이 끝나면 학습용 데이터셋과 테스트용 데이터셋에 대한 정확도를 점으로 찍어 시각화함으로써 비교해볼 수 있었다.

- □ 학습이 모두 끝난 후, 테스트용 데이터셋에 대해 모델의 예측 결과를 시각화하여 관찰하였다. 잘못 분류한 이미지들이 많지 않았기 때문에, 잘못 분류한 이미지만 모아서 시각화해보기도 하였다.

5절. CNN을 마무리하며

CNN은 4절에서 다루었던 밀집 신경망과 다르게, 이미지의 공간 정보를 반영할 수 있다는 장점을 가지기에 이미지 특징 추출에 주로 사용되는 신경망이다. 우리는 합성곱 계층과 풀링 계층이 어떤 것이며, 어떤 목적으로 생성된 계층인지 배웠고, 합성곱 계층에서의 필터를 학습시키는 과정을 이해해 보았다. 또한, 더 많은 수의 합성곱 계층을 사용할수록 계층으로부터 이미지의 추상적인 정보를 학습할 수 있음을 배웠다.

실습 8, 9에서는 이론에서 배운 내용을 직접 구현해보았다. 실습 8에서는 CNN의 핵심인 합성곱 계층과 풀링 계층을 직접 구현해보았고, 이미지의 특징을 추출해주는 특정 필터를 합성곱을 통해 적용하여 이미지가 어떻게 변환될 수 있는지 시각화해보며 CNN의 개념을 직접 익혀보았다. 실습 9에서는 CNN을 학습시켜 숫자를 쓴 손글씨를 분류하는 문제를 해결해보았는데, CNN의 설계부터 학습시키는 과정을 설계하고, 적절한 함수를 사용하여 직접 구현해보았다.

《인공지능 교육단체 OUTTA와 함께 하는! 머신러닝 첫 단추 끼우기》를 마무리하며

이로써 머신러닝의 기초를 다루는 이 책을 마무리한다. 우리는 1장에서 머신러닝에 대해 공부하기 위한 수학적 기초를 쌓았다. 2장에서는 머신러닝이 무엇인지부터 배웠고, 신경망의 구조와 학습 원리를 기반으로 밀집 신경망과 CNN을 학습시켜보았다. 머신러닝의 기본적인 개념, 그리고 컴퓨터 비전의 기초를 이해하는 데 이 책이 많은 도움이 되었기를 바란다. 앞으로 머신러닝을 더 공부하고 싶어졌다면, 다른 책이나 프로그램 등을 통해 더 넓고 깊게 공부하며 머신러닝의 두 번째, 세 번째 단추들을 차례로 끼워넣어가길 바란다. 덧붙여, 이 책에서는 머신러닝이 활용되는 또 하나의 대표적인 분야, '자연어 처리'에 대해서는 다루지 않았다. 머신러닝을 이용하여 컴퓨터에게 인간의 언어를 학습시키는 '자연어 처리'에 대해 알아보고 싶다면, 《인공지능 교육단체 OUTTA와 함께 하는! 자연어 처리 첫 단추 끼우기》를 읽어보는 것이 큰 도움이 될 것이다.